경계를 허무는 기업들

나눔의 가치를 믿으며,
나눔의 문화를 만들 수 있다고
믿는 모든 이들에게.

일러두기
• 이 책에 수록된 기업별 인터뷰는 대부분 2019년에 진행한 것으로, 한국어판의 출간 시점과는
  7년 남짓한 시차가 있다. 이는 빠르게 성장하는 기업에게 짧은 시간이 아닐 것이다.
  이유출판 편집팀은 저자와 상의하에 2부에 소개된 한국 기업 성심당에 한하여,
  2026년 기준으로 변화된 내용을 반영하여 독자들의 이해를 돕고자 했다.
• 본문에서 [원주]로 별도 표시하지 않은 각주는 모두 옮긴이의 주석이다.

사랑과 나눔의 문화로

경계를 허무는 기업들

아눅 그레뱅 지음 | 연숙진 옮김

허유출판

프랑스 낭트대학교 경영학과 아눅 그레뱅 교수가 필리핀, 아르헨티나, 파라과이 그리고 한국의 대전을 방문하여 '주는 문화'를 실천하는 기업들을 기록했다는 사실은 매우 감동적이었습니다. 서로 다른 기업의 역사와 문화를 한 권의 책으로 엮어내는 일은 결코 쉽지 않았을 것입니다. 경영학적 언어와 따뜻한 시선으로 풀어내 주신 아눅 그레뱅 교수께 진심으로 감사드립니다.

이 책에서 소개한 기업들의 사례를 보며 '주는 문화'가 단순한 이상이 아니라, 현시대를 살아가는 기업 현장에서 실천되고 있는 현실임을 확인할 수 있었습니다. 이 책은 성심당의 이야기뿐만 아니라, 세계 곳곳에서 같은 철학으로 기업을 운영하는 이야기를 담고 있습니다. 필리핀의 작은 은행, 파라과이의 청소회사, 아르헨티나의 유통업체는 업종도, 나라도, 문화도 다르지만 한 가지 공통된 신념을 지니고 있습니다. 바로 주는 것이, 나누는 것이 기업 철학의 바탕이라는 점입니다.

"주어라, 그러면 너희도 받을 것이다."(루카 6, 38)

이 말씀은 복음의 말씀이자, 1956년 창업 이래 성심당이 지켜온 경영 철학의 뿌리이기도 합니다. 사랑과 나눔을 기업 활동 안에서 꾸준히 실천해 온 시간이 있었기에, 오늘날 많은 분의 사랑을 받는 빵집으로 성장할 수 있었다고 믿습니다.

성심당은 여기에서 한 걸음 더 나아가, 나눔을 기업 운영의 구조 안에서 지속적으로 실천하기 위해 '모두를 위한 경제EoC'(Economy of Communion) 경영 철학을 도입하였습니다. 이는 단순히 이윤의 일부를 나누는 차원을 넘어, 직업을 통해 공동선을 이루고 보편적 형제애를 살아내는 방식입니다.

이 책은 이윤과 나눔이 대립하는 가치가 아니라, 오히려 나눔이 기업과 구성원들 사이를 더욱 단단하게 하고 지속 가능한 경제성장을 이끌 수 있다는 사실을 보여줍니다. 이 책이 모든 분, 특히 기업 경영을 통해 세상에 기여하고자 하는 모든 이들에게 깊은 통찰과 용기를 전해줄 수 있기를 바랍니다.

2026년 봄
EoC 한국 대표 / 성심당 대표이사
임영진

차례

2부 빵으로 사랑을 전하는 빵집

성심당 SungSimDang - 한국

5부
기업의 주는 문화

부록

한국의 독자들에게

사랑하는 한국의 독자 여러분. 저의 연구 주제(기업의 '주는 문화')를 처음 접하시는 분들은 아마도 이러한 의구심을 품을 것입니다. "적자생존의 경쟁이 더욱 치열해지고, 부의 축척에만 성공의 가치를 두는 경제 분야에서 '선물don'을 말한다는 것이 과연 무슨 의미인가?"

그런데 이러한 현실, 곧 부의 맹목적 추종으로 지구와 가장 취약한 계층에게 심각한 결과를 초래한 오늘날의 경제 구조를 보면서 그 해결 방안으로, 경제를 기업 내부에서부터 새롭게 정의 내리고 이를 실천해 온 기업인들이 있습니다. 이들은 '경제'가 지닌 본래의 깊은 뜻이 '공동선을 위한 봉사'임을 깨닫고, 경제가 약탈의 논리에서 벗어날 수 있는 길이 바로 '선물', 곧 '주는 문화'에 있음을 보여주고 있습니다.

이 '주는 문화'를 더욱 깊이 있게 연구하다 보니, 저는 이것이 일부 특정 기업에만 국한된 것이 아님을 알게 되었습니다. 사실 '주는 것', 곧 베푸는 일은 인류가 지녀온 보편적 특성입니다. 자신이 가진 것을 상대에게 전달함으로써 우리는 상호 관계를 맺고 협력하며, 모든 교환 경제의 바탕이 되는 신뢰를 쌓습니다. 따라서 '선물'은 이 세상 모든 기업 안에 존재합니다. 근로자들이 일하는 동안 그들의 시간과 노력, 역량을 내어주지 않는다면, 그 어떤 기업도 제대로 운영될 수 없을 것입니다. 오늘날의 경제가 너무 근시안적이 되다 보니 이를 잘 보지 못하고 있을 뿐, 선물은 분명 존재합니다. 그리고 바로 지금 이를 재발견해야 할 절실한 때입니다.

이러한 이유에서 저는 여러 해 동안 기업의 '주는 문화'를 연구해 왔습니다. 안타깝게도 기업 내부에서도 '주는 문화'는 너무도 쉽게 잊히고 부인되고, 때로는 억압되어 있음을 볼 수 있었습니다. 저는 '주는 문화'를 기업 활동의 근본 원리로 삼은 기업들을 연구하고 싶었고, 그리하여 '모두를 위한 경제EoC'라는 전세계 네트워크에 속한 기업들을 대상으로 조사에 나섰습니다.

특히 그들 가운데 저는 한국의 성심당을 자세히 알고 싶었습니다. "불우이웃에게 빵을 나누는 빵집"의 이야기를 듣고 큰 호기심이 생겼습니다. 무엇보다 그렇게 큰 규모의 빵집을 상상해 본 적이 없었기 때문입니다. 프랑스에서 빵집들은 대체로 규모가 작습니다. 그런데 실제 성심당에 들어서니, 프랑스에서 맡던 것과 같이 따끈한 빵 냄새가 났습니다! 그리고 대형 매장임에도 가족 같은 따스함이 느껴졌는데, 그곳에서 일하는 직원분들이 그러한 온기를 빵에 담아 전하고 있었습니다.

한국을 처음 방문한 이래 저는 성심당에 깊은 인상을 받았고,

곧바로 성심당의 이야기를 널리 알리고 싶었습니다. 그런데 제가 처음 방문했을 당시 400명가량이던 직원 수가 불과 몇 년 만에 1천 800명에 이르리라고는 전혀 짐작하지 못했습니다. 이러한 놀라운 성장은 성심당이 지닌 조직문화의 힘과 탁월함을 보여주는 강력한 증거일 것입니다.

저는 2019년에 한국을 방문하여 수집한 자료들을 바탕으로 성심당을 연구했습니다. 이 때문에 성심당을 잘 아는 한국의 독자 여러분과 특히 성심당의 직원분들에게 저의 연구 결과가 다소 오래된 것처럼 느껴질 수도 있습니다. 지금은 훨씬 더 풍성하고 더욱 의미 있는 사례들을 전할 수 있을 것입니다. 하지만 제가 이 책에서 언급한 성심당이 지닌 조직문화의 본질은 여전히 변함이 없습니다. 몇 해 전 제가 시작했던 연구를 이어받아 박사학위 논문으로 심화하고 있는 연구자 이혜란의 연구가 이를 잘 보여주고 있습니다. 성심당에 관한 저의 초기 연구가 '경영진이 어떻게 주는 문화를 형성했나'에 초점을 두었다면, 현재 이혜란 씨의 연구는 '주는 문화'가 성심당의 조직 전반에 어떠한 영향을 미치고 있는지를 밝히고 있습니다. 창립자가 실천한 '베풂과 나눔'은 이제 성심당 기업 내부에 뿌리내린 조직문화가 되었고, 모든 부문으로 확산되어 전국에 널리 알려지게 되었습니다.

저는 한국의 독자 여러분이 이 책에서 한국의 기업 성심당뿐만 아니라, 매우 다른 사회적 상황에서 저마다의 방식으로 '나눔'의 힘을 조직문화로 구현한 다른 나라 기업들의 사례도 접하면서 균형 잡힌 관점을 갖게 되기를 바랍니다. 이 기업들을 통해

‘주는 문화’가 특정 지역이나 전통에만 국한된 것이 아님을 알게 될 것입니다.

『경계를 허무는 기업들』이 한국어로 번역 출간된 것은 제게 큰 영광이며 크나큰 기쁨입니다. 이 책을 기꺼이 맡아 한국어판으로 출간한 이유출판에 깊이 감사드립니다. 그리고 이렇게 말씀드리는 것이 실례가 되지 않는다면, ‘주는 문화’를 날마다 삶으로 실천하고 이어가고 있는 성심당의 직원 여러분께 특별히 이 책을 헌정하고 싶습니다.

더욱이 이 책이 성심당 창립 70주년을 기념하여 출간된다는 사실은 저에게 특별한 선물이며 큰 기쁨입니다.

모두 감사합니다!

2026년 2월, 파리에서
아눅 그레뱅

머리말

'기업의 주는 문화'라는 이 책의 주제는 양립하기 어려운 의미를 담고 있다. 사실 기업만큼이나 '주기'를 경시하여 그런 문화가 마치 '비문화적ex-culture' 인 양 취급하는 곳이 또 있던가? 오히려 '정복', '시장 점유율 확보', '인재 보유', '경쟁' 등의 개념이 기업과 어울릴 것이다. 설령 그렇다고 하더라도 기업 내부의 '주는 문화'[1]를 고려하는 것이 도발적이고, 이념적 프로젝트나 순진한 생각에 불과한 것일까? 우리는 현지 조사를 통해 그렇지 않다고 확신하게 되었고, 이를 입증할 필요가 있으며 적어도 다음의 세 가지 방식으로 입증이 가능하다고 보았다.

먼저, 이 작업은 이미 시작되었다고 볼 수 있다. 이탈리아 경제학자 루이지노 브루니Luigino Bruni가 이론의 차원에서 '모두를 위한 경제EoC'라는 개념을 발전시켰는데, 이 개념을 프랑스에

---

1   '주는 문화'([프] Culture de don, [영] Culture of Giving)는 이탈리아 가톨릭 영성가로 포콜라레 운동의 창립자인 끼아라 루빅이 제안하고 주도한 '모두를 위한 경제EoC'(Economy of Communion)의 바탕이며 핵심이다. "주어라, 그러면 너희도 받을 것이다"라는 복음 말씀에서 비롯된 '주는 문화'는 '나눔의 문화', '친교의 문화', '복음의 문화' 등으로 표현되기도 한다.

알리는 데 이바지한 사람이 바로 이 책의 저자 아눅 그레뱅이다. 저자는 직접 아시아와 라틴 아메리카에 소재한 4개 회사를 방문하여 열정적으로 현장 조사를 진행했고, 이를 통해 '모두를 위한 경제'가 실현되고 있음을 확인했다. 사실, 이 지역들은 이제까지 우리가 경영 모델의 참고 대상으로 생각조차 하지 못한 곳이다. 저자는 철저한 현장 조사를 통해 과연 그곳에서 형성된 움직임이 문화라 일컬을 정도의 것인지, 또 사람들이 말만이 아니라 실제로 그렇게 하고 있는지에 중점을 두고 살폈다.

둘째, 이 조사 작업은 독창적인 기업들을 널리 알리는 기회가 될 것이다. 그 활동 분야(은행업, 청소업, 식품업 등)가 우리에게 친근하고 익숙한 분야이든, 또는 지리적으로 멀리 떨어져 있든 상관없이, 이 기업들이 일상에서 겪는 경영상의 문제들은 우리에게도 익숙한 것이다. 저자는 필리핀에서 아르헨티나, 파라과이에서 한국에 이르기까지 철저한 현장 조사를 펼쳤다. 수박 겉핥기식의 조사나 의견 청취에 머물지 않고, 문화 조사에 필수적인 방식으로 진행한 현장 방문 조사는, 공동 생산을 위한 노동, 늘 새로운 형식을 고안하는 역량, 개성 있는 기업가들의 기업 정신에 탄복할 준비가 되어 있는 독자들을 대단히 만족시킬 것이다.

앞으로 자세히 살펴보겠지만, 기업의 '주는 문화'는 '선물'의 다양한 형태(금전, 제품, 기술 등)와 관련될 뿐만 아니라, 주는 이와 받는 이의 다양함과도 관련이 있다. '선물'의 범위는 방대하기 때문이다. '주는 문화'를 살펴보면서 우리는 무엇이 가능한 것인지를 알 수 있다. 이 책을 내는 우리의 의도는 사람들에게 교훈을 주려는 것이 아니라, 기업에 대한 성찰의 장을 열기 위함이다. 이제까지 지나치게 좁은 시야로만 관찰해 왔기에 대부분의 기업을 식상하다고 여기는 우리에겐, 새로운 대상과 안목이 필요하다.

끝으로, 이 조사 작업은 한 편의 다큐멘터리나, 다른 시대에 그랬던 것처럼 세상에 관한 지식의 한 단면이 아니다. 이 연구는 우리의 관점을 넓혀주는 창이다. '주기'는 우리 영혼의 풍요로움을 더하거나, 일련의 기업 경영에 추가해야 할 일들의 목록이나 '관리자의 행동 방식'의 매뉴얼에 한 장을 더 추가하는 것이 아니다.

이 책이 제안하는 새로운 관점은 '주는 행위'를 세상을 보는 방식이라 여기는 것이다. 주는 것은 관계와 관계의 가능성을 말하며, 그것에 가치를 두는 방식으로 일종의 패러다임이다. 나눔은 어떤 존재를 인정하느냐 마느냐 하는 문제와 관련된 것이 아니라, 관계 자체에 대해 새롭게 생각해보는 방식이다. 저자는 '이해관계자partie prenante'라는 개념보다 '주는 이partie donnante라는 개념을 제안한다. 기업은 외부에 제품이나 서비스를 제공하는 '주는 이'가 분명하다. 하지만 이를 가격이나 권리, 의무의 측

---

2   영국의 역사학자이자 정치인, 건축가인 에드워드 프리만(E. Freeman, 1823-1892)이 창안한 '이해관계자 자본주의'는 기업이 이윤 추구뿐만 아니라 사회, 환경, 그리고 모든 관계자의 이익을 고려하는 경영 방식이다. 여기서 말하는 '이해관계자'란 직원, 고객, 공급업체, 지역사회 및 주주 등 기업과 관련된 모든 관계자를 포함한다. 기업의 목적이 수익 창출에만 있는 것이 아니라, 모든 이해관계자에게 도움이 되는 사회적 책임을 다하는 데 있다고 보는 관점이다.

　　　　머리말

면에서만 볼 것인가? 이러한 다양한 관계 안에서 그 구성요소 가운데 하나인 '주는 것'도 생각할 수 있지 않을까? 또한 프리만 Freeman을 통해 익숙해진 개념들을[2] 어떻게 이해하고 받아들이는 것이 좋을지 스스로 묻고, 그 개념들이 아름다운 상호성 안에서 우리에게 주는 깨달음을 생각해야 한다. 그리고 이러한 고찰은 자연스럽게 이 책이 제안하는 최종적인 전망으로 이어질 것이다. 상호성은 '서로 주고받는' 교환에서 나올 때 비로소 그 의미가 있으며, 주는 것이 역동성을 띨 때, 곧 '주는' 것이 희망이 될 때 비로소 상호 관계가 이루어질 것이다. 희망 없이 어떻게 시도할 수 있겠는가?

모리스 테브네|Maurice Thévenet
프랑스 에섹ESSEC 경영대학원 교수

기업은 베풀 줄
아는가?

2009년에 출간된 『주고받기-기업 내부의 협력Donner et prendre. La coopération en entreprise』은 경영 분야와 인사 담당자들 사이에서 커다란 반향을 일으켰다. 이 책에서 사회학자 노르베르트 알터Norbert Alter는 직장인들이 일하면서 갖게 되는 불만은 "직원들의 기여도와 작업의 가치를 제대로 인정하지 않는 태도에서 비롯되는 것이지, 직원들의 노동력을 최대한 활용하려는 기업의 의도 때문이 아니다."라고 단언했다. 직장인들은 자신의 일터에서 끊임없이 자기 능력이나 시간, 재능 등을 내어주고 헌신하지만, 정작 기업가들은 받을 줄만 알고 줄 줄을 모른다는 것이다. 게다가 더 나쁘게는 "기업가들은 결국 주는 행위 자체를 금지한다."라고 그는 주장했다.

바로 그러한 알터의 주장이 나의 박사 학위 논문의 출발점이 되었다. 그 뒤 나는 10년 넘게 회사 조직 안에서의 선물don[3], 곧

---

3   원문에 쓰인 불어 단어 'don'은 선물, 기부, 증여, 재능, 헌신 등의 의미를 모두 담고 있다. 이 책에서 'culture de don'은 '모두를 위한 경제EoC'의 해석에 따라 '주는 문화'로 그대로 옮겼다. 다만 단독으로 사용된 'don'은 문맥에 따라 '선물', '베풂', '나눔', '증여' 등으로 옮겼다.

직장 내부의 '주는 문화'에 관한 조사를 펼치며 다음의 두 가지 가설을 깊이 있게 연구했다. 곧 노동은 선물이라는 것, 또한 많은 직장에서 볼 수 있듯이 경영주들이 이 선물을 제대로 받아들이지 못하는 것이 직원들의 뿌리 깊은 불만의 원인일 수 있다는 것이다.

경제학은 수 세기 동안 이를 인정하지 않았지만, 기업 활동은 실제로 '선물'이라는 구조로 엮여 있다.[4] 기업 내부에서는 어디서나 '선물의 힘dynamique de don'이 작용하는데, 이것이 바로 마르셀 모스Marcel Mauss[5]가 적절히 설명한 "주기-받기-되갚기"라는 움직임이다.[6] 조직과 그 유지 조건에 혼란을 가져다주는 선물의 힘이 지닌 역기능을 연구하면서,[7] 우리는 다음의 사실을 알게 되었다. 곧 선물의 시점과 이에 대한 보답으로 되갚는 시점은 사회학[8]과 철학에서[9] 이미 백여 년 전부터 많은 논쟁을 불러일으켰지만, 결국 실제로 가장 많은 문제를 일으키는 것은 받는 시점이라는 것이다.[10]

그러나 다시 되짚어 볼 만한 질문이 하나 있다. 노르베르트 알터가 단정한 것처럼, 기업가들은 정말로 베풀 능력이 없는가?

---

4   [원주] Gomez et al, 2015.

5   마르셀 모스(Marcel Mauss, 1872-1950): 프랑스 사회인류학자로, 그의 유명한 『선물론』에서 태고사회의 선물 교환 원리를 포착하여 인간 사회의 실체를 교환으로 보는 독창적인 관점을 제시했는데, 이는 바로 '주기-받기-되갚기'이다. 그의 선물론은 사회과학의 새로운 시대를 연 혁명적 이론이라고 평가받고 있다.

6   [원주] Mauss 2021.

7   [원주] Grevin 2019b.

8   [원주] 특히 카이에(A. Caillé)와 모스의 작업들을 참조할 것. 사회과학에서 반실용주의 운동.

9   [원주] 예를 들어, 헤나프(A. Henaff)의 통합

10   [원주] Ide et al. 2021.

나는 정반대라고 확신한다. 주고 나누는 것에 집중하고, 심지어 '주는 것'을 기업의 경영 원칙으로 삼은 기업가들을 나는 알고 있다. 그들은 끈기 있게 소위 '주는 문화Culture of giving'를 만들어가고 있다. 나는 30여 년 동안 그들이 '주는 경제'를 탐구하는 모습을 지켜보았다. 그들은 '모두를 위한 경제EoC'[11]라는 국제적인 네트워크에 속해 있다. 이 프로젝트를 시작한 사람은 이탈리아의 가톨릭 영성가 끼아라 루빅Chiara Lubich으로, 지금은 180개 국가에 확산된 포콜라레 운동의 창시자다. 모두를 위한 경제 네크워크에는 50여 개 국가, 약 천여 명의 기업가들이 참여하고 있는데, 대부분이 소규모 또는 중소기업들이다. 이들은 자신들의 활동을 통해 더욱 공정하고 형제애가 넘치는 경제를 구축하고, 생산적인 포용을 통해 취약 계층에 일자리를 제공하며, 수익을 연대 활동에 배분하고 '나눔의 문화'를 형성함으로써 빈곤과 맞서 싸운다.

이 '주는 문화'라는 표현은 조직 내부에서 '나눔'의 문제를 연구하는 내게 큰 울림을 주었다. 기업 분야에서 '주는 문화'가 무엇을 의미할 수 있을까? 이것이 바로 내가 기업들을 찾아 현장 조사를 한 목적이며, 이 책에서 나누고자 하는 이야기다.

종교적 현상은 경영학에서 이른바 민감한 연구 주제에 속하지만, 점점 더 많은 연구자들이 이 분야를 연구하고 있다. 기업이 직면한 사회 현상뿐만 아니라, 경영 실무에서 특정 종교의 교리

11　[원주] 더 많은 정보를 얻고자 한다면, 공식 사이트를 볼 것.

나 가치가 어떠한 영향을 주는지에 관한 연구다. 이러한 관점에서 '모두를 위한 경제EoC'의 경험이 포함된 그리스도교적 사회 사상(가톨릭 사회 교리)은, 구체적인 실천으로 이어질 수 있는 가치의 근본 토대, 즉 조직 문화의 한 형태로 볼 수 있다.[12]

기업문화에 대한 탐구[13]는 이러한 경험을 연구하는 데 매우 적절한 개념적 틀을 제공해 주었다. 이 연구들은 기업들이 겉으로 표방하는 '명시적 가치들'뿐만 아니라 실제 행동이나 결정을 내릴 때 영향을 미치는 '실천적 가치들'을 분석하도록 해 주었다.[14] 이 연구 방법론을 도구로 삼아 나는 이렇게 자문해 보았다. 기업가들이 주창하는 가치들이 과연 그들의 지향점이나 의도를 뛰어넘어 구체적인 실천을 통해 효과적으로 드러나고 있는가? 또한 그러한 실천이 특정한 조직문화라는 의미에서 '주는 문화'라 말할 수 있을 정도로, 기업 내부에서 공유되고 경영 시스템에 충분히 반영되어 있는가?

나는 이러한 비전을 가진 기업가들과 단순히 교류를 하는 것만으로는 만족할 수 없었다. 따라서 현장, 곧 그들이 경영하는 회사들을 직접 방문하고 싶었다. 그들의 신념이 현장에서 어떻게 실천되고 있는지, 특히 직원들이 그들의 경영 방식을 어떻게 이해하고 받아들이고 있는지 알고 싶었다. 그리하여 나는 이 기업들 내부에서 '선물(주기)'의 실천 방식에 관한 연구 계획을 세

---

12   [원주] Grevin 2019a.

13   [원주] 예를 들어 M. 테브네의 작지만 탁월한 저서 참조(Thévenet 2015).

14   [원주] 개념적 틀과 활용한 방법론에 관한 내용은 이 책의 부록에 실려 있고, 더 자세히 알고자 하는 독자들은 2019년에 발표한 책(Grevin 2019a)을 참조하기 바란다.

웠고, 세계 곳곳을 누비며 현장 조사에 나섰다.

일반적인 연구 방식은 기능적 장애의 원인 분석을 그 출발점으로 삼는 경우가 많다. 예를 들어, 의학이 질병 연구에서 시작된 것처럼 말이다. 그러나 제대로 기능하는 것에서도 우리는 많은 것을 배울 수 있다. 조직 안에서 '선물의 힘'이 어떻게 작동하는지 더욱 잘 이해하기 위해서는, 이를 조직의 근본 토대로 삼고 수십 년 전부터 그러한 방향으로 실천해 온 기업들을 분석하는 작업이 타당해 보였다.

현장 조사를 계속하다 보니 다른 원천에서 영감을 받은 기업들로 조사 대상이 확대되었다. 이제까지 7개 국가의 기업들을 연구할 수 있었는데, 이들 가운데 4개 기업을 선택하여 이 책에서 소개하고자 한다. 이 기업들은 필리핀의 은행, 한국의 제빵 및 음식점 체인, 파라과이의 청소 전문 업체, 그리고 아르헨티나의 건설 자재 도매업체이다. 이 기업들을 선택한 이유는 단순하다. 이들이 그 자체로 '모두를 위한 경제EoC'의 모범 사례라거나, 또는 다른 기업들에 비해 더 주목할 만하거나 중요하기 때문이 아니라, 동일한 영감에서 출발했다고 해도 저마다 다른 문화적 환경 속에서 다양한 방식으로 실천하는 모습을 보여주고 있기 때문이다.

이제 우리는 사뭇 다른 네 개의 세계 속으로 여행을 떠나 그곳에 빠져들게 될 것이다. 서로 다른 문화적 환경에서 펼치는 민속지학적 연구에는 몇 가지 주의가 필요하다. 연구자 자신도 그가 속한 문화의 영향에서 자유로울 수 없기 때문이다. 반면에 자신

  기업은 베풀 줄 아는가?

의 문화를 유심히 관찰하여 이를 분석의 도구로 활용할 수는 있
을 것이다. 서양인이자 프랑스 여성으로서 나는, 내가 듣게 될
이야기에 대해 어떻게 반응할까? 바로 이러한 질문을 품고 이
책에서 연구자인 내가 1인칭 시점에서 글을 쓰고, 스스로에게
던진 질문들을 가감 없이 독자들에게 전달하고자 한다. 이 책에
서 제안하는 것은 바로 나의 시각이며, 여기서 소개하는 개념적
범주들도 나의 것, 내가 교육받고 자란 나라의 문화적 영향이 매
우 강하게 반영된 것들이다. 따라서 나의 시각이 이러한 경험들
에 관하여 사람들이 공통으로 이해하는 보편적 시각은 아니라
는 점을 미리 밝혀둔다.

자, 이제 독자 여러분이 나와 함께 현장에서 직접 보고 겪게 될
세상 속으로 가능한 한 선입견 없이 마음을 활짝 열고 뛰어들기
를 권한다. 다만 주의할 것이 하나 있다! 우리의 마음가짐과 관련
된 조건이다. 이 조건에 주의를 기울이지 않는다면, 우리가 앞으
로 만날 경험을 진정 제대로 겪기는 어려울 것이다. 이 경험들 가
운데 더러는 우리가 보기에 적잖이 놀랍고, 어쩌면 충격적일 수
도 있으며, 이해하기 어려울 수도 있다. 그럼에도 그 놀라움 속에
서 또 다른 현실을 이해하는 새로운 지평이 열릴 것이고, 우리가
귀 기울일 의지만 있다면, 그 세계가 가까이 있든 멀리 있든 우리
는 그 메시지를 귀담아듣게 될 것이다.

"우리 함께 멋진 여행을 떠나봅시다!"

1

가난한 이들을 위한 은행

방코 카바얀

Bangko Kabayan

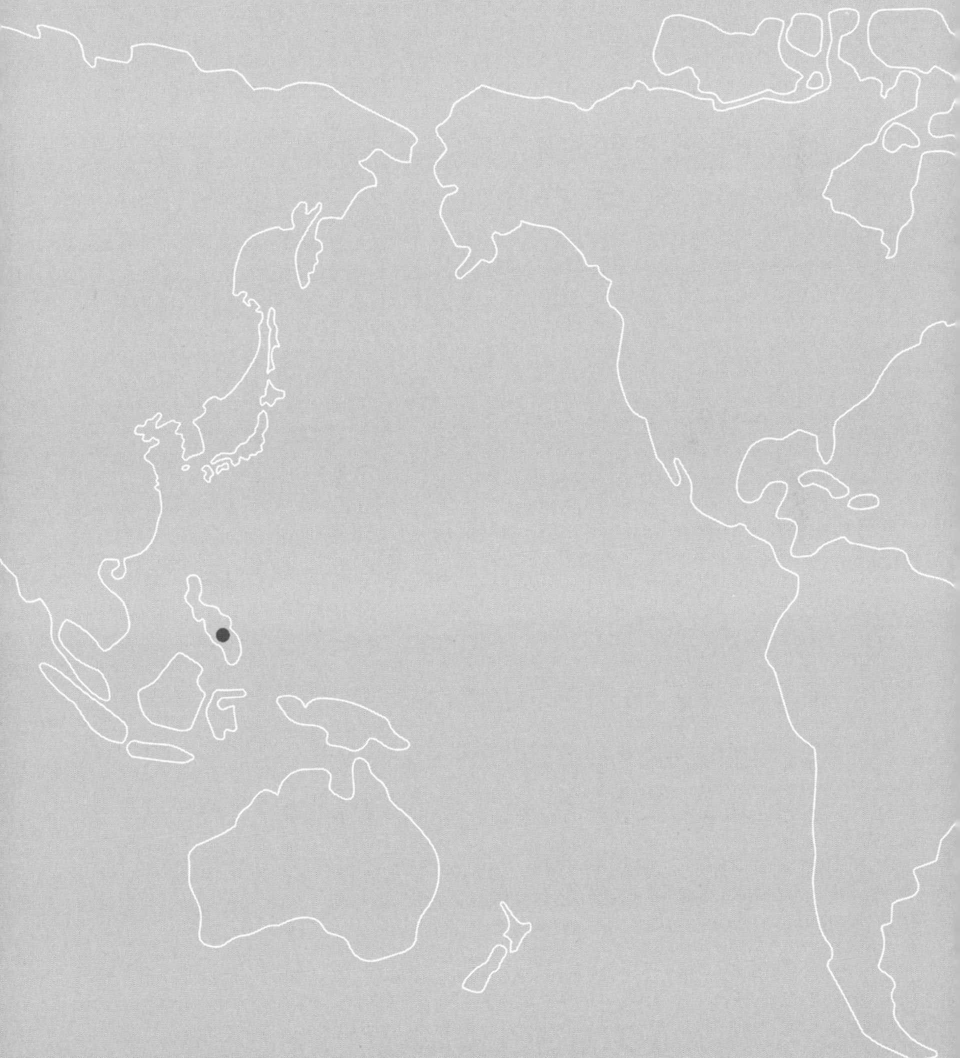
가난한 이들을 위한 은행

방코 카바얀

Bangko Kabayan

농촌의 영세 상인들과
가까운 은행

테레사는 자신이 은행원이 되리라고는 꿈에도 생각해 본 적이 없다. 그녀는 신문방송학을 전공했고 정계에 진출했다. 그녀는 장래가 촉망되는 젊은 변호사 프랜시스 간존Francis Ganzon과 결혼했다.

테레사의 부친은 사업가로 1957년에 이반 농촌 은행Ibaan Rural Bank Inc을 설립했다. 이 은행은 당시 필리핀의 많은 은행이 그러했듯, 영업점이 단 하나뿐인 농촌 은행이었다. 그는 평소 잘 알고 지내는 인근의 소상공인들을 대상으로 자금을 빌려주었다. 이반Ibaan은 마닐라에서 남쪽으로 백여 킬로미터 떨어진 바탕가스주Batangas Province의 작은 농촌 마을로, 당시 주민 수가 2천 500명 정도였으나 현재는 그 두 배로 늘어났다. 그런데 테레사의 부친에게 은행 경영은 사업가로서 벌여온 다른 일들에 비해 훨씬 복잡한 일이었다. 게다가 당시 필리핀에 문을 연 지방 은행 2천 200여 개 가운데 3분의 1만이 살아남을 정도로 경제 여건이 좋지 않았다. 금리가 계속 오르자 대출금을 돌려받지 못하는 일이 잦았고,

정부는 이러한 손해를 담보해 주겠다는 약속을 지키지 않았다. 게다가 사기가 만연하여 많은 농촌 은행들이 파산을 겪었다.

테레사의 부친은 은행에 더 신경을 쏟아야 했지만 그럴 상황이 아니었다. 그에게는 운영해야 할 농장과 전기 회사가 또 있었기 때문이다. 게다가 그의 아들들은 미국으로 이민을 가 있었다. 그는 사위인 프랜시스에게 자신의 사정을 이야기했고, 그에게 잠시라도 은행을 회생시켜 매각할 수 있도록 테레사와 함께 맡아달라고 부탁했다.

프랜시스는 어릴 때부터 사회 문제에 관심이 많았다. 그는 농부들이 아내와 자녀와 함께 온 가족이 합심하여 농사를 짓는 데도 하루에 1달러도 채 안 되는 돈으로 살아가면서 계속 빚을 지는 상황인 반면에, 땅 주인들은 오히려 점점 더 부유해지는 현실을 보며 충격을 받았다. 그는 사회정의를 위해 자신의 삶을 투신하기로 결심했고, 필요하다면 폭력적인 혁명에도 가담하겠다고 맹세했다. 그는 공산주의를 따르는 청년들과 함께 투쟁했다. 어느 날 프랜시스는 시위 도중에 죽음의 위기를 겪었다. 경찰들이 그에게 총을 겨눈 것이다. 많은 친구들처럼 프랜시스도 감옥에 갇혔고, 다른 이들은 산으로 도주하여 게릴라전을 벌였다. 다행히 프랜시스는 곧바로 풀려났고, 법학 공부를 시작했다. 그리고 대학교에서 한 친구를 통해 테레사를 만나게 되었다. 당시 그는 무신론자였고 테레사는 독실한 그리스도인이었으나, 그들은 서로에게 공통된 열정이 있음을 발견했다. 바로 '사회정의'에 대한 열망이었다.

테레사의 부친이 프랜시스에게 은행 경영을 맡아달라고 부탁했을 때, 프랜시스는 사회정의라는 그들의 이상을 실천할 절호의 기회임을 깨달았다. 그리하여 1977년 그는 테레사와 함께 은행에 합류했다. 두 사람은 직원들이 더 나은 대우를 받을 수 있게 하겠다고 약속했다. 실제로 프랜시스와 테레사는 직원들의 급여를 재조정하고, 수익을 나눴으며, 자신들의 가치들을 공유했다. 또한 그들에게 고객을 수익의 원천으로 여겨서는 안 되며 오히려 섬겨야 할 이웃으로 대해야 한다고 설득했다. 이렇게 하여 그들은 점차 직원들의 신뢰를 얻은 것은 물론이고, 고객들의 신뢰도 얻게 되었다.

1986년 프랜시스는 은행장이 되었는데, 같은 해 정부에서도 직책을 맡게 되면서, 고객들은 혼란스러워했다. 은행 매각에 대한 우려 때문이었다. 이 일로 프랜시스와 테레사는 그들의 은행이 많은 사람에게 그들 부부와 동일시되고 있음을 깨달았다.

그 후로 프랜시스 부부는 9년 만에 은행을 본 궤도에 올려놓았고, 수익을 거두었다. 그들은 은행 운영을 전문화했으며 은행원 수도 20여 명이 되었다. 은행의 예비 자금도 확보하여 더 이상 중앙은행의 대출에 의존하지 않게 되었고, 고객들의 신뢰도 다시 얻었다.

그러한 신뢰는 프랜시스와 테레사의 존재감에 따른 것이었다. 만일 그들이 은행을 매각하려고 한다면 분명 크게 놀란 고객들은 불안해할 것이고, 예금 인출 사태를 불러일으킬 위험이 있었다. 따라서 두 사람에게는 은행을 유지하는 것 말고 다른 대안

　　농촌의 영세 상인들과 가까운 은행

이 없었다. 테레사의 부친은 그들에게 은행을 완전히 인수할 것을 권했다. 그리하여 1989년 테레사와 프랜시스는 은행의 소유자가 되었다.

그러던 어느 날 오랜 친구인 티타 푸앙코Tita Puangco가 그들을 찾아왔다. 그녀는 1991년 5월 끼아라 루빅이 브라질에서 '모두를 위한 경제EoC' 프로젝트를 시작했을 때, 자신이 가난에 맞서 싸울 수 있도록 무언가를 하라는 부름을 받았다고 느꼈고, 경영 관리 컨설팅 회사를 세우기로 결심했다. 두 사람을 찾아온 티타는 이들이 은행을 발전시켜 나가는 데 도움을 주겠다고 제안했다. 그녀는 이렇게 조언했다. "은행을 키워야 해요. 더 많은 영업점을 열어야 합니다."

'그것이 고용을 창출하고, 빈곤한 상태에 있는 이들에게 도움이 되는 길이라면?' 생각이 여기에 미치자 두 사람은 '모두를 위한 경제'라는 야심찬 계획에 따를 결심을 한다. 은행의 수익을 통해 빈곤에서 벗어날 수 있도록 도울 수 있다면 얼마나 좋을까? 더 나아가 가난한 이들을 위한 은행을 만들면 어떨까?

테레사는 레오 안드링가Leo Andringa에게 그러한 자신의 계획을 털어놓았다. 네덜란드 중앙은행에서 일하는 거시경제학자 레오는 금융계를 잘 알고 있었다. 레오는 테레사에게 방글라데시에서 유누스Yunus 박사가 했던 일을 들려주었다.[1] 유누스는 소

---

1   경제학자 무함마드 유누스가 가난한 이들의 자립을 위한 소액 대출 은행으로 설립한 사회적 기업 그라민 은행(Grameen Bank)은 빈곤 퇴치의 성공 사례로 전 세계의 큰 주목을 받았고, 유누스는 2006년 노벨 평화상을 받았다.

액 대출을 제안하며 가난한 이들을 위한 은행을 만들었다. 그 어떤 은행도 돈을 빌려주려 하지 않는 극빈층 여성들에게, 심지어 은행에 가 본 적도 없는 그들에게 소액 대출을 해 주었다. 그러니 그들에게도 불가능한 일은 아니었다!

프랜시스와 테레사는 일단 해 보기로 마음먹고, 주변 지역에 있는 영세 상인과 소규모 기업인들을 대상으로 새로운 지점들을 개설했다. 은행 입장에선 이들이 수익성 높은 고객층은 아니다. 하지만 두 사람의 목표는 더 많이 버는 것이 아니라, "덜 벌더라도 더 많은 일을 하는 것"이었다. 그들이 보기에 경제 및 개발의 측면에서 가장 큰 파급 효과를 가져오는 고객은 바로 영세 상인과 기업인들이었다. 그들은 은행이 자리한 그 지역에서 일자리를 창출하기 때문이다. 은행의 한 임원은 이렇게 단언했다. "우리에게 중요한 것이 바로 그 점입니다. 우리는 수익을 내려고 여기에 있는 것이 아니라 이 지역에서 가장 소중한 사람들을 돕기 위해 있습니다."

영세 상인들은 수익의 대부분을 자녀 교육에 썼고, 이 때문에 사업 자체의 성장이 희생되는 경우가 많았다. 프랜시스와 테레사는 바로 이 점에 주목하고, 그들에게 도움이 되고 싶었다. 필리핀의 은행 가운데 오직 2%만이 이러한 취약계층에 서비스를 제공하고 있었다. 이들은 일반 은행들 입장에선 수익을 내기 어렵고 완전히 버려진 시장이었다. 반면 프랜시스와 테레사는 자신들의 은행을 그 지역을 위한 '성장의 동력'으로 삼았다.

1993년 프랜시스는 은행 경영에 전적으로 헌신하고자 그동안

정부에서 맡아온 공직에서 물러난다. 그로부터 6년 뒤에는 8개 지점과 120명의 직원을 두게 된다. 또한 재단을 만들고 연수익의 3%를 빈민들에게 소액 융자와 장학금으로 제공했다. 몇 해가 지나자, 그들은 예금 규모 면에서 필리핀에서 세 번째로 큰 농촌 은행이 되었다. 당시 경제 여건은 은행 성장에 매우 유리했다. 하지만 이 상황은 그리 오래 가지 않았다.

은행 창립 40주년을 맞아 그들은 은행 이름을 방코 카바얀 Bankgo Kabayan(이곳 사람들은 모두 BK라는 약칭으로 부른다)으로 바꾸었는데, 말 그대로 "가까운 은행"이라는 뜻이다. 여기서 '가깝다kabayan'는 말은 지리적인 의미만이 아니라 그들이 표방하는 핵심 가치이기도 하다. 따라서 필리핀의 여타 은행들과는 달리, 이곳 은행의 직원들은 일할 때 영어 대신 타갈로그어를 사용하여 고객들에게 더욱 가깝게 다가갈 수 있도록 한다. 실제 이 은행을 찾는 고객 대부분은 교육을 충분히 받지 못해 영어가 서툰 빈민들이다.

같은 해인 1997년, 심각한 금융위기가 발생하여 아시아 전역에서 수많은 기업이 파산했으며, 상당수의 금융 기관도 치명적인 타격을 받았다. 그야말로 지진과 같은 충격이었다. 많은 영세 상인이 이 위기의 여파로 큰 타격을 입어 대출금을 갚지 못했고, 살아남은 기업들도 더 이상 투자를 하지 않았다. 공황 상태에 빠진 고객들은 불안한 마음에 얼마 안 되는 예금이라도 다 잃기 전에 인출하고자 떼지어 은행으로 몰려왔다. 프랜시스와 테레사는 이 상황이 치명타가 되어 은행사업을 더는 감당할 수 없으리라 느꼈다. 이웃 은행도 같은 이유로 파산했기 때문이다.

악몽과 같은 하루가 지나면서 점차 은행 금고가 비어갔다. 은행 창구를 막 닫으려던 순간, 한 고객이 서둘러 은행을 찾아왔다. 늦게 왔지만 다른 고객과 똑같이 응대해야 했다. 직원은 닫으려던 문을 다시 열고 그를 은행 안으로 들어오도록 했다. 이 고객은 무엇을 원했던 것일까? 놀랍세도 그는 거금을 예금했다. 이는 그날 빠져나간 액수를 모두 합친 것보다 많았다! 방코 카바얀이 가장 취약해지려던 순간, 이제까지 쌓아온 그들의 신용도가 은행을 살렸던 것이다.

 농촌의 영세 상인들과 가까운 은행

파산 위기에 맞서다

1997~1998년 금융위기를 극복한 프랜시스와 테레사 부부는 공동선을 최우선으로 삼고 행동하는 것이 무엇보다 중요하다는 것을 그 어느 때보다 더 확신했다. 그들은 많은 경쟁사가 하듯이 수익성은 더 높지만 부패가 만연한 단기 대출 시장에 진출하여 사업 안정성을 확보하는 대신, 위기 상황에서 금융위기 때에 모든 것을 잃은 이들, 가장 많은 피해를 입고 가장 취약하며 그 어떠한 담보도 없는 이들에게 더욱 집중하기로 결심했다.

그들은 소액 융자의 대상 범위를 확대하기로 계획했다. 이를 위해서는 은행의 재정을 약화시키지 않으면서 사업을 확장해야 했는데, 특히 더 많은 인력과 폭넓은 교육이 필요했다. 취약한 이들에게 돈을 빌려줄 때는 상환 불이행의 위험이 크기 때문이다. 따라서 특수한 절차와 은행 상품을 개발할 뿐만 아니라 그에 상응하여 조직 전체를 개편해야만 했다. 그들은 이를 위하여 실험을 계속한 후, 그들이 설립한 재단을 통해서 2001년 마침내 소액 대출 대상이 되는 첫 번째 그룹을 공식 출범시켰다.

이 소액 대출의 대상 그룹들은 주로 여성들로 이루어져 있는데, 연대 계약을 맺어 함께 대출금을 관리하고 6개월 만기로 매주 상환하는 방식이다. 그들은 소액의 융자를 받아 식품이나 수공예품을 만들어, 그들이 사는 구역이나 길거리에서 판매한다. 매주 상환액을 갚은 그룹만이 6개월 뒤에 다시 대출을 받을 수 있다. 구성원들은 서로 도우며, 그들이 받은 소액 자본을 함께 관리하는 법을 배운다.

프랜시스와 테레사는 은행 서비스를 이용할 수 없는 이들과 함께하기를 원할 뿐만 아니라, 그들을 진정한 고객으로 대하며, 저축, 보험, 부동산 담보 대출, 창업 교육 등 가능한 한 더 나은 서비스들을 제공하고자 한다. 또한 방코 카바얀의 경우, 그들이 본보기로 삼았던 유누스의 그라민 은행과는 달리, 소액 대출 그룹에서 상환금을 수금하는 이들은 은행 직원이 아니라, 해당 대출 그룹에 속한 회원들이다. 그들 가운데 한 사람이 직접 그룹 전체의 운영 자금을 은행에 가져간다. 이렇게 하여 그들은 자신들이 은행의 최우수 고객과 동등한 서비스를 받고 있음에 자긍심을 느낀다. 이는 그들이 상상조차 해 보지 못한 일이다. 이러한 경험은 그들에게 성심성의를 다하는 은행 직원들에게도 큰 기쁨을 주고 있다.

프랜시스와 테레사는 '소외된 이들을 위한 은행', 즉 갚을 능력이 없는 이들에게 돈을 빌려주는 일, 담보할 것이 하나도 없고 손해의 위험성이 큰 이들에게 돈을 빌려주는 일, 그리하여 그들에게 높은 은행의 문턱을 낮추고 모든 서비스를 제공하는 일, 한마디로 '그들에게 불가능한 일을 가능하게 하는 게 바로 우리가 해야 할 일이다'라고 생각했다. 테레사는 소신 있게 말했다. "우리가 이 분야, 소액금융을 지원한다면 발전을 간절히 바라던 이들에게 좋은 영향을 줄 수 있으리라고 확신했습니다. 가계 수입이 증대되고 고용이 확산되며, 농촌 지역 여성들의 역량이 향상되고, 청년들은 교육을 위한 더 좋은 기회를 얻으며, 농촌 사람들이 다른 많은 부수적 혜택을 누릴 수 있을 겁니다." 이렇게 방코 카바얀은 자신의 존재 이유를 찾았다. 민영 은행으로는 보기 드문 선택이었다. 무엇보다 소액금융 분야는 여타 금융 기관들과 동일한 규제나 제약을 받지 않는 비정부기구의 일이기 때문이다.

그들은 영세 상인들을 위한 은행 서비스 시스템을 점진적으로 개발하고 단계적으로 적용하고 있다. 여기에는 영세 상인들을 위한 대출뿐만 아니라 그들의 자녀 교육을 위한 교육비 융자, 작은 규모의 영구 주택 건설, 또는 기존 주거의 개보수(한 번에 한 칸씩), 더 나아가 자연재해나 가족의 질병과 사망에 대비한 소액 보험이 포함된다. 또한 여성들이 생활 속에서 자신감을 되찾고 삶을 주도적으로 이끌어갈 수 있도록 소액 저축 프로그램을 시행하고 있다. 아주 적은 액수더라도 규칙적으로 저축을 하여 점차 그들이 개인 자산을 보유할 수 있게 하는 것이다. 이렇게 소액 금융은 사회 변혁의 수단이 되었으며, 특히 소액 대출 그룹의 주간 회합과 소규모 공동 연대기금의 공동 조성 및 관리가 결정적 역할을 하고 있다.

테레사와 프랜시스는 사업 과정에서 신중해야 한다는 것도 배웠다. 종종 과도한 대출은 소규모 경제 활동의 성장에 오히려 해를 줄 수 있기 때문이다. 그리하여 은행 직원들이 고객들의 성장 속도에 맞출 수 있도록 지나친 대출을 유도하지 않게끔 교육했다. 그들은 기존 전통 방식의 대출과 소액금융을 분리하여 운영하고 있다.

아울러 그들은 소액금융에서 얻은 경험을 기존 대출 사업에도 적용하면서 경영 개선을 위해 상당한 노력을 기울였고, 이를 통해 전반적인 성과를 거두면서도 은행의 재정 안정성을 강화했다. 이렇게 하여 그들은 은행의 미래를 위태롭게 하지 않으면서도, 200만 달러를 확보하여 백여 개 구역 또는 마을에 사는 5천 명의 소액 대출자에게 대출을 제공할 수 있었다. 이는 그들 운용 자금 가운데 3%에 해당한다.

그러나 인구의 40%가 빈곤선(하루 최저 생계비 1달러) 이하로 살고 있으며 실업률이 13%에 달하는 나라, 7백만 명이 가족의 생계를 위해 해외로 나가 일하고 있는 필리핀에서는 이보다 더 나아갈 필요가 있었다.

소액 대출 그룹들과 가까운 관계를 맺다 보니, 가족 생계를 위해 고군분투하는 여성들에게 이 단순한 신용의 표현(소액 대출)이 얼마나 큰 힘이 되는지 알 수 있었다. 여성들은 활동 수단이 주어지자 놀라운 용기와 뛰어난 창의력을 보여주었다. 이들은 충분히 신뢰를 받자, 전적으로 신뢰할 만한 이들이 되었다. 지원을 받은 여성들은 탁월한 기업가이면서 공동체 전체가 발전하도록 돕는 동력이 되었다. 그들에게 점진적으로 소액 저축을 하도록 가르치자, 반복되는 재난에 맞서는 힘을 기르고, 자녀를 대학까지도 보낼 수 있게 되었다. 그들의 삶이 서서히 변화했다. 여기에 농촌 은행의 참된 소명이 있다. 바로 그들 주위에 있는 공동체 발전에 이바지하는 도구가 되는 것이다.

몇 년 뒤 소액금융은 방코 카바얀의 전체 사업 가운데 11%를 차지하게 되었다. 은행의 재정적 안전성을 위해 프랜시스와 테레사는 그 이상은 비율을 높이지 않기로 결정했다. 오늘날 방코 카라얀은 소액금융 분야에서 100%의 상환율로 탁월한 성과를 거둔 은행으로 인정받고 있다. 이는 그만큼 엄청난 노력과 인적 자원을 소액금융 분야에 쏟았다는 것을 뜻한다. 취약한 고객일수록 일상에서 그들과 동행해야 한다. 조사 시점인 2019년 당시 방코 카바얀은 24개의 지점과 370명의 직원을 둘 정도로 성장했다.

지역사회 발전의
전문가들

방코 카바얀의 소액금융 부서 직원들은 지속적으로 현장에 간다. 그들은 "지역사회 발전의 전문가들"(영어로는 Community Development Specialist, 약어로는 CDS)이라 불린다.

이 공동체 발전의 전문가들은 자신에게 맡겨진 소액 대출 그룹들의 주간 회합을 이끌고, 그들과 함께 식사한다. 그뿐만 아니라 자신이 맡은 지역을 두루 돌아다니며 회원들을 만나 교류하고, 소규모 사업 개발과 가계 재정 관리에 대한 개인적인 지원을 제공한다. 또한 1년에 한 번 그룹 회원들의 가족들과 모두 함께 떠나는 야외 행사도 계획하는데, 회원들에게는 이러한 이벤트가 그들이 사는 지역을 벗어나는 유일한 기회가 되곤 한다. 또 직원들은 자신의 자녀도 이 행사에 참여하도록 한다.

이렇게 공동체 발전의 전문가들은 300명이나 되는 고객들(대부분이 여성들)과 긴밀한 관계를 맺고, 그들의 배우자와 자녀도 다 알고 지낸다. 집안 행사가 있으면 으레 초대를 받고 모든 잔치에 참석한다. 전문가 중 한 사람은 이렇게 말했다. "저는 그들을 진심으로 제 가족처럼 여깁니다. 그들도 저를 친구나, 가족의 일원으로 받아들이죠.” 그러면서 웃으며 이렇게 말을 덧붙였다. “저는 제가 하는 일이 참 좋습니다! 좋아하는 일을 하면 행복하잖아요.”

지역사회 발전의 전문가들은 자신이 속한 공동체가 성장해 가는 데 기여할 책임이 있다고 느낀다. 어느 팀장(공동체 발전 전문가들의 그룹별 매니저)은 이렇게 설명했다. “방코 카바얀을 통해 수많은 사람의 인생이 바뀌는 것을 보았습니다. 그들은 방코 카바얀이 자신들의 삶을 변화시키는 도구라고 생각합니다.” 그러면서 그는 한 극빈층 가정의 사례를 들려주었다. 그들은 방코 카바얀을 통해 아담하고 튼튼한 콘크리트 구조의 집도 짓고 자녀들을 대학까지 보낼 수 있었다. 더욱이 몇몇 가정의 경우 이제는 자녀들이 방코 카바얀의 고객이 되어 직접 대출을 받고 있다. 이러한 경험들을 목격한 직원들은 자부심 가득 찬 표정으로 기꺼이 이들의 성공 사례를 들려주었다.

지역사회 발전의 전문가들 가운데 다수가 극빈층 가정 출신으로, 공동체를 위한 자신의 역할에 대단한 사명감과 자긍심을 갖고 있었다. 그런데 모두가 자연스럽게 그 자리에 오게 된 것은 아니었다. 일례로, 우수한 성적으로 기업가 정신을 연구하여 학위를 받고 대학을 갓 졸업한 한 청년이 친구의 조언에 따라 방코 카바얀에 이력서를 냈다. 그는 소액금융 부서로 합류하라는 제안을 받자, 경력을 쌓을 기회라 여기고 이를 흔쾌히 받아들였다. 하지만 연수를 받으러 갔다가 큰 충격을 받았다! 온종일 은행 안에서 편안하고 쾌적한 자리에 앉아 시간을 보내는 대신, 외딴 마을에서 극도의 가난 속에 힘겹게 살아가는 여성들을 만나러 하루에 10~15km를 걸어야만 한다는 사실을 알게 되었기 때문이다. 그 청년 직원은 이렇게 말했다. "저는 제 일이 소명임을 깨달았어요. 가장 가난한 이들을, 가난한 이들 중에서도 더 가난한 이들을 기꺼이 돕는 일이죠. 그들은 가족의 생계를 위해 뭐라도 할 수 있게, 재정적 도움이 절실히 필요한 여성들입니다. […] 저는 그들이 살아남을 수 있도록 돕는 도구가 되고 싶었습니다!"

오늘날 방코 카바얀 지점장 가운데 3분의 1이 지역사회 발전 전문가들(CDS) 출신으로, 이러한 현상은 은행 관리자의 역할을 근본적으로 다시 규정해야 할 필요성을 일깨운다. 이들은 자신을 고위직 임원이나 은행가라 여기지 않으며, 공동체의 관리자라 생각한다. 본사의 고위 간부이자 전 고객 담당자였던 한 관계자는 이렇게 설명했다. "지금 제가 하는 일은 관리, 관계를 지원하는 것으로, 단지 관점만 달라졌을 뿐입니다."

이들 소액금융 담당자가 고객들과 맺는 관계의 특징은 소액대출 분야에서 확연히 드러난다. 이 분야에 뛰어든 다른 경쟁 은행들과 비교해 보면, 비슷한 조건으로 대출을 제공하고 있음에도 높은 상환율(거의 100%에 가깝고, 연체율도 2% 미만인)을 보인다.

이러한 결과는 방코 카바얀의 직원들과 고객들 사이의 사회적 친밀도에도 달려 있다. 사회적 배경이 더 나은 직원들이었다

 지역사회 발전의 전문가들

면 아마 그러한 관계를 유지하지 못했을 것이다. 한 매니저는 이
렇게 분석했다. "이 사람들에게 돈을 빌려주는 것은 신뢰에 바
탕을 둔 신용 대출입니다. 당신이 이들과 같은 사람이라면 당신
은 이들을 신뢰할 수 있습니다. 하지만 부유한 사람들은 그럴 수
없을 겁니다. 이들의 상황을 이해하지 못할 테니까요."

신용을 분석하는 이들, 곧 중소기업의 대출 여부를 결정하는
직원들도 고객을 직접 만나러 현장을 방문해야 하는데, 경쟁사
의 직원들이 전화 상담에 그치는 것과는 대조적이다. 이들은 일
주일에 하루 이틀을 현장 방문에 할애한다. 대출을 해 주기에 앞
서 기업의 재정 안전성을 확인하기 위해 "고객과 마주 보고 대
화를 나눈다." 실제로 직원의 방문을 받은 고객은 기꺼이 마음
을 열고 대화를 나누게 되며, 이 과정에서 자신의 상환 능력을
평가하는 데 중요한 정보가 나오기도 한다.

신용 대출의 경우 현장 방문을 통해 돈을 빌리려는 사람의 본
심을 확인할 수 있다. 예를 들어, 사업을 성장시키려는 열망보다
사업체와 가족에게 손해를 입히면서까지 도박에 돈을 쓰려고
대출하는 이들이 있을 수 있기 때문이다. 지역사회 발전 전문가
(CDS)는 대출 고객에 대한 정보를 그 이웃들을 통해서나 그 지
역 경찰을 통해서도 얻지만, 무엇보다 돈을 빌리고자 하는 이의
눈빛에서 사업에 대한 열정을 찾는다. 여기서 주안점은 상환 능
력만이 아니라, 어쩌면 가장 중요한 것일 수 있는데, 대출을 받
고자 하는 이에게 대출금이 꼭 필요하고 유익한지를 가늠하는
것이다. 대출금이 진정으로 가족과 공동체에 유익한 발전을 위

한 것이라면, 방코 카바얀은 고객 편에 서서 그가 성장할 수 있도록 동행하며 어려움이 생기면 함께 대처한다.

매주 열리는 소액 대출 그룹의 모임은 이 과정에서 결정적인 역할을 한다. 그렇기에 이 주간 모임의 참석은 의무적이고, 불참 시엔 사유서를 제출해야 한다. 이들이 처한 상황에서 연대는 필수 불가결한 것이기 때문에 연대감은 반드시 유지되어야 한다. 단순히 상환금을 납부하기 위해 은행을 찾는 다른 금융기관과는 달리, 방코 카바얀의 소액 대출 그룹 모임은 교육적인 목적도 갖고 있다. 예를 들어, 내가 직접 참석한 모임에서는 전문가가 작은 가게를 차리거나 노점을 하는 여성 회원들에게 위조지폐를 가려내는 방법을 가르쳤다. 그는 고액권 지폐를 가져와 회원들이 직접 손으로 만져보도록 했다. 이전엔 그 정도의 고액권 지폐를 손에 쥐어본 적이 없는 여성들은 깊은 인상을 받은 표정이었다.

각 그룹은 총무 또는 회계담당자를 뽑는다. 이 회계담당자는 상환액을 기입하고, 모은 돈을 그룹을 대표하여 은행에 가져간다. 금융 기관에 발을 들여놓은 적이 없는 이들에게 이 역할은 매우 중요하다. 6개월 주기로 서너 차례 모임을 하는 동안 성실히 참석하고 상환금을 납부한 회원의 경우에만 월례 모임에 참가 신청을 할 수 있으며, 이후 개인 대출 신청도 가능해진다.

한 그룹의 모임에서 내가 만난 어떤 여성은 남편이 외국에서 일하고 있기에 대출금이 당장 필요한 경우는 아니었다. 그럼에도 그녀는 계속해서 그 그룹에 남아 있고 싶다고 털어놓았다. 아

　　　지역사회 발전의 전문가들

마도 다른 이들처럼 이곳에서 그녀가 찾은 자산은 경제적인 것
이 아닐지도 모른다. 그것은 다른 무엇보다 사회 관계적 자산일
것이다. 이곳에서 얻은 정보와 지원을 통해 그녀는 계속해서 경
제활동을 할 수 있고, 이러한 경제활동의 가장 중요한 역할은 온
갖 굴레로부터의 해방이다.

은행을 내부에서
변화시키다

‘모두를 위한 경제EoC’를 표방하며 프랜시스와 테레사 간존은 두 가지 목표를 세웠다. 첫 번째이자 가장 중요한 목표는, 가장 가난한 이들을 지지하고 이익을 나누며 ‘주는 문화’를 발전시키는 것이다. 두 번째 목표는 첫 번째 목표에서 비롯된 것으로, 은행의 사업규모와 수익을 확대하여 더 많은 일자리를 창출하고, 어려운 사람들을 돕는 것이었다.

그들은 이러한 목표를 달성하기 위해서는 회사의 경영 방식을 근본적으로 바꾸어야 한다는 것을 깨달았다. 그것은 방코 카바얀을 하나의 공동체로 만드는 것이었다. 그러나 점점 더 표준화된 프로세스가 도입되고, 직원 전체와 개인적 관계를 맺기 어려운 상황에서 과연 어떻게 ‘가치 중심적 기업’으로 살아남을 수 있을까?

당시 방코 카바얀은, 사회적 기업을 투자 포트폴리오에 편입하려는 유럽의 윤리적 투자 펀드들로부터 지분 매수 제안을 받았다. 프랜시스와 테레사는 최첨단 기술을 도입한다면 그들에게 매우 유용할 것임을 알면서도 협상이 진행될수록 오히려 나눔에 대한 그들의 열망을 위태롭게 할 수 있겠다는 생각이 짙어졌다. 물론 윤리적 펀드사도 그들과 유사한 가치관을 공유하지만, 어찌되었든 그들은 투자 펀드였다.

그런데 때마침 필리핀 소재의 프랑스계 비정부기구 '메콩의 아이들Enfants du Mékong Entrepreneurs(EDME)[2]에서 일하는 프랑스 청년 가스파르가 그들에게 대안을 제시했다. 이 기구는 동남아시아에서 사회적 기업을 지원하고자 물색 중이었다. 가스파르는 2013년 말 파리에서 프랜시스와 테레사가 이 비정부기구의 간부들과 만나도록 주선했다. '메콩의 아이들'은 수익이나 지분 참여를 요구하지 않았으며, 그들의 유일한 목표는 방코 카바얀이 그들 지역에서 사회적 영향력을 확대하고, 기업과 지역 발전에 필요한 기술을 지원하는 것이었다. 그들은 방코 카바얀과 동일한 열정을 가지고 있었으니, 세상에서 가장 가난한 이들을 위한 헌신이다.

'메콩의 아이들'은, 프랑스의 저명한 경영대학원 중 하나인 에섹ESSEC 경영대학원 졸업생이자 사회적 기업 분야를 전공한 젊은 컨설턴트를 파견하여 방코 카바얀의 실무를 감사하고, 그 사회적 영향을 평가하여 조언해 주기로 합의했다. 또한 프랜시스와 테레사가 필요한 기술적 역량을 키우도록 '국경 없는 소액금

---

2 '메콩의 아이들(Enfants du Mékong Entrepreneurs[약어EDME])'은 1958년 르네 페샤르(René Péchard) 박사가 고아들을 돕고자 라오스에 설립한 프랑스계 비정부기구이다. 아이들의 교육을 지원하고, 해마다 100여 개 개발 계획을 추진하고 있으며 동남아시아 7개국에 걸쳐 교육 센터를 운영하고 있다.

융-Microfinance sans frontières'[3]과 접촉할 수 있게 주선했다.

사회적 영향 평가를 위해 그 젊은 컨설턴트는 방코 카바얀 은행 고객 가운데 소액금융 고객 81명과 다른 고객 35명을 표본으로 삼아 인터뷰와 설문조사를 통해 데이터를 수집하고 분석했다. 그리고 빌린 돈이나 저축한 돈이 사업 성장, 가족복지 및 주거 환경 개선에 어떻게 반영되었지, 또 궁극적으로 주변 공동체인 지역사회에 어떠한 영향을 미쳤는지를 살펴보았다.

이 연구를 통해 영세 상인 및 기업가들이 주로 사업 성장을 위해 대출받았음을 알 수 있었다. 그들 가운데 4분의 3 이상의 경우 대출은 일자리 창출로 이어졌다(소액금융 고객의 경우, 그 비율은 다소 낮았다). 또한 이들이 사업 성장과 무관한 비용을 지출한 경우는 대부분이 자녀 교육비를 위한 것이었다.

소액 대출을 받은 여성 중 80%가 현재 본인이 재정적으로 자립했다고 느끼고 있었다. 대출을 받기 전 재정 자립도가 절반에 그쳤던 데 비하면 상당히 늘어난 것이다. 또한 그들 가운데 47%는 자신이 지역사회에서 더 많은 인정을 받고 있다고 응답했고, 스스로를 가장 성공한 구성원 중 하나로 여기는 이들도 41%에 달했다. 또한 95%가 방코 카바얀 덕분에 일의 성취감을 느끼고 기업가 정신과 사회적 역량을 갖추게 되었다며 감사해하고 있었다.

영세 상인들이 대출을 받기 전에는 그들의 자녀가 학업을 마

---

3   '국경 없는 소액금융(Microfinance Sans Frontières:MSF)'은 개발도상국에서 경제적 자립을 위한 소액금융을 제공하는 국제적인 비정부기구로, 주로 빈곤층의 사람들에게 금융 서비스를 제공하여 그들이 자립할 수 있도록 돕고, 소액 대출, 금융 교육, 기술 지원 등을 통해 지속 가능한 경제 발전을 이루도록 지원하고 있다.

칠 수 있을 거라고 긍정적으로 예측한 비율이 45%에 불과했던 데 비해, 지금은 그 비율이 85%에 달한다. 실제로 그들 가운데 70%는 대출을 받아 자녀들에게 학업을 계속하도록 재정적 뒷받침을 할 수 있었다. 응답자의 87%는 이 프로그램 덕분에 의료 서비스 접근성이 향상되었다고 답했다.

하지만 무엇보다 프랜시스와 테레사를 놀라게 한 것은 다른 통계 수치였다. 그들 고객의 75%가 방코 카바얀의 활동의 기초가 되는 '주는 문화'에 대해 알고 있다고 말한 것이다. 이는 이 프로그램의 핵심이다. 지금은 고객의 89%가 자신의 지역사회를 위해 봉사하는 데 헌신하겠다는 의지를 보이고 있다.

이러한 분석 결과, 지원 활동의 규모가 확대됨에 따라 고객과 그 가족의 복지가 향상되고, 주변 지역사회에도 긍정적인 영향을 미쳤다는 결론을 얻을 수 있었다.

하나의 대가족,
BK 은행

방코 카바얀은 이반Ibaan시에 자리한 주요 회사들 가운데 하나이다. 웅장한 은행 빌딩은 이 마을에서 가장 중요한 건물일 것이다. 바로 앞에는 성당이 자리하고 있다. 은행 건물은 아무 장식이 없고 소박한데, 저녁이면 석양빛이 성당 유리창에 반사되어 건물을 더욱 빛나게 한다. 여기에 야자수와 성당의 그림자가 스테인드 글라스를 투과한 햇살처럼 건물에 투영되어 뜻밖의 매력을 더해준다. 이러한 햇빛의 반사 효과는 회사 로고에서도 발견할 수 있다. '방코 카바얀Bangko Kabayan'의 이니셜 'BK'가 필리핀의 울창한 녹음을 연상시키는 초록색으로 쓰여 있고 그 위로 환한 햇살이 비추고 있다.

건물 1층은 고객맞이 장소로 늘 사람들이 북적인다. 영업 공간은 2층에 있는데, 직사각형의 넓은 공간에 작은 책상들이 곳곳에 놓여 있다. 이 안에서 일하는 직원들은 연녹색과 올리브색이 섞인 우아한 유니폼을 입고 있다. 이 건물에선 농구장과 성당 앞 광장이 내려다보인다. 성당 광장은 소박하면서도 잘 복원되어 있고 남녀노소 많은 사람이 끊임없이 왕래하여 활기를 띤다. 특히 교복을 입은 많은 아이들이 바로 옆에 있는 놀이터로 가기 전에 그곳을 지나가는 모습을 볼 수 있다.

방코 카바얀의 직원들 중에는 초등학교 때부터 이곳에서 일하는 것을 꿈꿔왔다는 사람들이 많았다. 그들 가운데 더러는 이미 7세 때부터 은행 직원들이 직접 참여한 수업에서, 용돈을 저축하는 법을 배우기도 했다. 입사 기회가 생기자, 망설임 없이 다니던 첫 직장을 그만두고 이곳에 입사한 직원들로 있다. 그들 가운데 지금은 방코 카바얀에서 매니저로 일하는 한 직원은 이렇게 말했다. "이 은행은 제 가족입니다. 단순히 직장만은 아니죠."

또 어떤 이들은 우연히 이 은행에 들어오게 되었지만, 이를 후회하지 않는다고 말했다. "그들은 저를 신뢰했어요. 저는 이곳에서 소외감을 느껴본 적이 없었고, 지금도 여전히 제 집 같아요. 그들은 저를 키웠어요. 직원들의 걱정과 기쁨을 공유하고, 개인적 일에도 관심을 가져주고, 문제를 해결할 수 있도록 도움을 주죠. 지금까지 늘 그랬어요. 처음 입사했을 때처럼 말이죠."

직원들은 여러 차례 회사를 "집"으로 표현했다. "그들은 모두 좋은 사람들이죠. 특히 은행의 오너분들은 최고예요. 방코 카바얀은 제게 단순한 금융 기관이나 회사가 아니라, 집과도 같아요." 소속감이란 표현 또한 직원들이 자주 쓰는 말이었다. 예를 들어, 내가 직원들에게 방코 카바얀의 주요 특징이 무엇이냐고 묻자, 이렇게 답했다. "소속감이죠! 저는 여기서 일하면서 편안함을 느낍니다. 다른 곳에서는 그렇지 않았죠." 많은 직원의 말을 들어보면 그들 또한 회사를 가족으로 생각하고 있음을 알 수 있다. "그들은 제 가족과 같아요. […] 다른 은행들은 딱딱한 분위기 속에서 서로 대화도 나누지 않죠. 하지만 여기서 우리는 서로 형제자매처럼 이야기를 나눠요. 물론 우리는 각자 자신의 일을 하지만 서로 도우며 지내죠."

"제 주위 사람들이 행복해 보여서, 여기에 일하러 온다는 느낌이 들지 않습니다."

이러한 동료애와 그에 따른 직무 만족도는 분명 직원들이 일상을 살아가는 데 힘이 되고 있다. 한 직원은 이렇게 말했다. "스트레스를 받거나 심적으로 짓눌릴 때, 동료들의 미소를 보는 것만으로도 마음이 편안해져요."

물론 여기에는 강력한 문화적 요인도 작용한다. 필리핀 사람 특유의 미소는 유명할 정도로 잘 알려져 있으니 말이다. 젊은 직원도 이렇게 말했다.

"어쩌면 우리가 필리핀 사람이기 때문일 수도 있지만, 미소는 역시 우리를 기분좋게 해줍니다. […] 고통과 스트레스를 이겨내려면 미소가 필요해요. 고객에게 미소를 지으면 고객도 미소로 화답해 주죠."

이러한 가족적인 분위기는 고객과 소액 대출 그룹 구성원 모두에게서 찾아볼 수 있다. 공동체 발전의 전문가를 지낸 적이 있고, 지금은 은행에서 중책을 맡은 간부가 이렇게 말했다. "저는 그들을 어머니처럼 대하고 그들은 저를 아들처럼 대합니다. […] 제가 이곳에서 일한 지도 17년이 됩니다. 제가 떠나지 않고

남은 이유는 고객과 직원, 동료들, 또 직원과 관리자를 하나로
묶는 가족 같은 관계 때문입니다. 이러한 분위기가 저를 이곳에
머물게 하는 것이죠.”

방코 카바얀이
추구하는 가치

방코 카바얀의 직원들에게 은행이 추구하는 가치가 무엇이냐고 물으면, 그들은 대답에 앞서 오랫동안 암기해 온 "BISUC"라는 약자부터 조용히 읊조린다. 이 약어는 다음과 같은 다섯 단어의 머리글자를 합친 것이다.

- Belief in Divine Providence: 하느님의 섭리에 대한 믿음

- Integrity: 정직성

- Service Excellence: 탁월한 서비스

- Unity: 일치

- Commitment to community development: 지역사회 발전을
  위한 헌신

하느님의 섭리에 대한 믿음이라니… 난감했다! 공론의 장에서 종교적 용어의 사용을 꺼리는 프랑스 독자들은 이를 어떻게 이해할 수 있을까? 또한 학술적 연구에선 이를 어떻게 다뤄야

할 것인가? 솔직히 말해 당혹스러웠다. 그러나 민족지학적 접근법으로 보면 우리 자신의 문학적 맥락은 잠시 접어두고, '토착 표현'을 깊이 존중하며 이해하면서, 그러한 용어 사용자들에게 그것이 무엇을 의미하는지를 이해하려고 노력해야 한다.

무엇보다 필리핀인이 매우 종교적인 사람들이라는 것을 환기하기로 하자. 필리핀인의 80% 이상이 가톨릭 신자이며, 필리핀인 대부분이 신앙을 가지고 있다. 따라서 그들에게 누군가가 공개적으로 신의 섭리에 대한 신앙을 고백하는 것은 전혀 놀랄 일이 아니다. 하지만 한 직원이 말한 대로 회사가 그렇게 하는 것은 "흔치 않은" 일이다.

그렇다면 "하느님의 섭리에 대한 믿음"이라는 표현은 과연 무슨 의미일까? 나는 테레사를 잘 알고 그녀가 매우 독실한 가톨릭 신자임을 잘 알고 있기에, 그것이 그녀가 믿는 하느님에 대한 믿음을 표현하는 것이라고 이해한다. 테레사는 하느님이 우리 한 사람 한 사람을 사랑하고 우리 인생의 시련 속에 당신 자신을 드러낸다고 믿는다. 따라서 방코 카바얀에서 "믿는다"라는 말은 신뢰를 요청하는 것이다.

이것을 다른 말로 어떻게 표현할 수 있겠느냐고 묻자, 테레사의 대답은 이러했다. 어떠한 종교를 믿든 자신의 종교적 신념을 언급하는 것 자체가 너무나도 당연한 일이며, 사람은 자기 혼자만의 힘으로 살아갈 수 없고 자신보다 훨씬 위대한 존재 덕분에 살아간다는 것을 누구나 잘 알고 있다고. 아마도 그녀의 말을 내가 즐겨 쓰는 '나눔'의 언어로 표현하면, 이렇게도 말할 수 있겠다. 우리는 누구나 받는 것부터 시작했고, 이러한 받기의 경험을 통해서 우리도 차츰 줄 수 있게 되었으며, 결국에는 받게 되리라는 믿음 아래 베풀 수 있게 된다고 말이다.

기업이 공개적으로 '신앙 중심의 회사'라고 선언을 한 셈이다. 나는 솔직히 방코 카바얀의 직원들이 자신의 직업적 경험과 신앙을 노골적으로 결부하는 방식에 놀랐다. 창구 업무를 맡은 젊은 직원은 자신의 일을 이렇게 설명했다.

"저는 창구 직원이에요. 창구에서 일한다는 건 정말 많은 기도가 필요해요. 많은 양의 돈, 다양한 종류의 통화를 다루기 때문이죠. 또 저마다 나름의 문제와 걱정을 가진 여러 부류의 사람들을 만납니다. 그래서 늘 미소를 지으며, 우리 은행을 잘 소개하고, 고객에게 최고의 경험을 제공할 수 있도록 애써야 합니다. 원활한 거래를 보장하여 고객이 감사와 만족을 느끼도록 하는 것이 바로 우리의 의무입니다. 고객은 항상 존중받는 느낌을 받아야 합니다."

탁월한 서비스와 관련하여 매니저를 맡은 직원은 이렇게 덧붙였다. "고객들과의 관계가 매우 중요합니다. 좋은 관계를 유지하지 못하면 고객들은 다른 곳으로 갈지도 모르죠. 다른 은행이 우리보다 더 낮은 이율을 제공하기 때문입니다. 우리가 좋은 관계를 유지하면 그들은 남습니다. 기쁜 마음으로 그들을 응대해야 해요. 서둘러 업무를 처리해야 한다는 스트레스를 받으면 고객과 대화할 시간을 가질 수 없고, 이는 성과에 영향을 줍니다. […] 양질의 고객 서비스란 은행에 들어오는 사람은 누구나 행복한 얼굴로 은행을 나가야 한다는 것을 의미합니다.”

한 직원은 이렇게 설명했다. “탁월한 서비스는 앞으로 마주하게 될 어려움 속에서도 우리가 성장하는 데 도움이 됩니다. 그것은 우리의 가치관과 지식을 향상시켜 주죠. 이를 통해 우리는 중압감을 다스리고, 심지어 화가 난 상태에서도 친절하게 말할 수 있어요.”

청렴성과 관련하여 한 회계사는 나에게 설명하기를, 대부분의 인근 회사들과 달리 방코 카바얀은 내부용과 외부용 두 가지 버전의 회계 장부가 없다고 한다. 사실 이러한 이중 회계는 부패가 만연한 이 나라에선 흔히 볼 수 있다. 방코 카바얀은 모든 세금과 공과금을 내고 있으며, 이를 관련 정부 부처로부터 인정받고 있다. 한 고위직 임원은 이렇게 확언했다. “우리가 적법한 일만 하고, 모든 세금을 내며, 정확한 금액을 신고한다는 것을 모두가 알고 있죠. 누구나 다 알 수 있어요. 이는 우리 시스템에 깊이 뿌리내려 있으니까요.”

한 창구 직원은 정직성을 두고 이렇게 표현했다. “정직한 마음가짐은 유니폼처럼 늘 입고 있어야 합니다. 돈을 다루는 일을 하다보면, 돈이 당신을 시험합니다. 그러나 정직한 마음이 있다면, 결코 심각한 잘못을 저지르지 않을 겁니다. 뭔가 잘못된 일을 한다면, 회사에 해를 끼치므로 결코 그런 일을 하지 않을 거예요. 따라서 이러한 정직한 마음가짐이 가장 중요합니다.”

현금 출납이 맞지 않으면 창구 직원은 이를 보고해야 한다. 현금 계산에서 단 한 푼이라도 어긋나지 않게 해야 하는 책임이 있기 때문이다. 그리고 만일 초과액이 있으면 고객을 불러 되돌려 준다. 젊은 창구 직원의 설명은 이러했다. 무슨 일이 있든, 창구 직원들 가운데 한 명의 잘못이 드러나면, 대개는 단순한 실수일 때가 많지만, 경영진들은 그들을 내치지 않는다. 그들은 규정된 제재(사라진 금액을 급여에서 공제하는)를 가하지만, 본인 외에는 아무도 그 사실을 알지 못하도록 한다. 특히 회사의 가치 기준을 받아들이고 동화하는 시기인 입사 초기에 많은 유혹을 겪는데, 게다가 빠듯한 생활을 하기 때문이다.

한 젊은 직원에게 방코 카바얀의 문화가 무엇이냐고 묻자, 한마디로 "일치의 문화"라고 말할 수 있다며 이렇게 말했다. "서로가 하나가 되어 이루는 일치죠. 서로 돕고, 이기적이지 않으며, 방코 카바얀이 성장하도록 하나로 뭉치는 것이죠. […] 저는 도우면서 일치를 경험합니다."

"공동체 발전을 위한 헌신"과 관련하여, 방코 카바얀의 직원들이 팀을 이루어 지원하는 대상은 해당 지점이 위치한 동네 주민들이다. 이들은 대부분이 극빈층이다. 방코 카바얀의 문화를 이렇게 간략하게 표현하는 이들이 많다. "어려움에 처한 사람들을 돕는 것".

이는 방코 카바얀의 직원들이 가장 많이 언급하는 가치이다. "저는 공동체 발전을 위해 헌신하는 것이 좋습니다! 우리는 진실로 섬기고 있습니다." 내가 인터뷰하면서 만난 직원들은 단 한 사람의 예외도 없이, 가장 도움이 필요한 이들을 돕기 위해 그들이 펼치는 활동을 설명할 때 열정이 넘쳤다. "은행이 이런 일을 하는 건 매우 드뭅니다. 우리 은행이 이러한 서비스를 제공할 수 있어서, 또 지역사회에 도움을 줄 수 있어서 참으로 기쁩니다. […] 어떤 직원들은 자발적으로 마을 공동체에 지속적인 도움을 주고 있죠.”

방코 카바얀의 직원들은 회사가 표방하는 가치에 자발적으로 애정을 드러냈다. “이러한 가치는 우리가 더 나은 사람이 되도록 해 줍니다. 우리를 행동으로 이끄는 길잡이라 할 수 있죠. 우리는 이런 가치에 부합하기 위해 최선을 다합니다. 이는 은행만을 위한 것이 아니라 우리 자신을 위한 것입니다. 이를 가정과 지역사회에서도 실천할 수 있죠. 직원 대부분이 이러한 가치를 자신들의 것으로 삼고 있어요.” 실제로 방코 카바얀의 경영진은 이러한 포부를 갖고 있다. 회사의 가치가 은행의 내부 규칙에 머물지 않고, 모든 사람을 더욱 나은 사람이 되게 하여, 각 가정은 물론이고 곳곳에서 실질적으로 살아있는 원칙이 되는 것이다.

그렇지만 직원들은 그러한 가치를 지키기 위해서 자신들이 채용되었다고 느끼진 않는다. 인사 담당자인 한 젊은 직원은 이를 분명히 했다. “모두가 자신만의 가치관을 지니고 있어요. 우리는 그러한 가치관을 더 키울 수 있도록 다양한 활동을 통해 그들을 북돋울 뿐입니다.” 직원을 채용할 때 인사 담당자는 신입 직원이 회사의 가치관에 맞게 행동하는지 확인할 책임이 있다. 따라서 직원을 채용할 때 무엇보다 일할 때 관계를 중시하는지, 고객 서비스에 대해 어떠한 인식을 갖고 있는지, 정직과 타인에 대한 존중을 추구하는지에 중점을 둔다. 그 인사 담당 직원은 이렇게 단언했다. "기술적인 능력은 나중에라도 배울 수 있지만 가치를 배우는 일은 훨씬 어렵다고 생각합니다." 그러면서 그는 채용 과정에서 명시적으로 말하지는 않지만, 자신도 모르게 이미 방코 카바얀의 가치를 공유하는 이들, 곧 이곳에서 길을 찾고 성장할 수 있는 사람을 뽑게 된다고 했다.

'주는' 은행

방코 카바얀의 직원들이 애사심을 갖는 이유로 가장 먼저 꼽은 것이 바로 '주는 문화the culture of giving'이다. 내가 인터뷰했던 직원들은 거의 다 '나눔'을 회사 문화의 핵심 요소로 언급했다. "나눔이 바로 우리가 다른 이들을 돕는 동력이죠. […] 우리는 우리가 가진 바를 기꺼이 나눕니다."

직원들의 이야기를 듣다 보면, 실제로 그들이 은행 업무를 통해 그러한 문화 안에서 성장했다고 느끼고 있음을 알 수 있다. "우리는 주는 법, 그리고 우리 자신을 내어주는 법도 배웁니다." 또 다른 직원은 이렇게 말했다. "나눔을 시작하면, 그 느낌을 좋아하게 될 겁니다. 저는 주는 것이 받는 것보다 낫다는 것을 배우고 이해하게 되었죠. 바쁜 때라도 일부러 시간을 내어 다른 이들을 돕고, 가능하면 동료들을 기분 좋게 해주려고 합니다. 그러면 그들은 만족스러워 하죠. 제가 노력하면 그들은 고마워해요."

하지만 복잡한 사회적 환경에서 자란 이들에게 그것은 실천하기 쉬운 일이 결코 아니었다. 한 젊은 여직원은 이렇게 말했다.

“개인적으로 보면, 저는 그러한 도움을 줄 수 없어요. 하지만 방코 카바얀과 함께라면 우리는 도구가 될 수 있어요. 저는 부유한 가정에서 자라지 않았고, 가계 수입도 많지 않았죠. […] 저는 정말이지 남들을 돕고 싶었지만, 우리가 가진 것으론 충분하지 않았어요. 저는 여기서 그 일을 할 수 있어 행운을 얻었다고 생각해요. 남을 돕는 일을 할 수 있어서 참으로 감격했어요.”

이러한 선택은 경영진의 삶의 태도에서 비롯된 것이기도 하다. “그들은 우리에게 지역 사회를 도울 기회를 제공하죠. 이것이 남들을 돕는 그들의 방식입니다.” 직원들의 말 속에서 ‘그들’이란 은행을 가리키는 것이면서 동시에 은행의 소유주를 의미했다. 이처럼 직원들은 방코 카바얀과 테레사와 프랜시스를 완전히 동일시하는 듯했다. “은행은 수입이 얼마나 될지 생각하지 않아요. 그들은 다른 이들에게 베풀고 가장 가난한 사람들을 돕죠.” 한 직원은 이렇게 말하며, 처음 입사했을 때는 이런 문화가 자신에게 너무도 생소했다고 덧붙였다. 그렇다면 만일 경영진이 회사에서 손을 뗀다면 어떻게 될 것인가? 이에 관해 질문하자 그 직원은 이렇게 답했다. “그래도 사라지지 않을 겁니다. 문화니까요. 경영 방식은 바뀌겠지만 ‘주는 문화’는 그대로 남을 겁니다.”

그 직원은 ‘주는 문화’를 은행의 모든 직원이 공유하며, 신입 직원들에게도 이를 전하고자 힘쓰고 있다고 말했다. “신입 직원이 그 문화를 받아들이는 데에 얼마나 걸리는가?”라는 질문에는 어림잡아 1년이라며, 동료들도 같은 의견일 거라고 대답했다.

직원들은 이러한 주는 문화를 타 경쟁사들과 그들 은행을 구

　　　　　　　'주는' 은행

분 짓는 특징으로 볼 뿐만 아니라, 방코 카바얀의 존재 이유라고 생각했다. "방코 카바얀은 다른 사람들을 돕고 발전시키고, 가장 도움이 필요한 사람들을 섬기는 도구, 많은 이들에게 희망과 영감을 주는 도구입니다."

많은 직원이 '나눔'의 이타적인 측면을 강조했다. "그것이 우리 문화입니다. 대가를 바라지 않고 베푸는 것, 우리는 그걸로 유명하죠. […] 우리는 돈을 주지는 않지만, 서비스와 신뢰, 지원은 아끼지 않습니다. 설사 되돌아오는 게 없다 해도 좋습니다."

한 임원에게 회사가 수익을 내려는 목적이 무엇이냐고 묻자, 그는 창출된 부의 분배 문제로 귀결된다고 대답했다. "다른 사람들은 그렇지 못한데 어떻게 편안한 삶을 누릴 수 있겠습니까? 베풀기와 나눔의 문화가 문제를 해결하는 열쇠입니다. 직원들과 고객들뿐만 아니라 지역 사회 전체의 삶을 개선하도록 해 주죠."

구체적으로 살펴보면, 방코 카바얀의 경영진은 성과 기반 인센티브 제도를 통해, 수익을 공유하는 시스템을 설정해 놓았다. 그리하여 모든 직원이 1년 이상 근속한 경우 수익의 일부를 받게 되는데, 여기에 개인과 지점의 실적에 따른 변동 보너스가 더해진다. 이를 통해 어떤 직원들은 최대 16개월 치 급여에 해당하는 금액을 받기도 하고, 실적이 저조한 직원이라도 최소 한 달 치 급여에 해당하는 금액을 받을 수 있는데, 그 이유는 간단했다. "테레사와 프랜시스 간존이 관대하기 때문이다."

직원들은, 프랜시스와 테레사 간존이 은행 수익을 공유하고 지역사회를 위해 사용할 뿐만 아니라, '모두를 위한 경제EoC' 라는 공동체 네트워크를 통해 전 세계의 다른 프로젝트들을 지원하는 데 쓰고 있다는 것도 알고 있다.

한 직원에게 그러한 '주는 문화'가 무엇인지 설명해 달라고 요청하자 그의 대답은 단순했다. "자신이 가진 것을 다른 이들과 나누는 것이죠. 그것은 사랑입니다." 한 젊은 임원은 이렇게 설명했다. "그것은 나눔의 경제입니다. 기업이 고려해야 할 세 가지 요소가 있습니다. 가난한 이들을 돕는 것, 지역사회를 돕는 것, 그리고 회사 수익을 증진하는 것입니다."

한 임원은 '선물'에 관한 교육을 처음 받았을 때 자신에게는 큰 충격이었다며 당시를 회상했다. "이렇게 말하더군요. 선물은 어디에나 있다. 그저 찾아내기만 하면 된다. 저에게는 정말로 의미심장한 말이었어요! 집으로 돌아와 보니 가족, 친구들, 우리 집, 모든 게 선물처럼 보이더군요. 그때 느낀 점을 잊지 않으려고 제 휴대 전화에 입력해 두었어요."

준다는 것은 또한 받을 줄 안다는 것이다. 방코 카바얀의 직원들이 회사 이야기를 할 때마다 수없이 감사와 고마움을 표현하는 것을 보며 나는 놀랐다. "이곳에는 다양한 교육 과정이 있어요. 저는 경영과 관련된 여러 지식들을 습득하고 교육을 받았어요. 그 외에도 유용한 것들을 많이 배워요. 감사해요. 참 멋진 일이죠." 또 이렇게도 말했다. "방코 카바얀은 우리에게 많은 기회를 줍니다. 그저 좋은 직원이 되는 것뿐만 아니라, 우리가 성장할 수 있는 기회를 줍니다."

은행이 많은 기회를 주기 때문에, 직원들은 보답해야 한다는 도덕적 의무감을 느낀다. "방코 카바얀은 정말 많은 기회를 주고, 교육 세미나를 열죠. […] 다른 곳에도 좋은 조건의 일자리가 있겠지만, 저는 이곳에 남고 싶어요. 그건 저 자신과의 약속입니다. 방코 카바얀이 기회를 주었으니, 이제는 방코 카바얀에게 보답하고 싶어요."

젊은 창구 직원은 감사의 마음을 이렇게 표현했다. "태풍으로 저의 집이 무너졌어요. […] 그들은 제 가족에게 연락해서 직원 주택에 와서 지낼 수 있다고 말해주었죠. 저희 가족은 처음에는 거절했어요. 아버지는 집을 떠나지 않고 지키려고 했죠. 그러자 회사에서 집으로 찾아왔고, 다시 일어설 수 있는 자금을 주었습니다. 제 형이 세상을 떠났을 때에도 지점장님과 사무실 동료들이 조문을 와 주었죠. […] 다른 회사였다면 아마 그렇게 슬픔을 함께 나누진 않았을 겁니다."

직원들은 경영진뿐만 아니라, 고객들에게도 고마워했다. "우리가 이렇게 큰 것은 다 영세 상인들 덕분입니다. 방코 카바얀을 현재의 모습으로 만들어준 그들 덕분이죠. 우리는 그들이 준 것을 되돌려줄 뿐입니다." 어떻게 되돌려주는 거죠? "우리는 그들에게 돈을 빌려줍니다. 그들의 사업이 성장하면 더 큰 대출을 신청하고, 이런 식으로 선순환이 계속됩니다. 그들이 성장하면 방코 카바얀은 그들을 지원합니다. 우리가 그들을 돕고 그들은 대출 이자를 통해 방코 카바얀을 돕죠. 결과적으로 우리는 다른 영세 사업자들이 커질 수 있도록 돕게 되는 것입니다."

이어서 그 젊은 직원은 내게 에드나Edna 이야기를 들려주었다. 에드나는 그 직원이 방코 카바얀에서 막 일을 시작했을 때 만난 영세 상인이다. 그녀는 바나나칩을 만드는 작은 사업을 하려고 소액 대출을 받았다. 사업이 조금씩 성장하면서 더 큰 금액을 대출받게 되었다. "저는 그녀의 사업이 성장하는 모습을 지켜봐 왔죠. 정말 보람을 느꼈어요. […] 에드나가 성장하는 모습을 볼 수 있다는 것은 방코 카바얀이 그녀의 사업에 상당한 투자를 했다는 것을 의미하죠. 정말이지 방코 카바얀은 단순히 이익을 추구하는 기업이 아니라, 그러한 사업가들을 돕는 데 진심을 다하는 기업입니다." 현재 에드나는 자신이 교육한 여러 명의 다른 여성들을 고용하고, 만든 제품을 슈퍼마켓에서 판매하고 중국에도 수출하고 있다.

     '주는' 은행

큰마음을 지닌
영세 상인들

레이Rey와 라켈Racquel은 고향으로 돌아가 더 나은 삶을 일구기로 결심했다. 저임금 노동자로 살던 마닐라에서의 생활을 접고 그들이 고향으로 돌아왔을 때 수중에 남은 돈은 1천 페소(약 2만 5천 원)가 전부였다. 그들은 차고와 다를 바 없는 곳을 거처로 삼았다. 그리고 필리핀인들이 무척 좋아하는 중국의 딤섬 쇼마이siomai를 만들어 집집마다 찾아다니며 방문 판매를 시작했다. 그리고 어느 정도 돈을 모으자 시장에 작은 노점을 차렸다. 때마침 방코 카바얀의 소액금융 프로그램을 알게 되어, 그들은 400유로(약 69만 원)를 대출받아 난생처음 소형 트럭을 구입하고 판매 지역을 넓혀나갔다.

라켈의 말을 직접 들어보기로 하자. "생활이 조금 나아졌다고 느꼈을 때, 우리는 주변을 둘러볼 여유가 생겼어요. 물론 여전히 사업 확장을 위해 빌린 대출금을 갚아야 하는 상황이긴 했지만, 도움이 필요한 이들에게 가진 것을 나누기 시작했어요. 가장 먼저 집안 식구들을 살펴보았죠. 어떤 이는 소규모 사업을 시작하기 위해 소액의 초기 자본이 필요했고, 또 어떤 이는 정규직 일자리를 찾고자 했는데, 그러기 위해 금전적 도움이 필요했어요. 또한 공부를 계속하고 싶어 하는 조카가 있었는데, 학업을 계속하도록 도와줬죠. 또 성탄절을 맞아 동네 아이들 50여 명을 초대하여 조촐한 파티를 열기도 했죠. 매우 간단한 음식이지만 다 같이 식사하고, 아이들에게 3센트(200원) 정도 하는 작은 플라스틱 장난감을 선물로 나눠줬어요. 제 어린 시절이 생각나서 그랬죠. 제가 8살이 되던 해부터 우리 집에선 성탄절을 제대로 보내지 못했어요. 아버지가 실직하면서 그럴 만한 형편이 안 됐거든요.”

오늘날 레이와 라켈은 이동식 가게 역할을 하는 트럭 20대 정도를 소유하고 있다. 이를 통해 많은 노점상들은 가족을 빈곤에서 벗어나게 해 줄 만큼의 수입을 올리고 있다. 지금은 전통이 된 성탄절 행사에 이 노점상들 가족이 모두 참석할 뿐만 아니라, 성탄절을 따로 기념할 만큼 형편이 좋지 않은 인근의 아이들을 5명씩 초대하기도 한다. 이렇게 ‘주는 문화’를 통해 이들은 차츰 더 많은 가족과 함께하고 있다.

레이와 라켈은 이웃들에게도 푸드트럭을 운영해 볼 것을 권한다. 그리하여 이웃 주민들 가운데 장사를 직접 하고 싶어 하는 이들이 있으면, 그들 회사에서 교육을 받게 한 다음 차량 구입을 도와주거나 그들에게 자신들의 영업 구역을 물려주고, 새 판로를 찾아 나서는 수고를 마다하지 않는다.

지금까지 살펴본 레이와 라켈의 사례는 이례적인 경우가 아니다. 이들과 마찬가지로 다른 많은 사람들이 지역사회에 관대함을 베풀며 살아간다. 이들은 경영대학에서 교육을 받은 적도 없고, 대부분이 정규 학업을 다 마치지도 못했다. 이들의 사업 수완과 통찰력은 오로지 이들의 직감과 경험, 그리고 주변 사람들과의 관계에서 얻은 지혜에서 나온 것이다. 이들의 놀라운 회복력은 '인생이라는 시련의 학교'에서 거둔 인고의 열매이다.

이 영세 상인들은 타인에 대한 믿음이 강하고, 경제활동으로 거둔 자신들의 이익을 기꺼이 나눌 뿐만 아니라, 도움이 필요한 주변 사람들과 성공의 기회도 나누는 아량을 지니고 있다. 이들이 고용한 직원들도 이러한 관대함에 보답해야 한다고 느껴 양질의 서비스를 제공할 뿐만 아니라, 그들에게 깊은 신의를 보인다. 직원들 가운데 더러는 감사한 마음을 가득 안고 회사를 떠나 자기 사업을 꾸리는데, 그들이 받았던 것처럼 남들에게 똑같이 베푼다. 또 다른 직원들은 그들 곁에 계속 남아 일하며 지금은 그들의 가족이 되었다.

영세 상인들은 경쟁을 두려워하지 않고, 그들보다 더 부유하고 교육 수준이 높은 대기업의 경영진처럼 부의 축적에만 집착하지 않는다. 자신들이 처음에 얼마나 보잘것없었는지, 또 얼마나 숱한 고통과 결핍을 겪었는지를 잊지 않고 있기 때문이다. 수년간 그들과 함께해 온 방코 카뱌안의 테레사는 이러한 견해를 피력했다. "그들은 항상 무언가 또는 누군가(그것을 행운이라고 부르든 또는 신의 섭리라고 부르든)가 그들과 함께했다는 것에 감사하는 마음과 겸손함을 잃지 않고 있습니다." 테레사는

결론처럼 덧붙였다. "우리나라를 비롯한 대부분의 개발도상국
에선 소규모 기업이 경제 규모의 97%를 차지합니다. 만약 이들
가운데 절반 정도가 이러한 '주는 문화'를 받아들인다면 우리나
라가 어떻게 될지 한번 상상해 보세요!"

 큰마음을 지닌 영세 상인들

'주는 문화'를
공식화하다

방코 카바얀의 문화는 하루아침에 이루어진 것이 아니다. 주는 문화를 공식화하려는 열망은 이미 1991년부터 있었다.

주는 문화의 원칙들이 단순한 구호에 그치지 않고, 실제 효과를 거둘 수 있도록 프랜시스와 테레사는 연례 성과를 평가하는 제도를 정착시켰다. 이 제도의 목표는 각 매니저가 시간을 내어 동료들과 업무 진행 상황, 일과 관련된 고충과 개인적 어려움 그리고 은행 내부 관계에 대한 인식을 확인하며, 직원의 개인적 계획과 포부를 논의하는 것이다. 한 영업점의 점장은 매달 직원들을 번갈아 만나 이야기를 나누는데, 이러한 면담을 통해 단체 회의에서 논의하지 못하는 내용을 직접 나눈다고 말한다.

2000년대 초 방코 카바얀이 소액금융을 집중 추진하던 시기에 테레사와 프랜시스는 은행 조직 내에 '주는 문화'를 더욱 깊이 뿌리내리기 위한 노력이 절실하다는 것을 다시금 느꼈다. 이를 위하여 그들은 젊은 컨설턴트 부부의 도움을 받아 놀라운 방법을 개발했는데, 바로 '코이노니아Koinonia 주말', '가치 정렬 세미나’, ‘문화 동아리’, 그리고 ‘총회’ 등이다. 여기서 이를 하나씩 자세히 살펴보고자 한다.

신입사원들이 방코 카바얀의 가치들을 이해하는 데 도움이 되도록, 2008년부터 입사 후 3년 동안 세 차례에 걸쳐 주말 교육을 실시해 왔다. 이 주말 교육을 그들은 ‘코이노니아Koinonia’(‘친교’를 뜻하는 그리스어)라고 부르는데, 신입 직원들이 공동체 생활을 경험하고, 소속감을 느끼게 되기를 바라는 뜻에서다. 첫 번째 주말 교육은 직원 개인의 역량 개발에, 두 번째는 그룹활동에, 그리고 세 번째는 회사의 5대 핵심 가치(약어 BISUC로 표현되는)에 맞춘 교육을 진행했다.

그로부터 5년이 지나 주말 교육이 정체기에 들어서자 새로운 정비가 필요했다. 그리하여 전 직원을 위한 보충 세미나가 더해졌는데, 바로 ‘가치 정렬 세미나Values Alignment Seminar(또는 약어로 VAS)’이다. 용어가 풍기는 분위기 때문에 지나친 세뇌 교육이 아닌가 싶어 놀라는 독자들이 있을지 모르겠다. 하지만 방코 카바얀 직원들은 다른 의미로 놀랐다. 한 여직원은 이렇게 말했다. “회사가 그런 프로그램을 제공할 수 있으리라고는 상상조차 못 했어요. […] 저는 업무에 더 중점을 둔 내용이겠거니 생각했죠.” 그리고 이 가치 정렬 세미나에 대해 이렇게 정의했다.

“동료로서 나 자신을 성찰하는 시간”으로 “직원으로서 우리의 모습이 어떠한지를 인식하게 됩니다”. 백여 명의 다른 직원들과 함께 휴양지 같은 장소에서 갖는 세미나가 정말로 도움된다면서 이렇게 단언했다. “회사가 이런 프로그램에 예산을 투입

 ‘주는 문화’를 공식화하다

하여 직원들이 성찰하고 휴식을 취할 수 있게 해준다니, 정말 멋지지 않습니까! 더욱이 은행에서 그렇다니 참 놀랍지요!"

이 세미나에 참석하는 것은 직원들의 의무 사항은 아니다. 하지만 일을 하기 위한 '전제 조건'이므로 참석을 거부하는 경우 서면으로 그 이유를 밝혀야 한다. 회사는 이 세미나를 통해 직원들과 회사의 가치를 공유하리라고 기대하고 있다. 회사의 가치에 공감하지 못한 직원들은 경쟁업체에서 더 좋은 근무 조건을 제안했을 때 이직할 가능성이 높기 때문이다.

한편, '문화 동아리'는 2015년에 탄생했는데, 비정부기구 '매콩의 아이들'에서 활동하던 청년 컨설턴트가 실시한 사회적 영향 평가에 따른 것이다. 방코 카바얀의 사회적 영향을 드러내는 다양한 지표들 가운데, 표방하는 가치와 회사의 실질적인 경영 방식 사이의 일치 여부를 측정하는 항목도 포함되어 있었다. 테레사와 프랜시스는 연구 결과를 보고 대단히 놀라워했는데 회사의 가치, 특히 '주는 문화'가 사내는 물론 고객들 사이에서도 폭넓게 체화되고 있었기 때문이다. 하지만 그러한 가치가 늘 쉽게 자각되는 것은 아니므로 컨설턴트는 이를 더욱 분명히 드러낼 수 있도록 개발하라고 독려했다.

때마침 일본 유학에서 돌아온 프랜시스와 테레사의 딸 피데스Fides가 어느 동아리 활동에서 아이디어를 얻어, 방코 카바얀의 문화를 모든 일상 업무의 기준이 될 수 있게 하자고 제안했다. 이를 위해 동료들에게 기꺼이 '주는 문화'의 전달자가 되기를 열망하는 직원들의 도움을 받기로 결정했다. 초기 교육을 위해 영업점이나 부서별로 1명씩 자원봉사자를 모집했다. 모두 합해 스무 명가량의 자원자들은 모임 활성화 교육을 한차례 받은 뒤 매달 '문화 동아리'라는 모임을 조직했다. 그들은 동료들이 회사의 가치를 삶으로 실천하는 방법에 관하여 서로 의견을 나누도록 이끈다. 직원들은 매달 모임에서 회사의 핵심 가치 중 하나를 택하고 자료를 활용하여 심도 있게 논의한 뒤, 일상 생활에서 이를 어떻게 실천했는지 서로 이야기를 나눈다. 한 직원은 이 모임을 두고 이렇게 평가했다. "그러한 핵심 가치들이 개인의 성장과 방코 카바얀에서 일하는 방식에 얼마나 큰 영향을 주는지 알 수 있게 해주기 때문에 중요한 모임입니다."

따라서 '문화 동아리' 모임은 일에 얽힌 어려움, 서로의 제안, 달성해야 할 목표와 장애 요인 등에 관하여 이야기하는 자리가 되었다. 또한 팀이나 영업점 내부의 갈등과 오해를 조절하고, 팀의 결속력을 강화하는 자리이기도 하다. 필요한 경우, 매니저는 동아리 모임을 통해 가장 큰 어려움을 겪고 있는 직원을 바로 모임 다음 날 개별적으로 만나는 세심함을 발휘하기도 한다.

이제 매니저들은 영업점이나 팀 내부에서 '주는 문화'를 살리는데 책임감을 느끼고 있으며, 문화 동아리가 잘 운영될 수 있도록 세심하게 살피고 있다. 그들에게는 연례 면담이 팀원 각자가 방코 카바얀에서 만족하고 있는지를 확인하는 계기가 된다. 또한 그들은 특히 신입사원이 입사하면 이후 6개월 동안 회사의 가치를 전수할 책임도 있다.

방코 카바얀은 더욱 성장하기 위해 2017년 창립 60주년을 맞아 전 직원을 대상으로 '가치 정렬 세미나'를 새롭게 개최하여, '주는 문화'와 함께 방코 카바얀이 '모두를 위한 경제' 국제 네크워크와 연계되어 있음을 명시적으로 언급했다. 이 세미나에서 진행되는 여러 활동 가운데 '커뮤니온 익스프레스Communion Express'는 두 명이 짝이 되어 30초 동안 상대방에게 서로 번갈아 감사 인사(고마움의 표시), 사과(겸손의 표시), 그리고 상대방을 위한 소망(그를 위한 선물)을 표현한다. 이어서 1분마다 짝을 바꾼다. 직원들은 이 경험을 가치 정렬 세미나의 하이라이트라고 말한다.

한편, 매니저들과 소액 대출 그룹을 위한 별도의 특별 교육도 개발되었다. 영어 구호가 이 야심찬 계획의 이상을 잘 표현하고 있다. "Reignite the culture of values-driven excellence", 곧 "가치에 기반한 탁월함의 문화를 되살리자".

이러한 문화 창출을 위한 또 다른 핵심 도구로, 1년에 세 차례, 하루 동안 방코 카바얀의 모든 직원이 한자리에 모이는 총회가 있다. 이 정기 총회는 방코 카바얀의 직원들에게 큰 축제일과 같다. 한 창구 직원은 총회를 두고 이렇게 표현했다. "이날 우리는 모두 한 가족이라는 사실을 축하합니다." 게다가 그는 이미 같은 업무를 하는 직원들의 모임에 참석하고 있다. 창구 직원들, 지점장들, 소액금융 공동체 개발자들, 심지어 사환들도 그룹마다 모임을 가진다. 그런데 폭을 넓혀 다른 업무를 하는 직원들이 멀리 떨어진 지점들의 직원들과도 함께 모여 서로 어울리는 축제의 시간을 가질 수 있다면, 전 직원이 서로를 알게 되고, '끈

끈한 관계'를 맺으며 '방코 카바얀 가족'의 일원이라는 일체감을 가질 것이다. 이렇게 엮어진 우정의 끈은 직원들이 일할 때 든든한 자원이 될 것이다. 서로를 잘 알기에 주저 없이 도움이나 조언을 청할 테니 말이다. 이것이 바로 총회가 생겨난 이유다. 직원들은 이 모임을 통해 모든 직원이 자신이 하는 일보다 훨씬 더 많은 것을 주고 있음을 깨닫게 된다고 말한다.

2월 총회는 전년도 성과를 축하하는데, 그 내용은 총회 개최 전에 미리 모든 직원에게 공지된다. 이때는 업무 성과에서 우수한 성적을 거둔 팀에게 상을 주는 것은 물론이고, 노래나 춤 같은 장기 자랑의 우승자들과, 그날 입고 온 의상에 대해서도 시상을 한다. 이날은 모든 직원이 업무의 중압감에서 벗어나 맘껏 축제를 즐긴다. 2월 총회는 새해의 목표를 발표하는 때이기도 하다.

8월 총회는 특별히 방코 카바얀이 기업으로서 지향하는 가치를 상기하는 데에 초점을 두고 있다. 이를 성실히 실천한 직원들에게 '성실상'이 수여되고, 방코 카바얀 재단이 한 해 동안 이룬 활동을 소개한다.

세 번째 정기 총회는 성탄절을 기념하는 큰 축제일이다. 성탄절은 필리핀인들의 전통에서 매우 중요한 명절이기도 하다. 필리핀에서는 성탄절을 맞아 어디서나 축제에 많은 돈을 쓰는 것이 관례이다. 방코 카바얀도 이 전통을 거스르지 않고 지켰는데, 많은 직원이 평소에는 검소하지만 이 성탄절 총회에서만큼은 대축제일처럼 기쁘게 지냈다.

그러다 2009년에 태풍 온도이Ondoy가 마닐라와 주변 지역을 강타하자, 수많은 마을이 침수 피해를 겪고 수백 명의 사망자와 수천 명의 이재민이 생겼다. 이에 모든 것을 잃은 사람들을 돕기 위해 방코 카바얀의 전 직원이 나섰다. 일부 지점에서 먼저 피해를 입은 직원들과 곤경에 처한 고객들을 지원하기 위한 자발적인 모금 운동을 펼쳤다. 이러한 상황에서 어떻게 대규모의 성탄 축하 행사를 할 수 있겠는가? 그리하여 그해에는 직원 간 합의를 통해 이제까지 성탄절 축하 행사에 배정된 자금을 수재민들을 위한 긴급 구호 기금으로 사용하게 되었다.

그런데 다음 해에 또 문제가 발생했다. 기후 변화로 인해 필리핀은 점점 더 강력한 태풍과 열대성 폭우의 피해를 입었고, 발생 빈도도 증가하고 있기 때문이다. 그해에도 30여 차례나 되었다. 여러 차례 논의 끝에 힘든 결정이 내려졌다. 전년도의 잊지 못할 경험을 한 이상, 아무것도 가진 것 없는 이들을 외면한 채 성탄 축제를 벌일 수 없었다. 그리하여 관례대로 축제 행사에 할당된 예산을 둘로 나누어, 절반은 성탄절에 전 직원과 그 가족들이 모이는 총회를 열되 검소한 축제로 치르고, 나머지 절반은 직원들이 기획한 연대 활동에 사용하기로 결정했다. 이제 각 지점은 할당 예산으로 그들이 희망하는 활동을 계획하고, 최대한 많은 사람들이 그 혜택을 받을 수 있도록 힘쓰고 있다.

'주는 문화'를
함양하는 재단

성탄절 행사를 주관하는 부서는 방코 카바얀 재단이다. 이 재단의 목적은 직원들 사이에 '주는 문화'를 함양하는 것이다. 그리고 실제로 그렇게 되고있다. 성탄절이 다가오면, 직원들은 주변을 둘러보며 가장 도움이 필요한 사람이 누구인지 세심히 살핀다. 때로는 고객이 직접 제안을 해올 때도 있다. 그리고 나면 창의력이 발휘된다.

"저희는 그들에게 행복을 줍니다. 이것이 제게 매우 중요합니다." 한 직원은 그렇게 말했다. 어릴 때부터 방코 카바얀에서 일하는 것이 그의 꿈이었고, 채용 면접 때에는 차마 털어놓지 않았지만, 그 꿈을 이루기로 자신과 약속했다고 한다. 이제 그는 이 '주는 문화'를 자녀들에게 물려주고자 노력하며 "아이들이 좋은 사람으로 자라기를" 바라고 있다. 또 다른 직원은 이렇게 말했다. "베풀기 위해서는 일부러 시간을 내야 하지만, 저는 그 경험을 즐깁니다. 하루를 마치고 나면 왠지 모를 행복감이 밀려듭니다. 저는 시간을 내어 도움을 주려고 합니다."

방코 카바얀 재단은 지역의 발전을 돕기 위해 직원들이 주도하는 연 단위 활동을 지원하고 있다. 이렇게 하여 자발적으로 생겨난 단체가 있는데, 대표적으로 '브리가다 에스크웰라Brigada Eskwela', 곧 자원봉사단이다. 이들은 새 학기가 가까워지면, 국가의 지원을 거의 받지 못하는 공립 유치원과 초등학교 건물들을 보수한다. 방코 카바얀 재단이 페인트를 구입하면, 이 자원봉사단이 작업반을 꾸리고 학교 건물을 산뜻하게 칠하고 낡은 타이어나 깨진 단지 등을 재활용하여 아담하고 예쁜 정원을 만든다.

이 재단은 또한 학용품과 교복을 지원하고, 극빈층 학생들에게는 장학금을 주고 있다. 처음에는 직원 자녀들을 대상으로 시작했지만, 점진적으로 직원이 추천하는 가정으로 지원 범위를 넓혔다.

최근 방코 카바얀에서 일하는 젊은 직원들 가운데 재단 장학금 덕분에 학업을 마친 직원이 다섯인데, 은행도 이를 자랑스럽게 여기고 있다. 방코 카바얀의 도움이 없었다면 결코 학업을 마칠 수 없었을 젊은이들이, 고등교육을 받고 은행에 입사하게 된 이야기는 다른 직원들에게도 깊은 감화를 주고 있다.

방코 카바얀의 '기초 재정' 강좌는 가정의 예산 관리와 지출을 살피는 내용으로, 가계부를 쓸 줄 모르는 이들을 위해 마련된 것이다. 비공식 경제가 인구의 상당수를 지탱하는 이 나라에서 은행 직원들은 고객들에게 '창업가 정신entrepreneuriat'을 제공할 필요가 있다고 깨달았다. 이는 물론 지역 사회 발전을 목표로 하는 '사회적 창업가 정신'이다. 지금은 가능한 한 많은 사람들이 접할 수 있도록 라디오 채널로도 송출되고 있다.

한편, 방코 카바얀은 전통적인 사회적 활동만이 아니라, 지속 가능한 개발과 환경 보호에 대한 인식을 높이기 위한 활동을 점차 늘려가고 있다. 그 대표적인 활동으로 나무 심기, 자연에 버려진 쓰레기 수거, 해안 청소 등이다. 이러한 활동들은 회사의 제로 웨이스트zero waste 정책의 일환으로 진행되는 내부 활동의 연장이다.

2018년, 방코 카바얀 재단은 플라스틱 폐기물의 재활용 문화를 조성하기 위한 대규모 프로젝트로, 친환경 벽돌이라 할 '에코 브릭Eco-Brick'을 생산하기 시작했다. 이것은 탄성을 지닌 모든 플라스틱 포장재를 모아 조각으로 자른 다음 1~2리터짜리 페트병에 최대한 가득 채운 것으로, 단단한 벽돌의 역할을 하여 다양한 구조물을 만드는 데 사용된다.

모든 직원이 열정적으로 참여하여 자녀와 이웃, 고객과 고객의 가족까지 동원해 수많은 플라스틱 폐기물을 모은다. 직원들은 점심 쉬는 시간을 활용하여 수많은 에코 브릭을 만든다. 에코 브릭 하나를 만들기 위해서는 큰 비닐 쓰레기봉투에 담길 만큼의 플라스틱 폐기물을 압축시켜야 한다. 에코 브릭들이 어느 정도 쌓이면 직원들은 낙후된 지역으로 가서 작업반을 꾸리는데, 이 에코 브릭으로 학교 화장실이나 세면대, 소풍용 탁자, 공동 우물 등을 만들고, 심지어 계단식 도로도 포장하며, 이를 위해서는 450개의 에코 브릭이 사용된다. 그만큼의 쓰레기가 재활용되는 것이다!

　　　'주는 문화'를 함양하는 재단

이 모든 활동에는 직원 가족들도 정기적으로 참여하는데, 어릴 때부터 아이들에게 '주는 문화'를 전수하고 지역 공동체와 국가의 발전에 관심을 갖게 하기 위해서다. 이러한 활동은 소액 신용 대출 그룹의 회원들에게까지 확대되고 있으며, 이들의 참여도 점점 늘고 있다.

방코 카바얀의 사회적 책임을 맡고 있는 방코 카바얀 재단의 이사를 만났을 때, 그녀는 은행 직원의 86%가 그러한 활동에 참여하고 있다고 자랑스럽게 말했다. 성탄절 행사 활동에 할당된 특수 예산 말고도, 해마다 세후 순이익의 3%가 방코 카바얀 재단에 할당되고 있다.

나는 회사 내에서 재단이 수행하는 역할을 보며 깊은 인상을 받았다. 재단은 경영진이 사내에서 수행할 수 없는 자선 활동을 위임받은 독립적인 구조가 아니기 때문이었다. 오히려 재단은 방코 카바얀이 표방하는 가치들이 직원 한 사람 한 사람의 실생활이 되고 공유 문화가 되어, 사내에서 '습관으로 자리 잡도록' 내부적으로 작동되는 도구와 같았다. 실제로 재단은 회사 내부에서만 소통할 뿐 외부에는 홍보하지 않는다. 그럼에도 회사 내에서 재단의 존재감과 영향력은 꾸준히 유지된다. "매달 다양한 활동이 진행되고 있습니다!" 점점 더 많은 외부의 자원봉사자들이 합류하여 이러한 활동에 참여하고 있다.

나는 방코 카바얀의 직원들 가운데 그러한 활동에 헌신적으로 참여한 직원 몇 사람과 대화를 나누었는데, 그들 가운데 한 여직원의 걱정을 듣고 놀라지 않을 수 없었다. 그 여직원은 더러는 주변 사람들이 방코 카바얀이 회사 이미지 관리 차원에서 그러한 사회적 행동을 한다고 오해할까 봐 걱정된다는 것이다. 만일 그렇게 되면, 그녀에게 그토록 중요한 이 프로젝트의 순수한 이타적 성격은 훼손되고, 결과적으로 소중한 나눔의 가치가 사라질까 봐 두려운 것이다. 그녀의 동료들도 같은 걱정을 하고 있었지만, 이 은행이 이런 활동을 통해 어떠한 이익도 취하려 하지 않았다는 점을 상기시켜주는 사람은 없었다.

실제로 지역사회에 대한 진심 어린 헌신이 때로는 실망과 좌절감을 안겨 주기도 한다. '왜 이 지역사회만 돕고 다른 곳은 돕지 않는가?'라고도 생각할 수 있다. 하지만 우리는 도와주고 싶은 모든 사람을, 또한 도움이 필요한 모든 사람을 다 도울 수는 없다. 따라서 부당한 일이 아님을 확신하고, 자격지심을 갖지 않기 위해서 대화를 많이 나눠야 한다. 게다가 가족과 함께 보내야 할 시간을 빼앗기는 문제도 있다. 물론 그 어떤 것도 의무 사항은 아니다. 직원들은 "그러나 이것은 회사 문화의 일부이기 때문에…"라며 압박감을 느끼진 않을까? 아니었다. 그들은 내게 확신에 차서 이렇게 대답했다. "그 일을 좋아하고 사랑하기 때문에 하는 겁니다!" 나는 그들에게 다른 직원들도 다 그렇게 생각하느냐고 거듭 물었다. 그들은 자신 있게 대답했다. "제가 보기엔 그래요. 참여하고 싶지 않다고 말하는 걸 들어본 적이 없어요. 대부분은 자발적으로 나누고, 참여하는 것을 무척 좋아합니다."

특히 기억에 남는 사례가 있었는데, 한 젊은 임원의 경우였다. 그는 이렇게 말했다. "저는 제 아이들이 성탄절 봉사활동에 참

　'주는 문화'를 함양하는 재단

여하도록 권하고 있어요. 아이들이 어릴 때부터 다른 이들을 돕는 마음을 가질 수 있게 하려고요. 제 아이들은 같은 반 친구들 가운데 학용품이 없는 친구들에게 자기 것을 나누면서 친구들을 돕고 있죠. 아이들이 그렇게 하는 모습을 보면 흐뭇합니다. 방코 카바얀에서 저희가 하는 일을 아이들이 본 대로 실천하는 거니까요. 제 아이들이 이곳 방코 카바얀의 문화를 받아들였다는 것이 참으로 자랑스럽습니다.”

정말
다른 은행일까?

어떻게 해야 직원들의 말에서 필리핀인다운 낙관주의나 고용주에 대해 좋게 말하려는 의도를 가려내고, 그들이 실제로 경험하는 현실을 파악할 수 있을까? 문화적인 차이로 인해 직원들이 자기 회사에 대해선 부정적인 이야기를 삼갈 수도 있다는 점을 고려하여, 나는 방코 카바얀이 경쟁 은행에 비해 어떤 점에서 다른지 직원들의 의견을 들어보려고 했다. 직원들은 과연 뭐라고 했을까?

테레사 간존은, 방코 카바얀이 필리핀에서 가장 성공적인 지방 은행이 된 것은 관계 중심의 업무 방식 때문일 것이라고 단언했다. 고객과의 관계가 친밀하다는 것은 매우 단순하면서도 의미있는 행동으로 나타난다. 이를 한 직원의 설명을 통해 알 수 있었다. "저희는 타갈로그어를 씁니다. 또 필리핀인이면 누구나 쓰는 애칭을 사용하는데, 이러한 친근한 호칭은 관계 속에 애정이 담겨 있음을 보여주죠. 다른 은행들은 영어를 쓰면서 비즈니스 용어를 사용하거든요." 심지어 어떤 직원은 이렇게까지 말했다. "다른 은행 직원들은 별로 웃지도 않아요."

최근에 입사한 젊은 신입 직원들은 회사의 특징을 이렇게 표현했다. "방코 카바얀은 다릅니다. 사람들을 대하는 방식, 시행 정책과 근무 환경, 그리고 다른 이들을 돕는 방식이 좋습니다. 이 회사의 목표는 돈을 버는 것이 아니라 사람들을 돕는 것입니다."

실제로 내가 본 모습은 꽤 이상적이었다. 하지만 정말 그럴까? 아니면 회사에 대한 충성심 때문에 이면의 진실을 숨기고 있는 것일까? 나는 그들의 말을 들으며 행간의 의미를 읽어내고자 노력했다.

한 관리자는, 방코 카바얀 은행이 가족적인 분위기지만, 성과를 따져야 하는 관리자의 압박감을 느끼지 않는 것은 아니라고 말한다. 압박감이 정말 크고 무겁다는 것이다. 그러면서 그는 곧장 이 말을 덧붙였다. "그 압박감이 저의 한계를 뛰어넘는 데에 도움이 되긴 하죠." 한 젊은 매니저는 이렇게 말했다. "고객뿐 아니라 직원들도 잘 챙겨야 하고 목표한 성과도 달성해야 합니다." 그런데 그 목표치가 대체로 매우 높다. 내규에 따르면 소액 금융 상환율의 목표는 100%이고, 연체율은 2% 미만이다. 이 목표가 불가능한 것은 아니지만, 저절로 이루어지는 것도 아니다. 실제로 그 목표들은 대부분 이루어졌다. 그렇다면 그렇지 못한 경우에는? "다음에 잘하면 됩니다." 그래서인지 대체로 압박감은 겉으로 드러나지 않는다. 고객들을 위해서도 달성해야 하는 목표들이 중요하다는 점을 매우 잘 알고 있기에 더욱 그러하다. 대출 상환이 잘 이루어지지 못할 경우, 대출을 받은 고객들의 성공과 발전이 크게 흔들릴 수 있기 때문이다.

게다가 은행 업무는 엄격한 규제하에 이루어지므로, 그 영향을 모든 사람이 강하게 느낄 수 있다. 준수해야 할 절차들이 무수히 많고, 중앙은행의 감사도 받아야 한다. 엄격한 절차를 거치려면 많은 시간과 주의가 필요하고, 특히 방코 카바얀은 경쟁 은행들만큼의 기술력을 갖추고 있지 않기에 더욱 그러하다. 직원들은 이것이 그들에게 얼마나 큰 부담인지 숨기지 않는다. "저는 최선을 다하지만, 늘 부족한 느낌이죠." 개선의 여지는 늘 존재하며, 이는 끝없는 과정이다.

한 임원은 그 점을 인정했다. "탁월함을 추구하다 보면, 모든 기준을 충족해야 하는데, 이는 직원들에게 엄청난 압박감을 줍니다. 이러한 공식적인 규칙과 기준이 실제로는 도움이 되지 않는 경우도 있기 때문에 직원과 고객 모두에게 안 좋은 결과를 가져다주기도 하죠. 규정대로 일하다 보면 특정 금리로는 대출을 거절할 수밖에 없고, 이 경우 고객들은 실망하고 직원과 매니저들은 그로 인해 고통을 겪습니다." 때로는 고객과의 관계를 유지할 수 있게 방법을 고안하기도 하지만, 이는 큰 창의력과 노력이 요구된다.

가장 기본적인 업무조차 스트레스의 원인이 된다. 한 젊은 창구 직원은 고충을 토로했다. "돈을 세는 것도 어렵고, 누구를 먼저 응대해야 할지 판단하기 힘들 때가 있어요. VIP 고객과 단골 고객 가운데 불평하는 분들이 많죠. 동전을 일일이 손으로 세어야 하는 경우도 많고요. […] 저희는 중압감을 떨쳐내고 돈을 세고 또 세면서도, 미소를 지으며 집중력을 잃지 않으려 노력하죠. […] 가장 중요한 건 미소를 잃지 않는 거예요.”

직원들에게는 실수에 대한 두려움도 있는데, 그들의 이야기를 듣다 보면 곧잘 나오는 주제이다. 아주 작은 실수도 용납되지 않기 때문이다. 때로는 부끄럽지만 이러한 경험을 통해 다시 실수하지 않게 되고, 업무에 대한 통제력을 길러주어 탁월한 성과를 낼 수도 있다. 한 여성 임원은 자신의 경험을 들려주었다. “저도 실수한 적이 있어요. 부주의에 따른 실수였죠. 저는 감사를 받았는데 은행은 제게 해명을 요구했죠. 결국 벌금 부과가 결정됐고 저는 그 결정을 받아들였죠.” 대부분의 경우 벌금은 실수로 초래한 손실 금액을 본인의 급여에서 제한다.

힘든 순간에는 경쟁 은행의 제안을 떠올리게 된다고 그 임원은 솔직히 말했다. 경쟁사들은 더 나은 조건을 제시하며 방코 카바얀의 직원들을 데려가려고 끊임없이 시도한다. “가끔은 제가 충분한 보상을 받지 못한다는 생각이 들기도 합니다.” 그러면서 그녀는 이 말로 인터뷰를 마쳤다. “하지만 저는 떠나기가 두려워요. 여기서 행복하고, 방코 카바얀을 사랑하거든요.” 직원들 대부분은 경제 사정이 어려워 이곳에서 받는 급여로는 가족의 기본 생계를 겨우 꾸려갈 수 있을 뿐이다. 그들은 상업은행이 제공하는 더 높은 급여에 매력을 느끼면서도 방코 카바얀을 떠나지 않는다. 한 직원은 무거운 속내를 털어놓았다. 형제자매들이 많은 그는 가족들을 생각해서 더 높은 급여를 받고자 방코 카바얀을 떠날 계획이라며, 한국의 공장에 들어가기 위해 남몰래 한국어를 배우고 있다고 했다.

한편, 내가 비슷한 유형의 다른 기업에서 경험했던 현상도 확인할 수 있었다. 곧 가치의 기준이 높으면 직원들에게도 요구하는 바가 매우 높다는 것이다. 특히 탁월한 서비스를 강조할수록, 고객의 요구사항도 점점 더 까다로워진다. "고객들을 늘 친절하게 대하기는 쉽지 않아요. 화를 내서는 안 되거든요." 이제 이러한 서비스 문화가 직원들에게는 늘 입고 있어야 하는 유니폼처럼 의무적으로 따라야 하는 일이 된 것이다. "이 문화를 옷처럼 입고 있어야 해요. 회사의 요구사항이죠. 물론 그러한 문화가 유용하다는 것은 압니다. 고객이 행복하면 직원도 행복하죠. […] 하지만 지치고 낙심할 때도 많아요…. 그럴 땐 잠시 자리를 비우고 일어나 숨 쉴 시간을 갖죠. 회사가 우리를 절대 밀어붙이진 않아요. […] 힘든 순간, 비밀을 함께 나누고 조언도 해주죠. 그러면 다시 자리로 돌아와 일할 힘이 생기죠."

   정말 다른 은행일까?

방코 카바얀의
경영 방식

방코 카바얀의 조직은 피라미드식에 중앙집중적 구조로 되어 있다. 경영 방식도 '명령형'이고 곳곳에서 통제가 이루어진다. 하지만 내가 인터뷰한 직원들은 이를 매우 자연스럽게 받아들이고 있었다. 아마도 동양적인 정서 때문에 서양에서보다 권위에 더 쉽게 순응하고, 존경심을 표하는 경향이 있기 때문일 것이다. 하지만 그들은 그것보다 경영진의 호의와 열린 마음을 더 강조했다. 한 매니저는 이렇게 단정하듯 말했다. "은행장님은 정말 좋으세요! 지시적이지 않아요."

이렇게 방코 카바얀의 직원들이 '명령형'이라는 표현에 거부감을 느끼는 이유는 그들이 은행 경영주들과 매우 친밀하기 때문일 것이다. 실제로 테레사와 프랜시스 간존은 직원들과 개인적 친분이 있기도 하고, 총회 때 축하연이나 놀이 등을 통해 함께 어울린다. 한 임원은 이러한 일화를 들려주었다. "성탄절 축하연에서 티셔츠와 조끼를 입고 직원들에게 접시를 나눠주는 한 남자를 보았는데, 그분이 바로 은행장이면서 은행주였어요!

저는 그분의 그런 겸손과 수수한 모습을 보고 감탄했습니다."

경영진의 소탈함과 친근함, 그리고 모든 이를 존중하는 태도는 기억에 남는 특징으로서, 직원들도 인터뷰 중에 그 점을 자주 언급했다. 한 직원은 이렇게 설명했다. "그들은 상사이지만 많은 것을 가르쳐주고, 우리도 그들에게 쉽게 다가갈 수 있어요. 권위를 내세우지 않습니다." 한 임원은 자신의 생각을 이렇게 밝혔다. "저는 그들을 저와 동등한 위치에 두고 대합니다. 저는 겸손이 중요하다고 생각합니다. 리더의 자리에 있다고 늘 현명한 결정을 내릴 순 없잖아요. 저는 그들의 말에 귀 기울입니다."

직원들은 회사 경영에 자신들이 직접 참여할 여지가 있음을 높이 평가했다. 예를 들어, 서비스 제공이나 금융 상품을 변경하기 전에 경영진은 직원들과 늘 상의하고 시범 운영을 한다. 한 매니저는 이렇게 말했다. "우리는 회의합니다. […] 이것이 왜 실제로 상품화하기 어려운지 직원이라면 누구나 설명할 수 있습니다."

한 매니저는 몇 년간 일하다 더 나은 직책을 찾아 상업은행으로 이직했다가 2년 뒤 다시 방코 카바얀에 돌아왔다. 그는 자신의 경험을 이렇게 들려주었다. "TMG[4]는 지난 2년 동안 저와 계속 연락했습니다. 어느 날, 그녀는 지점장을 채용한다는 이메일을 제게 보내면서 다시 합류할 의향이 있는지 물었습니다. 저는 그 제안을 거절할 수 없었어요. 제가 아는 한 FSG와 TMG는 가

4　TMG는 Teresa M.Ganzon의 이니셜로, 직원들이 은행 소유주를 가리킬 때 사용한다. 뒤에 나오는 FSG는 Francis S.Ganzon의 이니셜이다.

장 훌륭하고 친절한 사람들이죠. 진정한 대화를 나눌 수 있는 사람들입니다. 다른 회사들에선 그렇지 않아요.” 나는 그에게 방코 카바얀의 부정적인 면을 듣고자 질문했으나 돌아오는 대답은 이러했다. “방코 카바얀은 완벽하지 않아요. 경영진도 마찬가지죠. 그들도 때로는 부정적인 방식으로 소통하기도 합니다. 이따금 우리는 상처를 받기도 하지만, 이를 통해 우리는 성장할 수 있습니다. 그러니 그건 단점이 아니죠. 그 때문에 우리는 낙담하지 않고, 이를 좋은 방편으로 삼아 더욱 효율적으로 일할 수 있으니까요. 완벽한 사람은 아무도 없잖아요.” 필리핀 사람들은 대단히 긍정적인 것 같은데, 그렇지 않느냐고 내가 되묻자, 그는 이렇게 말했다. “네, 언제나 그렇죠.” 그리고 더 보탤 말이 없는 듯했다.

경영의 개방성은, 업무 성과와 그 분배 방향의 투명성을 유지하려는 경영진의 노력에서도 알 수 있다. “그들은 직원들에게 재정적 측면을 매우 투명하게 공개합니다. 임원들에게만 아니라 전 직원에게 그렇게 하죠. 그들은 우리에게 결과를 보여주고 수익을 공유해요.” 하지만 이러한 투명성에는 단점도 있다. 정보가 너무 자유롭게 유통된다는 것이다. 예를 들어, 승진 발표가 공지되기도 전에 먼저 알려지는 경우가 가끔 있다.

임원들에게 회사의 경영 방식에 관해 물어보면, 대부분 인간관계를 중시하면서도 통제력을 유지하는 스타일이라고 답했다. “저는 열린 자세로, 민주적이며 매우 친절하게 대하려고 노력합니다. 제가 아는 모든 것을 부서의 화합과 일치를 위해, 부서원들과 공유하려고 노력하고, 친절하게 대하려고 합니다. […] 하지만 마감 기한을 넘긴 경우에는 단호하게 대응합니다. 권위 있게 행동하면서도 균형을 유지해야 하죠. 규범을 존중해야 하니까요. […] 통제력이 사라지는 것은 아니지만, 직원들이 위축되는 것을 원치 않습니다.”

그렇다면 그것은 결국 가부장적 경영 방식이 아닐까? 아마 크게 틀리진 않을 것이다. 아니면 친절하면서도 권위주의적 방식, 즉 친밀함과 권위에 대한 존중이 결합된 경영 방식이라 할 수도 있겠다. “나는 그들의 친구지만, 권위를 갖고 있다”라는 말은 밀레니얼 세대에 태어난 젊은이들만 있는 부서에는 더 이상 전통적인 경영 방식이 적용될 수 없다는 말과 같다. 따라서 모든 구성원에게 권한을 부여하고, 리더십 개발을 위해 구체적인 임무를 맡긴다. 어려움에 직면하면, 직원들은 중요한 것은 배우고 발전하는 것임을 알게 된다. 직원들을 신뢰하고 정보를 공유하는 것이 이러한 성장의 필수 요건 중 하나다. 모든 직원이 지점장처럼 고객을 응대할 수 있어야 한다는 것이다.

한편, 직원들과 경영진과의 관계는 서로에 대한 격의 없는 대화와 강한 신뢰가 두드러진다. 어느 직원은 이렇게 설명했다. “우리는 상사들을 신뢰합니다. 그들은 경영진과 함께 전문적으로 일을 처리해 주죠. 급여와 관련된 문제도 다뤄요. 그들은 늘 열려 있습니다. 우리가 받아들일 수 없는 경우에는 설명해 주고 제안을 하기도 하죠. 가능하면 다른 보상 방안을 찾으려고 노력합니다. […] 함께 외출도 하고 식사도 자주 하죠. 덕분에 서로 편안함을 느낍니다. 상사들과 신뢰 관계가 형성되고, 해마다 갖는 면담은 상호 신뢰를 쌓는데 도움이 됩니다."

한 젊은 여직원은 열정이 느껴지는 목소리로 이렇게 말을 맺었다. "방코 카바얀은 저를 위한 곳이라고 장담할 수 있어요. 이 은행은 우리에게 더 나은 미래를 선사할 것입니다. 앞으로 더 성장할 것이고, 일자리가 없는 사람들에게 일할 수 있는 기회를 제공할 것입니다. FSG와 TMG가 은행을 운영하는 한 말이죠."

하지만 변화의 조짐이 일고 있었다….

새로운
투자자의 등장

세월이 흘러 프랜시스와 테레사가 은퇴할 때가 다가왔다. 오래 전부터 그들은 함께 일해 온 자녀 가운데 누군가가 은행을 물려 받기를 바랐다. 하지만 자녀들이 보인 반응은 조심스러웠다. 방코 카바얀을 아끼고 사랑하지만 가정 생활에 지장을 주거나 가족 관계에 악영향을 미치고 싶지 않다는 것이었다. 결국 그들은 후계자를 외부에서 찾기로 결정했다.

오랜 조사를 마친 뒤 2019년 프랜시스와 테레사는 소액 대출 사업에 적극적으로 참여하고 사회적 사명을 가진 또 다른 은행을 대주주로 영입하기로 결정했다. 투자자가 임명한 신임 은행장이 방향을 잡는 3년의 전환기 동안, 프랜시스와 테레사는 은행에 남아 원활한 이전을 도운 뒤 경영에서 물러날 예정이다.

기술적인 면에서 이러한 이전 과정이 순조롭게 진행될 것이라고 그들은 확신했다. 새로운 투자자는 전문성을 발휘하여 소액 대출을 대대적으로 발전시킬 계획이다. 이러한 변화는 분명 방코 카바얀에 이익이 될 것이며, 인력의 감축보다는 확대로 이어질 것이다. 하지만 이로 인해 직원 간의 관계에 신경을 쏟는 시간이 줄어들 수 있으며, 그 결과 기업 정신이 점차 약화될 수도 있다.

그렇다면 이제까지 테레사와 프랜시스가 애써 가꿔 온 방코 카바얀의 문화는 어떻게 될까? 그 문화를 주도적으로 이끌 사람이 없어진다면 과연 기업의 문화가 존속할 수 있을까? "투자자들이 방코 카바얀의 문화를 채택할까요, 아니면 우리가 그들의 문화를 받아들여야 할까요?" 여직원은 이렇게 말하며 동료 간의 교류를 활성화시킨 사내 활동들을 특히 걱정했다. 예를 들어, 세미나, 개인 면담, 총회 같은 프로그램은 다른 회사에서는 찾아볼 수 없는 활동이다. 그녀는 이렇게 토로했다. "우리 문화가 남아 있길 간절히 바랍니다! 개선은 하되 완전히 바꾸지는 말았으면 합니다. 변화는 언제든 환영하지만, 우리 회사의 문화가 바뀌는 것은 두렵습니다."

우리는 지금 '주는 문화'의 힘이 드러날 수 있는 중요한 기로에 서 있다. 과연 이 문화가 회사에 깊이 뿌리를 내려 기업 정신을 잃지 않을 정도가 된 것일까? 이는 은행의 인수인계가 공식화된 지 얼마 되지 않은 시점에서 인터뷰에 응한 직원들에게 내가 한결같이 물어본 질문이었다. 그들의 답변은 놀라웠다.

한 직원은 이렇게 확언했다. "테레사는 그들을 받아들이기로 결정한 진짜 이유가 그들이 같은 문화를 가지고 있기 때문이라고 설명해 주었습니다. […] 그래서 저는 신뢰감이 생기고 안심했어요." 물론 신뢰한다고 해서 걱정이 사라지는 것은 아니다.

어떤 임원은 변화를 두고 이렇게 설명했다. "우리에게 자극제이면서 도전이 될 것입니다. 혹시 멀리 떨어진 지점으로 발령받을까 걱정도 되지만, 오히려 큰 기회가 될 거라고 봅니다."

그들의 낙관주의는 사람을 무장 해제시킬 정도로 대단하다. "우리의 문화는 남아 있을 것이며 또 계속될 것입니다. 그리고 우리의 문화를 투자자들과 공유할 것입니다!" 내가 인디뷰한 거의 모든 직원이 놀랍게도 같은 확신을 보여주었다. 이렇게 전적인 신뢰와 정직성을 바탕으로 조직을 구축한 공로로, 프랜시스 간존은 2017년 필리핀에서 혁신의 영감을 가져온 인물에게 수여하는 '올해의 기업가'로 선정된 바 있다.

불확실한 순간에도 전적으로 거듭 신뢰를 표현하는 직원들을 보면서 나는 감동을 받았다. 그리고 이렇게 자문하지 않을 수 없었다. '이것이 필리핀 사람들의 특징인가? 그토록 많은 고난을 겪어서 미래를 계획하는 대신 현재에 만족하는 법을 배운 것일까?'

한편 내가 테레사와 프랜시스에게 직원들이 새 투자자의 영입에 보여준 신뢰에 관하여 말을 꺼내자, 그들은 놀라움을 감추지 않았다. 오히려 그들이 인수 과정이 원만히 진행될지, 투자자가 은행을 어느 방향으로 이끌지, 현재의 회사 정체성을 지켜나갈지 계속 궁금해했다. 그리고 그들은 직원들이 그러한 변화에 어떻게 적응할지 걱정하는 빛이 역력했다. 그들은 신뢰를 당연한 것으로 여기지 않는 듯했다.

그래서 나는 직원들에게 이 신뢰의 기반이 무엇인지, 그러한 신뢰가 겉으로 보이는 것처럼 정말로 당연한 것인지 설명해 달라고 요청했고, 한 직원은 이렇게 설명했다. "그건 두 사람, 간존 부부 때문이죠. 그들이 하는 말은 진실하고, 또 매우 합리적입니다. 회사는 정직성을 중시합니다. 우리는 두 사람을 잘 알고, 그들의 결정은 언제나 옳았다는 것이 입증되었죠." 신뢰는 결코 말만으로 이루어지지 않는다. 말에 무게를 더해주는 것은 행동이다. 간존 가족들은 회사의 가치 기준에 맞추어 일해 왔고, 그들 자신부터 그렇게 실천하고자 노력했다. 그래서 그들의 행동은 설득력을 얻었고, 오늘날에도 그들의 말은 신뢰를 낳고 있다. 그들 자신을 뛰어넘어서….

20차례가 넘는 인터뷰를 한 뒤, 나 또한 '방코 카바얀 가족'으로 받아들여진 것 같았다. 나는 방코 카바얀이 전환기를 맞게 될 순간 그곳을 떠나게 되었다. 새로운 투자자들이 합류하면서 어떤 변화가 일어날지, 그토록 많은 사람이 바라는 대로 방코 카바얀의 문화가 유지될지 나 또한 무척 궁금하다. 섣부른 짐작을 하기보다는 꾸준히 지켜볼 일이다. 그러는 동안 나는 새로운 지평을 향해 다른 나라, 다른 기업을 찾아 조사를 이어가야겠다.

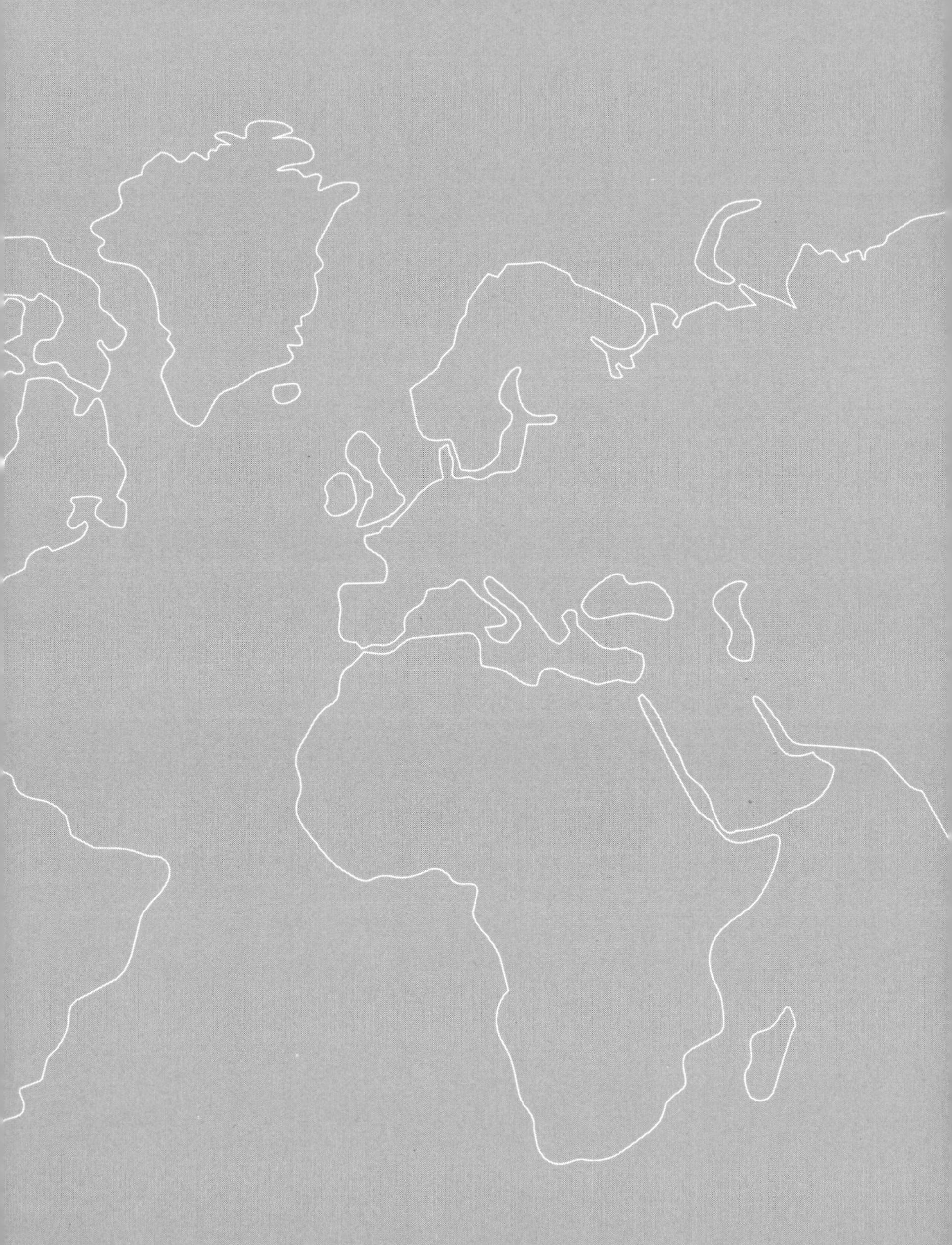

2

빵으로 사랑을 전하는 빵집

성심당
SungSimDang

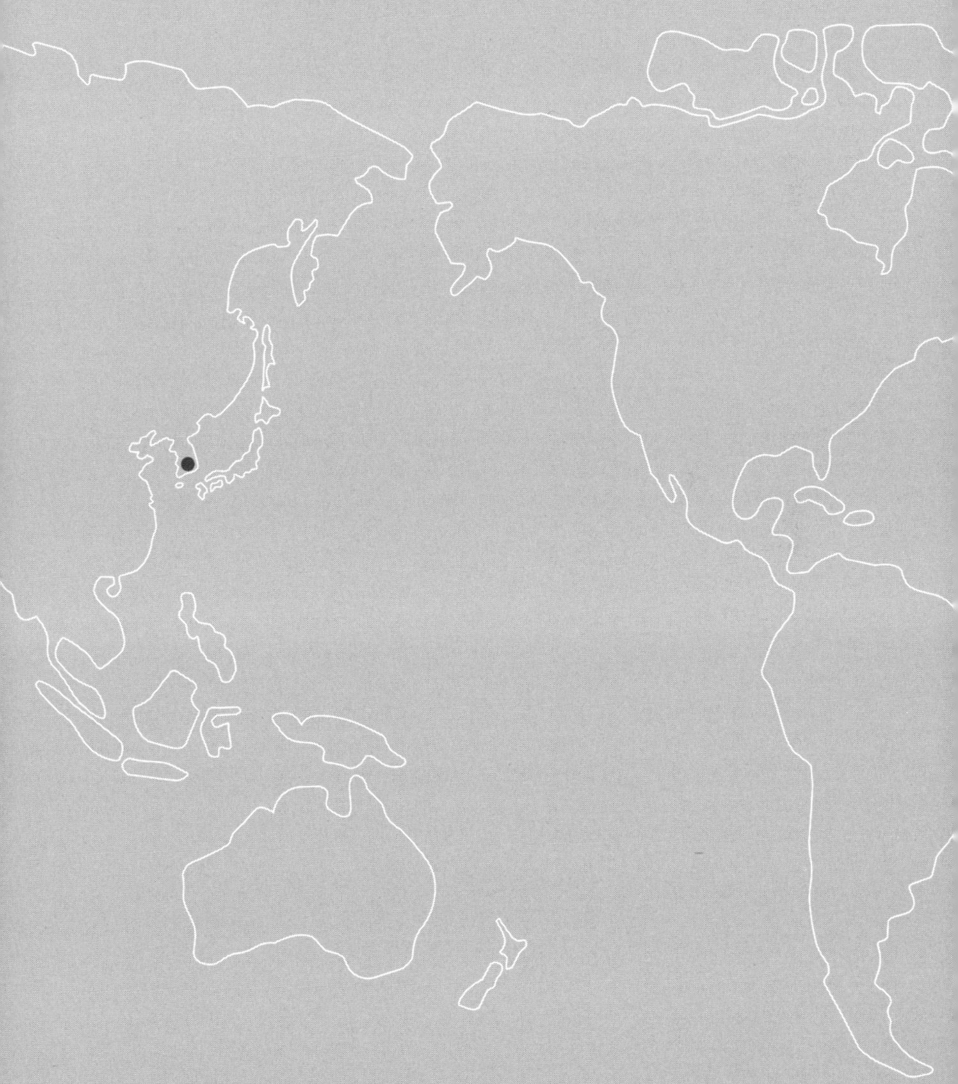

빵으로 사랑을 전하는 빵집

성심당
SungSimDang

대형 '빵집'

드디어 한국에 도착했다. 내가 전혀 모르는 세상, 내가 아는 모든 것과는 너무도 달라 보이는 세상 안으로 들어온 기분이다. 인천공항에 도착하자 통역사가 나를 기다리고 있었다. 나는 그녀와 함께 고속열차를 타고 2시간 뒤 대전역에 내렸다. 대전은 서울에서 남쪽으로 140km 떨어진 곳으로, 기차역에 내려 주변을 둘러보니 고층 빌딩과 대형 광고판으로 가득 찬 도시화 된 풍경이 펼쳐져 있었다. 짙은 회색빛 하늘과 영하의 날씨에 강은 꽁꽁 얼어붙어 있었고, 거리에서 마주치는 사람들은 모두 진지한 표정이었다. 그들은 파리나 런던의 상업 지구에서 볼 수 있는 어두운색 옷차림을 하고 있었다.

　대전역에 도착했을 때 김미진 이사가 플랫폼에 마중 나와 있었다. 그녀는 환한 미소로 아름다운 꽃다발을 안기며 나를 반갑게 맞아주었다! 그러고는 곧바로 우리를 역 안으로 안내하더니 어느 빵집으로 데리고 들어갔다. 사람들이 입구 밖까지 길게 줄을 서 있었다. 그 빵집은 성심당의 매장 가운데 한 곳으로, 오전

7시부터 밤 10시까지 늘 사람들로 붐빈다고 했다. 나는 처음 보는 온갖 종류의 빵과 과자류 앞에서 무엇을 골라야 할지 몰라, 내가 맛볼 것들을 대신 골라달라고 부탁했다. 우리는 오래된 기차 객실처럼 고풍스럽게 꾸며진 테이블 한쪽에 앉아 이야기를 나누었는데, 훌륭한 차와 함께 곁들여 먹은 브리오슈는 내가 한 번도 맛본 적 없는 풍미를 지니고 있었다.

첫 번째 간식을 먹고 나서, 우리는 또 다른 성심당 매장으로 향했다. 그 매장은 신시가지의 과학 단지 안에 있었는데, SF 영화의 배경처럼 보이는 최첨단 도시 안이었다. 높이가 200m가 넘고, 믿기 어려울 만큼 기묘한 형태를 한 건물들이 사방에 솟아 있는데, 특이하게 기울어진 모습이 로켓이나 상어 지느러미를 떠올리게 했다. 금속과 유리로 만들어진 이 빌딩 숲은 안개와 대기오염으로 더욱 차가운 인상을 주었다.

이곳은 대전컨벤션센터(DCC)라는 최첨단 시설을 갖춘 대규모 건물인데 성심당은 한 구역 전체, 2개 층을 사용하고 있다. 1층에 자리한 빵집은 프랑스인이라면 누구나 자연스럽게 떠올리는 그런 모습의 빵집이 아니다. 오히려 찻집이나 카페에 가깝다. 안으로 들어가니 오른쪽에 바가 있고 온갖 종류의 차와 커피가 준비되어 있다. 차거나 뜨겁게 마실 수 있고, 테이크아웃도 가능하며, 개인 보온병에 담아 마실 수도 있다. 왼쪽에는 빵집이 있는데, 각종 빵과 브리오슈, 페이스트리를 선택할 수 있고, 매장 중앙에는 셀프서비스 코너가 있다. 깔끔한 검은색 유니폼에 흰색 앞치마와 모자를 쓴 계산원들 뒤로 제빵 공간이 보였고, 제빵사들이 분주하게 일하고 있다. 바로 그곳에서 갓 구운 빵의 향긋한 냄새가 풍겨 나온다.

이 빵집 옆에 '케익부띠끄Cake boutique'가 있는데, 성심당이 운영하는 세 매장 가운데 하나다. 이곳은 고급 케이크와 과자류를 판매한다. 제품들은 눈으로 보는 것만으로도 멋진 작품들로, 여기에 세련된 포장이 더해져 귀한 보석처럼 보였다. 이곳 매장에는 모든 것이 세련되게 정돈되어 있고 특별한 배려가 돋보여서, 마치 멋진 세상에 와 있는 듯한 느낌을 주었다. 이렇듯 성심당의 각 매장과 레스토랑에는 저마다 독특한 스타일이 있다.

우리는 컨벤션센터 안으로 들어가 2층으로 올라갔다. 이곳은 성심당이 운영하는 레스토랑 5곳 가운데 하나다. 브런치 카페 '카페 1956'은 복고풍 인테리어와 고가구, 세련되면서도 빈티지한 소품들이 어우러져 큰 규모의 바 겸 캐주얼 레스토랑 같았다. 임영진 대표가 직접 샐러드, 소시지, 계란 요리가 담긴 접시를 들고 나를 맞아주었는데, 맛있는 빵과 커피, 차가 함께 제공된다고 했다. 임 대표는 그의 아들 임대혁 이사를 소개해 주었다. 그는 DCC 지점과 레스토랑을 총괄하는 책임자로, 나는 그곳에서 바로 그와 첫 번째 인터뷰를 했다.

그리고 그날 오후에는 성심당의 역사적 장소이기도 한 본점[1]으로 향했다. 본점은 대전 원도심의 주요 간선도로와 번화한 보행자 전용 도로가 교차하는 곳에 있었다. 길모퉁이에 자리한 웅

---

1 현재 본점은 케익부띠끄 제과 매장과 성심당 제빵 매장이 분리되어 운영 중이다. 케익부띠끄는 2013년 12월 재오픈했다.

장한 '케익부띠끄'는 건물 모서리에 정문이 있었는데, 이를 통해 매장 안으로 들어갔다.

성심당 본점은 온갖 빵과 브리오슈, 제과 전문의 대형 슈퍼마켓처럼 보였다. 그 종류가 수백 개나 되는 것 같아 매우 인상적이었다! 건물 밖에까지 줄지어 선 고객들의 행렬은, 1층 한 층 전체를 차지하는 이 거대한 공간 안에서 잘 구획된 동선을 따라 계속해서 순환하게 된다. 사람들은 쟁반을 들고 온갖 색깔과 형태를 띤 빵들이 담긴 수많은 바구니 앞을 줄지어 지나가며 집게를 사용하여 빵을 쟁반에 담는다. 또한 여기저기 작은 그릇에 시식용 빵조각이 담겨 있어서 원한다면 자유롭게 한 쪽씩 맛볼 수 있다. 매장 전체를 한 바퀴 도는 동선 끝에는 계산대가 있는데, 이곳에서 제품들을 포장해 성심당 로고가 인쇄된 예쁜 봉투에 담아준다.

제품들을 직접 시식해보고도 나는 그 케이크나 브리오슈의 주재료가 무엇인지 전혀 알아낼 수 없었고, 겉모습만으로는 단맛인지, 짠맛인지 알 수 없었다. 어쩌면 둘 다 섞인 맛일지도, 아니면 둘 다 아닐지도 몰랐다. 그리고 실제로, 성심당의 대표 상품이면서 1980년부터 판매 1위를 지켜온 '튀소'는 겉은 바삭하고 황금색을 띤 예쁜 도넛으로, 안에는 단팥이 가득 들어 있다! 그 빵의 정식 이름은 '튀김소보로'이다.

정문 왼편으로 빵을 판매하는 특별 매대가 있는데, 특히 유명한 빵이 '명란바게트'이다. 명란바게트는 기존 바게트의 절반 크기로, 빵 위에 명란과 얇고 바삭한 김이 얹혀 있다. 한국의 한 유명 개그우먼이 TV에서 언급한 이후로 스타 상품이 되었다고 한다. 이런 빵들을 사려는 사람들의 줄은 늘 유난히 긴데, 그 줄이 2층까지 올라가는 경우도 있다.

그뿐 아니라 케익부띠끄 2층에는 복고풍의 클래식한 스타일로 꾸며진 대규모의 이탈리안 화덕 피자 전문점 '플라잉팬Flying Pan'이 있다. 성심당의 제빵 매장 2층에는 베이커리 레스토랑 카페테리아 '테라스키친Terrace Kitchen'이 있는데, 저렴한 가격으로 다양한 메뉴를 제공한다. 그 위층에는 생산 공장이 있다.

같은 거리의 맞은편에는 한국 전통 과자를 전문적으로 판매하는 '성심당 옛맛솜씨'가 있다. 온갖 색깔의 과자가 고풍스럽고 예쁜 상자에 담겨 있다. 이곳에서는 차와 풍미를 더한 빙수를 맛볼 수 있다.

그곳에서 몇 걸음 떨어진 곳에 성심당 직영의 소박한 이탈리안 레스토랑 '삐아또Piatto'가 있고, 같은 거리에서 멀지 않은 지하 상가에 또 다른 스타일의 일본식 우동집 '성심당 우동야'가 있다. 나는 롯데백화점 안에 자리한 성심당이 운영하는 패스트푸드 식당('오븐스토리[2])에서 점심을 먹기도 했다. 그 백화점 안에는 성심당의 또 다른 매장인 롯데점이 입점해 있었다.

이들을 모두 합치면 총 4곳의 빵집과 3개의 제과점, 한국 전통 과자점, 그리고 5곳의 음식점이 있다. 여기에 출장 요리 팀, 케이터링 사업부가 있고, 본점 근처 건물에는 사무실과 부대시설도 몇

---

2   현재 '성심당 리틀키친'으로 이름 변경.

    대형 '빵집'

군데[3] 있다. 제품의 생산은 매장이 있는 곳에서 체계적으로 이루어진다. 무려 400명의 직원을 고용하고 있는 기업형 '빵집'이다![4]

성심당 측에서는 지역 동네 단위로 빵집 매장을 분류하고 있으며, 따라서 4개의 매장(은행동 본점, 대전역점, 롯데점, DCC점)을 운영하고 있다고 대외적으로 밝히고 있다.

3　현재 중앙제조시설과 어린이집 신설.
4　2025년 9월 기준으로 정직원 천 명, 파트타임 직원은 600명에 이른다.

밀가루
두 포대의 기적

다른 많은 회사가 그렇듯이, 성심당에도 놀라운 탄생 이야기가 있다. 바로 임길순 씨의 이야기다. 임길순 씨는 현재 북한 지역인 함경남도 함주에 살았는데, 그곳에서 과수원을 운영했다. 그는 일제강점기에 가톨릭 신자가 되었다. 이후 공산주의자들이 권력을 잡으면서 신앙을 가진 사람들을 박해했고 그도 고통을 받았다. 그러던 중 한국전쟁이 발발하자 가족과 함께 피난을 결심했다. 오직 "살아남아야 한다!"는 생각뿐이었다. 그리고 자기 자신에게 이렇게 다짐했다. '내가 살아서 돌아간다면, 남은 인생은 어려운 이웃을 위해 살 것이다.'

1950년 크리스마스 전날, 임길순 씨와 그의 가족은 구사일생으로 '메러디스 빅토리호Meredith Victory'에 올랐다. 이 배는 나중에 "기적의 배"라고 불리게 된다. 당시 이 배를 타려는 피란민은 아녀자들을 포함하여 수천 명이었다. 하지만 제2차 세계대전 중에 물자 운반을 위해 건조된 이 배에는 이미 선원 47명이 타고 있었고, 최대 12명의 승객만 더 수용할 수 있도록 설계되었다. 라루La Rue 선장[5]은 가능한 한 많은 사람을 태우기 위해 배에 실고 있던 모든 무기와 물자를 내리기로 결정했다. 그리고 마침 내 배에 모든 사람을 태우는 데에 성공했다. 무려 1만 4천 명이 었다! 사흘간의 위험한 항해 끝에 그 많은 사람이 모두 안전하게 무사히 뭍에 내렸다는 것은 기적으로밖에 달리 설명되지 않는다. 심지어 그사이 배 안에서 5명의 아이들이 태어났다! 메러디스 빅토리호는 피난민을 태우고 북한을 성공적으로 떠난 마지막 배였다.[6] 이는 단일 선박으로 역사상 최대 규모의 인도적 구조 작전이었다. 이 배를 탄 피난민 중에는 문재인 전 대통령의 부모도 포함되어 있었다. 문 대통령은 그 배가 부산 근처 한반도 남쪽의 섬, 거제도에 도착한 지 이틀 뒤 태어났다.

임길순 씨 슬하에는 이미 네 자녀가 있었고, 피란한 뒤 세 자녀가 더 태어났다. 그는 생계를 유지하기 위해 아내와 함께 냉면을 만들어 거리에서 팔기 시작했다. 하지만 전쟁 시기였던 당시의 생활은 극도로 힘들어, 가족과 함께 살아내기가 점점 더 어려워졌다. 결국 1956년 임길순 씨는 또 다시 가족을 데리고 서울로

5　레너드 라루(1914-2001): 1954년 미국 성베네딕토회 뉴튼수도원에 입회하여 마리너스 수사 (Brother Marinus)로 40년간 수도 생활을 하다 2001년 87세의 나이로 선종했다. 2019년 미국 패터슨 교구는 마리너스 수사의 시복시성을 위한 절차를 시작하였고, 미국 주교회의는 지난 2021년 이를 승인하여 현재 교구 차원의 시복 절차가 진행 중이다.

6　[원주] 라루 선장은 수십 년 뒤 우연히 한국 사회에 다시 알려지게 되었다. 사회관계망서비스를 통해 미국의 한 성베네딕토 수도원이 경제적으로 어려움을 겪고 있다고 알려지자, 한국인 공동체가 돕겠다고 나섰다. 그 대표단은 후원금을 직접 전달하기 위해 수도원을 방문하고자 했다. 마침 한국전쟁에 참전했던 경험이 있었던 아주 나이 많은 수도사가 통역을 해주겠다며 그들을 맞이하러 나왔는데, 놀랍게도 그 수도사가 바로 라루 선장이었다. 그는 전역한 뒤 성베네딕토 수도원에 들어와 입회했던 것이다. 이 소식은 곧바로 한국 전역에 퍼졌고, 그는 대단한 찬사와 존경을 받았다!

올라가 새로운 삶을 찾아보기로 결심했다.

여정은 결코 순탄치 않았다. 서울까지 불과 140km를 남겨두고 기차가 고장이 나면서 대전에서 멈춰 섰던 것이다. 그들에게는 달리 서울로 갈 방도가 없었기에 대전에 발이 묶이고 말았다. 그러나 임길순 씨는 자신의 인생철학처럼 '그렇다면 이곳에서 한번 해 보자!' 하고 도전을 결심했다.

그는 대전 시내의 성당을 찾아가 본당 신부에게 자신이 가톨릭 신자라고 밝혔다. 당시 '대전 지역 고아들의 아버지'라고 불리던 본당 신부[7]는 환영의 선물로 미국의 식량 원조로 받은 밀가루 두 포대를 임길순 씨 가족에게 건넸다. 깊이 감명받은 임 씨는 이렇게 답했다. "제가 가족과 함께 북한을 탈출하기 위해 배에 올랐을 때, 마음속으로 하느님께 약속드렸습니다. 이 끔찍한 여정에서 살아남는다면, 여생을 가장 가난한 사람들을 돌보며 살겠다고 말입니다." 살아있음에 감사하는 마음이 담긴 말이었다.

바로 그날부터 그가 세상을 떠날 때까지 임길순 씨는 날마다 그 약속을 지켰다. 그날 받은 밀가루로 찐빵을 만들어 아이들에게 나눠주고, 낮 동안 팔 수 있는 것을 팔고 다음 날 쓸 밀가루를 사면, 저녁에 남은 것은 모두 가진 것 없는 이들과 걸인들, 다리 밑으로 피신하여 굶주림과 추위 속에 죽어가는 사람들에게 나누어주었다. 다음날 장사를 위한 빵은 하나도 남겨두지 않았다. 그다음 날에도 그는 똑같이 했다. 그 첫날 저녁 이후로 그와 그

---

7   오기선 신부로, 1956년 당시 대전 대흥동 성당의 주임을 지냈다.

    밀가루 두 포대의 기적

의 자녀들은 약속을 충실히 지켰고, 이는 성심당의 기본 철칙이 되었다. 매일 저녁이 되면 망설이지 않고, 남은 것을 전부 베푸는 것이다. 그뿐만 아니라 그는 가능한 한 많이 나눠줄 수 있게 늘 필요 이상으로 많은 빵을 만들었다. 주변에 빵이 필요한 이들의 절박한 사정을 느꼈기 때문이다.

이렇게 해서 성심당 빵집이 탄생했다. 성심당의 시작은 임길순 씨와 그의 가족이 첫발을 디뎠던 대전역 앞의 노점이었다. 임 씨는 밀가루 두 포대로 찐빵을 만들기 시작한 첫날부터, 자신의 빵집을 '성심당', 곧 '예수 성심의 집'으로 이름 지었다. 이는 마음속으로 하느님께 드린 자신의 약속을 기억하기 위해서였다. 오늘날 성심당 본점은 여전히 그 자리에, 임길순 씨가 밀가루 두 포대를 받았던 성당 맞은편에 자리하고 있다.

현재 성심당의 대표이사 임영진 씨는 임길순 씨의 일곱 자녀 가운데 다섯째다. 그는 어린 시절 형제자매들과 함께 빵집에서 일손을 도왔던 것을 기억한다. 그의 부모님은 열심히 일했다. 어머니는 직원 한 명과 함께 빵을 만들며 종일 가게를 지켰고, 미사를 드리려고 성당에 갈 때만 외출했다. 반면, 아버지는 낮에는 시내를 돌며 어려운 이들에게 빵을 나눠주고 거리에서 죽은 이들의 시신을 거두어 제대로 장례를 치를 수 있게 도왔다. 부부는 잠을 거의 자지 않고, 오직 가게 일에 매진하며 다른 이들을 위해 헌신했다. 그들은 번 돈을 모두 밀가루와 달걀을 사는 데에 썼다. 더 많은 빵을 만들어 필요한 이들에게 나누어주기 위해서였다.

어린 영진은 부모님의 고된 삶을 보며 깊은 영향을 받았다. 그는 학교 친구들이 부모님의 빵집에서 설탕을 슬쩍 훔치곤 하던 일도 기억했는데, 그 당시 극심한 가난 속에서 설탕은 매우 귀했기 때문이다. 학교에 다닐 나이가 되면서 영진도 아버지를 도와 사람들에게 빵을 나눠주었다. 또 대학생이 된 뒤로는 방학 때마다 빵집에서 일했다. 당시 영진은 의류업계에 진출할 꿈을 꾸며 대학에서 섬유학을 전공하고 있었디.

하지만 전혀 다른 계획이 그를 기다리고 있었다. 네 명의 누나가 결혼과 함께 집을 차례대로 떠났고, 부모님은 이제 연로해지셨는데, 형제 가운데 빵집을 맡고자 하는 이가 아무도 없었다. 장남인 영진은 부모님에 대한 책임감을 느꼈고, 마땅히 자신이 빵집을 이어가야 한다고 생각했다. 부모님의 빵집이 사라져서는 안 될 일이었다. 빵집은 점점 커져서 이제 20여 명의 직원을 두고 있었다. 영진은 어려서부터 빵을 만들 줄 알았고 대학생 시절에는 신기술도 익혔다. 그러면서도 빵집을 운영한다는 것이 얼마나 힘든 일인지도 잘 알고 있었다. 그것은 날마다 이른 새벽부터 밤늦게까지 일해야 한다는 것을 의미했지만, 자신은 준비가 되었다고 느꼈다.

그리하여 1980년, 임영진 씨는 대표로 취임하게 된다. 그리고 2년 뒤 결혼했는데, 그의 아내 김미진 씨는 결혼 초반에는 회사 일에 참여하지 않고 네 자녀의 양육에만 전념했으나 이후에는 회사 일에 참여하게 되었다. 그녀는 미술을 전공한 예술적 재능을 발휘하여 기업 브랜딩과 홍보를 비롯해 포장 디자인과 매장 인테리어를 총괄하고 있다.

오늘날에도 성심당의 제빵사들은 오후 10시에 가게 문을 닫을 때까지 종일 빵을 굽는다. 그리고 남은 빵은 곧바로 필요한 이웃에게 나누어 준다.

이것이 바로 성심당을 늘 따라다니는 평판이며 브랜드 정체성이 되었다. 성심당은 늘 갓 구운 빵을 판매하고, 가난한 사람들에게 빵을 나눠준다. 성심당은 단 한 번도 어제의 빵을 다음 날까지 팔지 않았다. 오늘날에는 100개가 넘는 협회와 단체가 성심당의 빵을 기부받고 있다. 이를 현금으로 환산하면 매달 평균 3만 유로 이상(약 4천 800만 원)을 기부하고 있는 것과 같다.[8]

임영진 대표는 주는 일에는 남다른 신념이 필요하다고 설명했다. 실제로 장사를 하는 이들은 이윤을 남기기 위해 남김없이 다 팔고 싶은 유혹을 느끼고, 문을 닫을 무렵에 물건 가격을 할인해 주기도 한다. 바로 그런 유혹 때문에 많은 기업인이 잘 베풀지 못한다고 그는 말한다. "주기만 해서는 아무것도 남지 않는다고 생각합니다."

---

8   현재는 대략 월 7천만 원 상당의 빵을 기부한다.

성장과 죽음,
그리고 부활

시대가 바뀌어 삶의 환경은 나아졌지만, 빵이 필요한 사람들은 늘 있었다. 예를 들어, 1980년대 초반에는 독재 정권을 몰아내고 민주주의 정권을 세우고자 사람들이 광장으로 나왔다. 당시 군부 독재 정권은 시위대를 가혹하게 탄압했다. 임영진 대표는 날마다 시위대에게, 또 시위대를 마주하고 있는 경찰들에게 빵을 나눠주었다.

성심당은 이제 단순한 빵집을 넘어서 그 이상으로 빠르게 변모했다. 그사이 '튀소', 곧 튀김소보로는 성심당의 대표 상품이자 상징으로 입지를 굳혔다. '튀소'는 단팥빵과 도넛, 소보로빵, 이 세 가지의 조합으로, 한국인이라면 빵을 접할 때 으레 품게 되는 망설임, 즉 '뭘 골라야 할까' 하는 고민을 덜 수 있게 해준다. '튀소'는 밀가루 생지에 붉은 단팥 소를 넣고, 구운 땅콩과 아몬드 비스킷 토핑을 겉에 묻혀 바삭하게 튀긴 작고 둥근 빵이다. 성심당이 창립 60주년을 맞은 2016년 튀소는 이미 5천만 개 가까이 판매되었다.[9]

임영진 대표는 제품 포장에도 혁신을 가져왔는데, 자신의 빙수 제품을 더 이상 스티로폼 상자에 담아 판매할 수는 없다고 생각했다. 그 작은 알갱이들이 자연 곳곳에 흩어져 환경을 파괴하기 때문이었다. 그래서 그는 몇 시간을 유지할 수 있는 보냉 종이 상자를 개발했다. 이미 1983년에 시대를 앞서가는 친환경 포장재를 발명하여 큰 반향을 일으킨 것이다. 빙수를 3시간 남짓 녹지 않은 상태로 신선하게 운반할 수 있게 되자, 성심당 빙수가 서울에까지 진출해 큰 화제를 모았다. 40여 년 전부터 신선 배송을 시작한 셈이다.

회사는 빠르게 성장했다. 때마침 한국에서는 서양 식문화가 널리 유행하면서 빵과 제과류도 점점 더 인기를 얻었고, 카페와 바가 늘어났다. 하지만 시장이 폭발적으로 성장함에 따라 경쟁도 점점 더 치열해졌고, 일부 대기업들이 제빵업계를 장악하기 시작했다. 이에 대응하고자, 회사의 공동 경영인이던 임영진 대표의 동생은 사업을 확장하기 위해 단독으로 나서 성심당의 이름으로 가맹점을 내고 대규모 공장도 두 곳이나 열었다. 하지만 품질은 떨어졌고, 가맹점에서 만드는 빵의 맛도 떨어지는 등 참담한 상황에 놓이게 된다. 결국 회사는 파산 위기에 몰려서 판매 수익을 모두 잠식해 버린 것은 물론 향후 수년간 엄청난 부담이 될 막대한 부채를 짊어지게 되었다.

임영진 대표가 사업을 포기해야 할 것인지를 고민하던 바로

---

9   2025년에는 튀소 탄생 45주년을 맞이하였고, 44년간 판매량은 약 10억 819만 개에 이른다.

그즈음, 또 다른 비극이 닥쳤다. 2005년 1월 22일, 매장에 손님들이 한창 몰리던 시간에 끔찍한 화재가 일어나 성심당이 있던 건물이 화마에 휩싸였다. 모든 것이 순식간에 잿더미가 되었다. 성심당이 불에 타 재가 된 것이다. 한 시대가 끝이 난 것 같았다.

그런데 더욱 놀라운 일이 벌어졌다. 직원들은 성심당이 그렇게 끝나서는 안 된다고 생각했고, 일요일 아침에 가게로 나와 일을 했다. 성심당이 죽게 내버려둘 수 없다는 뜻이었다. 성심당 앞을 지나던 사람들의 놀라움 가득한 시선 속에서 직원들은 쉬지 않고 일해 가게를 청소하고, 복구하고, 재건했다. 그리고 불이 난 지 엿새 만에 다시 오븐에 불을 붙였다!

직원들이 성심당을 살려낸 것이다! 이 예상치 못한 성심당의 부활을 응원하고자 대전 시민들이 빵을 사러 몰려왔다. 그다음 달 다시 문을 연 첫날부터 성심당의 매출은 화재 전과 비교할 때 30%나 껑충 뛰었다. 이 과정에서 직원들은 매장을 자기 집처럼 여기는 모습을 보여주었다. 이를 계기로 임영진 대표와 아내 김미진 이사는 직원들에겐 성심당이 집과 같다는 것을 알게 되었고, 그렇다면 성심당이 '아름다운 집'이 되기를 바랐다. 그리고 이것이 장차 새로 문을 연 성심당의 매장과 음식점의 실내 디자인의 기준이 되었다. 가난한 이, 부유한 이 구별 없이 모두가 집처럼 편안하게 느낄 수 있어야 한다는 것이다. 그래서인지 인테리어가 소박하면서도 각별히 정성스러워 보였다. 김미진 이사는 이 작업에 자신의 모든 것을 쏟아부었고, 이 분야에서 그녀의 재능은 누구도 부인할 수 없게 되었다!

이 같은 어려움을 극복한 후, 성심당의 존재감은 당시 대단한 인기를 끈 드라마, 제빵사가 주인공으로 나오는 TV 방송 덕분에 더욱 확산되었다. 그리고 성심당의 명성은 국경을 초월하여 프랑스의 유명한 미슐랭 그린가이드에 이름을 올리는 영광을 누리게 되었다. 이 같은 명성은 직원들에게 커다란 자긍심을 안겨주고 있다.

'자기 도시'에
헌신하는 향토기업

2011년 성심당은 여전히 단 하나의 빵집만을 운영하면서도 제빵사, 제과사, 판매원, 생산직, 영업직, 사무직을 포함하여 100명이 넘는 직원을 고용하고 있었다.

2011년 가을, 대전 롯데백화점 본사에서 임영진 대표에게 지하 매장 입점을 제안했다. 그 자리는 프랑스의 유명한 고급 식품 브랜드 포숑Fauchon이 철수하면서 난 자리였다. 임영진 대표는 백화점 입점은 한 번도 고려해본 적이 없었기에, 결정이 쉽지는 않았으나, 내부 논의를 거쳐 2011년 12월, 롯데백화점 대전점에 성심당의 새로운 매장이 오픈하였다. 오픈 이후 롯데백화점 대전점의 성공 사례가 백화점 본사에 알려지면서 본사 차원의 새 프로젝트가 추진됐는데, 바로 서울 소공동에 있는 롯데백화점 본점에서 일주일간 성심당 팝업스토어를 진행하는 것이었다. 그리고 2013년 1월 'No.1 베이커리 성심당 초대전'이라는 이름으로 팝업스토어가 열렸다. 그 이후로도 두 차례 더 팝업스토어 이벤트를 열었고, 그 성공으로 인해 서울의 롯데백화점뿐 아니라 많은 유통업계에서 파격적인 조건을 제시하며 입점을 제안해 왔다. 하지만 임영진 대표는 모두 거절했다. 성심당이 대전이라는 도시에서 로컬기업으로서 자부심을 느끼고 있는바, 대전에 와야만 만날 수 있는 빵집으로 그 가치를 지켜야 마땅하다는 것이었다. 아울러 그럼으로써 대전 경제에 조금이라도 보탬이 되는 것이 대전 시민에게 빚을 진 성심당의 도리라고 여겼기 때문이다.

성심당은 한 기업으로서 자신의 도시에 사회적 역할을 다하고, 대전의 자부심이 될 수 있기를 바랐다. 이러한 선택을 두고 한 직원은 내게 이렇게 설명했다. "다른 기업들은 무한 성장을 원하죠. 성심당은 전국으로 진출할 수 있었지만, 오직 대전에 남기로 결정했습니다. 그렇게 하면 이 도시가 발전하는 데 도움을 줄 수 있기 때문입니다."

롯데백화점 대전점에 매장을 연 이후 판매가 급등했고, 매출이 10배로 뛰었다. 언론은 매장 앞에 끝없이 줄을 선 고객들의 반응을 보도했다. 얼마 지나지 않아, 이번에는 대전광역시와 한국철도공사가 임영진 대표에게 대전역에 새 매장을 열 것을 권했다. 대전역에 문을 연 매장은 공간이 매우 협소해서 고객들은 매장 밖 역사 내부 홀에서 줄을 서는 것이 일상이 되었고, 이러한 진풍경은 그곳을 지나는 다른 여행객들의 이목을 끌었다.

그 뒤로 세 번째 매장이 생겼고, 2013년도에 케익부띠끄를 열면서 성심당의 식당들도 문을 열었다. 지금은 성심당의 빵을 사고자 한 시간 이상 KTX 고속열차를 타고 타 도시에서 일부러 찾아오는 손님들도 많다.

내가 인터뷰한 사람들의 말에 따르면, 성심당의 빵에선 유달리 옛날에 먹던 빵 맛이 난다고 한다. 누군가 그것은 "추억의 맛"이라며, 어린 시절을 떠올리게 한다고 말했다. 성심당의 직원들도 "우리는 추억을 팝니다"라고 말한다. 신기하게도 그들은 자신들이 만드는 빵을 통해 '고향의 추억을 만든다'라는 사명감을 느낀다. 한국인에게 빵은 전통 음식이라기보다 한국전쟁 당시 미국의 인도적 지원에 따른 밀가루 공급으로 활성화된 음식이다. 그런 의미에서 본다면, 성심당의 빵이 떠올리게 하는 것은 기적과도 같은 한국의 부흥이며, 지금도 여전히 생생한 추억의 맛일지도 모른다.

이후로 몇 년 동안 성심당의 매장은 계속 늘어났고, 5년 뒤인 2016년 회사 창립 60주년에는 성심당의 직원 수가 400여 명에 이르게 되었다.

성심당은 이제 대전의 상징이 되었고, 한 직원의 말처럼 "대전의 자랑"이 되었다. 2014년 대전 지역 학생들을 대상으로 실시한 설문조사에서, 절반이 넘는 학생들이 대전을 대표하는 지역 브랜드로 성심당을 꼽았다. 두 번째로 든 프로야구팀의 대표성이 10%에도 미치지 못한 것에 비하면 대단히 높은 비율이다. 대전광역시와 맺은 긴밀한 협력 관계도 더욱 발전하여, 지금은 대전시가 주관하는 각종 행사에 참여하고 있다.

임영진 대표는 성심당의 발전이 주변 환경에 이익이 될 수 있도록 늘 세심하게 살핀다. 성심당 본점이 자리한 거리에는 꼬치구이나 즉석 음식을 판매하는 소상인들의 가판대들이 즐비하게

　'자기 도시'에 헌신하는 향토기업

자리하고 있다. 임 대표는 매장 외부에 설치되어 있는 수도관을 공유해 주변 상인들이 물을 사용할 수 있도록 배려했다. 그는 그들을 동반자로 여기며 존중하고, 함께 잘되기를 바란다.

직원들도 이를 자랑스럽게 여기며 말했다. "임 대표님과 김 이사님은 늘 모든 사람을 위해 잘하자고 말합니다. […] 우리만 잘되는 것이 아니라, 주변의 상점들도 잘되기 위해서죠. […] 우리의 동반자인 이웃 가게들도 흡족해하고 매출도 늘었으면 좋겠습니다. 대전은 원래 관광 도시가 아니었지만, 지금은 많은 사람이 성심당 빵을 사려고 대전에 옵니다. 대전 시민들도 이를 자랑스러워해요."

그러나 시장에서 한 업체의 영향력이 비대해지는 것이 긍정적이기만 할까? 성심당의 한 행정 직원은 그 점을 인정하면서도 이렇게 말했다. "지금 우리 회사는 매우 크죠. 하지만 좀 더 넓은 시각에서 보면 성심당은 대전시를 대표하고, 모든 관광객이 찾는 대전의 상징이 되었어요. 작은 동네 빵집이 사라지기도 하지만 또 다른 상인들은 성심당을 통해 이익을 얻고 있습니다."

실제로 오늘날 대전은 '빵의 도시'라는 이미지를 얻어 2020년부터 5년간 125곳이 신규 창업할 정도로 베이커리 창업률이 증가했다. 본점 근처에 특색 있는 빵집이 생겨나고 있어, 대전은 공생하는 '빵의 도시'로 거듭나고 있다. 물론 최근 몇 년 동안 동네 빵집 상당수가 문을 닫기도 했다. 이에 임영진 대표는 그들을 찾아가, 자신의 회사에서 제빵사로 일할 기회를 제안하며 그들이 원한다면 자신들의 일을 이어갈 수 있도록 했다.

성심당 빵집에는 하루에 수천 명의 손님들이 드나든다. 그리고 그들 가운데 더러는 단골이 되어 판매 직원들과도 특별한 인연을 맺었다. 한 고객은 성심당을 1년 동안 꾸준히 방문한 뒤, 자신이 가장 좋아하는 성심당 없이는 살 수 없을 것 같다는 글을 온라인에 남기기도 했다.

                    '자기 도시'에 헌신하는 향토기업

서로 돕는
분위기

인터뷰를 마칠 때마다 나는 직원들에게 회사의 가장 큰 특징을 한 단어로 요약해달라고 부탁했다. 그런데 성심당 직원들의 대답은 좀 당혹스러웠다. 그들이 가장 많이 한 대답이 "사랑"이었기 때문이다. 여기서 사랑은 '남을 배려하는 마음', 또는 '상호 관심과 존중'이라 옮길 수 있겠다. 하지만 프랑스인 연구자인 나로서는 참으로 생소한 대답이 아닐 수 없었다! 한 직원은 이렇게 설명했다. "사랑한다는 것은 자기 일과 동료들, 그리고 고객들을 사랑한다는 것입니다. 사랑에는 수많은 형태가 있잖아요. 사랑을 하게 되면, 자기 주위를 둘러보게 되죠."

한 여직원은 마치 사과하듯이 내게 말했다. "제가 여러 번 말씀드렸지만, 사랑은 저희 회사에서 가장 중요한 가치입니다." 이러한 가치는 나만큼이나 이곳에 갓 들어온 신입 직원들에게도 낯설었나 보다. 한 제빵사 셰프도 이를 인정했다. "네, 처음엔 저도 이상했어요. 그런 경험을 해 본 적이 없거든요. 저도 처음엔 사랑이란 말을 대수롭지 않게 듣고 흘려 넘겼죠. 그러다 차츰 회사 안에서 공동체를 경험하게 되었어요. 그리고 어느 순간, 저도 모르게 이해하게 되었죠. 누가 억지로 이해시키려 한 게 아니라, 삶 속에서 자연스럽게 알게 된 거죠.”

많은 직원이 이러한 회사 분위기가 일반적이진 않다는 점을 잘 알고 있다고 말했다. “저희 회사의 주된 특징은 사랑입니다. 타인에게 관심을 갖고, 빵을 나눈다는 것을 잊지 않습니다. 직원들과 함께 수익을 나누는 것, 이 또한 사랑이죠. 저희 회사에서는 ‘사랑’이라는 단어를 많이 씁니다.” 나는 그들에게 이렇게 물어보았다. “보통 회사에서는 그런 말을 잘 쓰지 않는 것 같은데요?” “맞는 말씀입니다. 제가 외부인이라 해도 이상하다고 느꼈을 거예요. 하지만 저희는 사랑이란 말을 쓰는 것이 전혀 이상하지 않아요. 그래야 다른 이들도 당연하게 여길 수 있으니까요.”

‘사랑’이라는 단어는, 직원들이 회사의 분위기에 대해 말할 때도 거의 자동으로 나왔다. “사람들이 참으로 친절해요.”(이렇게 말한 젊은 제과사는 내게 영어로 ‘loving’이라 말했는데, 이를 살린다면 ‘사랑이 넘친다’가 더 적절할 듯하다.)

회사의 문화에 관하여 물었을 때도 돌아오는 대답은 같았다. “중요한 것은 사랑입니다.” 젊은 제과사는 그렇게 강조하며 이 말을 덧붙였다. “그리고 사람들에게 베푸는 것이죠.” 그는 더 자세히 말했다. “대단한 것을 주는 게 아니라, 동료들과 고객들, 그리고 도움이 필요한 분들을 돌보는 것. 이것이 가장 중요한 가치입니다. 물론 수익을 내는 것도 중요합니다. 회사가 살아야 하니까요. 하지만 베풀고 사랑을 나누면서 그렇게 하는 게 중요하

     서로 돕는 분위기

죠." 또 다른 직원은 이렇게 말했다. "저희 목표는 사랑의 문화를 만드는 것입니다. 사랑이 최우선이에요. […] 그리고 이를 실천하는 것이 가장 중요하죠. 다른 회사들은 구성원들 간의 교류가 형식에 그치는 경우가 많은 것 같습니다. 하지만 성심당에선 대단히 역동적입니다. […] 말로만이 아니라 실제로 실천하고 있어요."

성심당의 직원들은 심지어 회사에서 "사랑의 행동을 한다"라는 표현까지도 쓰는데, 이는 동료들에게 작은 관심과 배려의 행동을 한다는 뜻이다. 이러한 표현을 들을 때마다 나는 놀라움을 감추지 못했고, 나와 대화를 나누던 직원들은 내 반응을 알아챘을 것이다. "그건 의무적으로 하는 게 아니라, 마음에서 우러나오는 거죠." 한 직원은 이렇게 말했다. "다른 이들을, 동료들과 고객들을 생각한다는 뜻이에요. 심지어 피곤할 때도 그렇습니다."

나이가 지긋해 보이는 한 여직원은 확신에 차 이렇게 말했다. "다른 회사들과 달리, 여기선 일을 잘 못한다고 해고되지 않아요. 다른 곳에선 퇴사를 권고하죠. 하지만 여기서는 그런 일은 없습니다. 그런 사람들이 있으면 자기 자리를 찾도록 힘써 줍니다. 동료들이 도와주고 부족한 점을 채워줘요. 누군가 감당하기 힘든 일이 있으면 다른 사람들이 대신 처리해 주고요. […] 이따금 약간의 갈등도 있지만, 그날 바로 풀고자 노력해요. 다음날로 미루지 않아요. […] 사랑이 있으면, 마땅히 해야 할 바를 하게 되죠."

이러한 사내 분위기는 직원들의 행복에도 긍정적인 영향을 주는 듯하다. 한 직원은 이렇게 말했다. "저는 편안함을 느껴요. 마음도 평화롭고, 더 웃는 얼굴이 됩니다. 하루 일과가 더 수월해지고, 더욱 평온해집니다. 동료들과도 더 화목하게 지내죠. 능력도 향상되고 관계도 더 좋아지죠. 서로 사랑하면 좋은 면이 보여요."

하지만 많은 이들이 잘 알고 있듯이, 이는 결코 간단한 일도, 쉽게 얻어질 수 있는 일도 아니다. 긴장과 갈등은 여전히 남아있다. 많은 사람이 한곳에서 같이 일하면, 서로 이해하는 일이 쉽지 않기 때문이다. "처음에 아무도 이를 경험한 사람이 없었기에 저마다 자기 일만 했습니다. 지금도 가끔은 그렇지만, 조금씩 변하고 있어요. 아주 천천히요. 아직도 완전히 자연스럽지는 않아요."

게다가 한국에서는 가정 안에서도 사랑의 표현이 자연스럽지 않기에 더더욱 그러하다고 했다. "한국에서는 가족들끼리 사랑을 표현하는 게 흔하지 않아요. 익숙하지 않거든요. 그래서 직원들 대부분이 회사에서 처음으로 그러한 표현을 배우죠. 그러다보면 가족들 사이에 대화도 늘게 됩니다. 더욱 화목한 가족이 되는 거예요. 많은 이들이 4~5년쯤 지나면 이러한 문화에 익숙해지고 또 받아들이게 된다고들 해요."

연구자가 한 회사에서 현장 조사를 마치고 다른 회사를 연구하게 될 때, 그가 완전히 다른 세상에 발을 들여놓게 된다는 것정도는 대체로 알고 있다. 그러기에 스스로 그 점을 상기하면서 이전에 보았던 것을 새로운 곳에 투사하지 않으려 노력한다. 그럼에도 이전에도 들었던 것과 비슷한 단어들이 반복되어 나오는 것을 보면서 놀라지 않을 수 없었다. 여기서는 '가족'이라는 단어가 그렇다. 이 단어는 앞서 방코 카바얀의 직원들도 자주 사용했던 단어였다. 나와 인터뷰한 성심당의 한 직원도 똑같이 말했다. "우리는 한 가족입니다." 그리고 그는 이러한 말로 인터뷰를 마쳤다. "저는 집이 다른 지역에 있어서, 직장에서 훨씬 많은 시간을 보내죠. 그래서 동료들이 제게는 가족 이상입니다. […] 제가 성심당이죠." 또 다른 직원도 말했다. "저희는 심장이 뛰는, 살아있는 집이랍니다."

주는 문화

내가 성심당의 한 매니저에게 회사의 문화에 관하여 묻자, 그는 이렇게 대답했다. "다른 무엇보다 '주는 문화'가 있다고 생각합니다." 그리고 이렇게 덧붙여 설명했다. "저는 그게 좋다고 생각해요. 개인적으로 자원봉사를 하고 있진 않지만 회사 안에 자원봉사팀이 있어서, 함께 참여할 수 있죠. 특히 회사가 먼저 '주는 문화'를 실천하고 있고, 이윤을 직원들과 나누는 제도도 마련되어 있어요. 경영진이 직원들을 먼저 생각하고 있다는 것을 잘 느낄 수 있어요. 경영진과 함께 점심을 먹을 기회도 있고, 체육대회, 연례 워크숍 '한가족 캠프'도 있어요. 남을 생각하고, 주위에 있는 단체를 돕는 문화죠."

한 여성 제과사는 이렇게 설명했다. "저희는 빵을 판매량보다 더 많이 만들어 형편이 어려운 분들, 사회복지센터, 요양원과 고아원 등에 나눠드릴 수 있도록 하고 있어요. 많은 분이 이러한 사실을 알고 있죠. 바로 이러한 이유에서 저도 이곳에서 일하고 싶었죠. 지역사회에 제가 받은 것을 돌려주고 싶었거든요." 그러면서 그녀는 기부된 빵의 가치를 수치로 환산하여 설명했다. "날마다 약 2천 달러어치의 빵을 기부하죠. 제가 일하는 이 건물에서만 지난 3주 동안 약 8천 유로에 상당하는 빵을 기부했어요 (현재는 월 7천만 원 상당의 빵을 기부) […] 사장님은 저희에게 그 수치를 공유합니다. 전 직원이 저희가 얼마를 기부했는지 볼 수 있고 알 수 있습니다. 그리고 수익의 15%는 직원들에게 배분됩니다." 실제로 석 달마다 각 매장의 매출에 따라 직원들에게 성과급이 지급된다. 그리고 대부분 모든 직원이 무언가를 받는다. 자연스러운 나눔(매일 나누는 빵 기부)과 장학금 외에도, 성심당은 가장 도움이 필요한 이들을 돕는 다양한 지역 프로젝트를 지원하고, 해마다 직원들에게 나누는 성과금의 20%를 '모두를 위한 경제EoC' 네트워크를 통해 국제 연대 프로젝트를 위한 지원금으로 보내고 있다.[10]

한편, 성심당의 직원들은 매일 기부되는 빵의 수치는 알고 있으나 대다수가 이러한 현금 기부가 '존재한다'는 것 말고 자세히는 잘 알지 못했다. 한 매니저의 설명도 같았다. "대표님이 해외에도 기부하고 어려운 사람들을 돕고 있지만, 무엇을, 또 누구에게 하는지는 잘 모릅니다."

한 제빵사는 이렇게 확신에 차 말했다. "회사는 직원들과 많은 것을 나눕니다. 사내에서 이러한 나눔의 문화를 실천하고 있으며, 외부에서도 실천할 수 있도록 기회를 줍니다. 말로만 하는

---

10 2025년 한 해 동안의 빵 기부액과 현금 기부액의 총액은 총 100만 유로(한화 약 17억 원)에 이른다.

것이 아니죠.” 지금은 한 분야의 책임자가 된 이 제빵사는, 다른 직원들이 봉사하는 모습을 보고 자신도 재능을 “기부하기” 위해 한 보육원에 빵을 만들어 주고 있다고 말했다. “보육원 아이들이 매우 좋아한다고 들었어요. 일은 고되지만, 그 아이들에게 정말 필요한 일이니까요!”

이와 같이 회사 안에 자발적인 봉사팀들이 생겨났고, 그들은 쉬는 날 성심당이 빵을 제공하는 사회복지시설이나 여러 단체에서 자원봉사를 하고 있다. 어떤 직원들은 장애 아동 시설에 음식을 준비해 가져가고 아이들과 함께 놀기도 한다. 또 다른 직원들은 독거노인들의 집을 방문한다. 전 직원이 다 참여하는 것은 아니지만, 회사는 자원봉사를 하는 직원들을 적극적으로 지원한다. 회사 안에 생겨난 제과사들의 모임을 통해 봉사활동에 참여하는 직원들에게는 재료를 제공하고, 봉사활동 인원들의 정기 모임이 있으면 회사에서 식사를 제공한다. 또한 사내 소식지에 매번 이 봉사활동에 관한 기사를 실어 다른 직원들도 참여할 수 있도록 독려하고 있다.

이러한 자원봉사 활동은 직원들에게 회사의 문화이자 정체성으로 인식되고 있다. “매우 중요하죠. 저희 회사에는 보육원과 청소년들을 위해 자원봉사를 하는 팀이 있어요. 저희는 세 팀으로 나눠서 활동해요. 한 팀은 아이들과 축구하고, 다른 팀은 건물을 청소하고, 또 다른 팀은 아이들과 나눠 먹을 저녁 식사를 준비해요. 그리고 아이들과 이야기도 나누죠. 매달 한 번씩 동료들과 함께 가요.”[11]

이러한 자원봉사에 참여하는 것은 직접적으로는 타인을 향해 열린 '사랑의 문화'에서 비롯된 듯했다. 한 직원은 이렇게 설명했다. "예전엔 저는 남을 위해 희생하거나 베푸는 것에 대해 생각해 본 적이 없었어요. 하지만 '사랑의 문화'를 배우면서, 타인과 사회를 바라보는 법을 배우게 되었죠." 다른 많은 직원처럼, 그는 봉사하는 동료들이 웃는 얼굴로 돌아오는 모습을 보면서 자원봉사를 시작했다고 한다. "몇몇 직원이 함께 모여 도움이 필요한 곳이 어디일지 고민했어요. 때마침 한 직원의 아내가 장애 아동 센터에서 일하고 있어서 그곳에서 봉사를 시작하게 됐죠. 처음에는 몇 사람밖에 없었는데, 지금은 서른 명 정도가 참여하고 있어요.[12] 자발적으로 그렇게 됐죠. 남들을 위해 우리 자신을 내어줄 때, 오히려 훨씬 더 많은 것을 받는다는 것을 경험하고 있습니다. 그 점을 배웠어요."

방코 카바얀에서 그랬던 것처럼, 나눔과 기부가 일상이 된 회사에서 '감사의 문화'도 함께 자라고 있음을 알 수 있다. 한 '케익부띠끄' 매장의 직원은 자신이 회사를 떠나지 않는 이유가 바로 매주 열리는 칭찬 모임 때문이라고 이야기했다. 토요일마다 케익부띠끄 매장의 직원들은 사무직까지 포함해 모두 모여 20분간 서로 칭찬을 주고받는다. "여기서 제가 가장 많은 칭찬을 받는다고 느끼게 됩니다." 그러면서 이렇게 설명했다. "예를 들어, 다른 직원에게 '내가 지쳐 있을 때 격려해 주어 감사합니다.'라고 말할

---

11   현재는 해당 보육원의 아이들이 줄어들면서 봉사활동을 중단한 상태이다.
12   현재 봉사활동 '사크리케어' 회원은 두 배 정도 증가했다.

수 있는 자리죠." 직원들은 마이크를 돌려가며 저마다 차례대로 한마디씩 칭찬을 한다.

어떤 직원들은 농담으로 외부에 그처럼 후하게 나눠주는 빵을 자기도 받고 싶다고 말하기도 한다. "하지만 대부분 모두 이해하죠." 한 제빵사가 그렇게 말하면서 덧붙였다. "저는 그게 손해 보는 일이라고 생각하지 않아요." 그리고 봉사활동에 참여하는 동료들을 다시 예로 들면서 '주는 문화'가 실제로 직원들 사이에 널리 공유되고 있다고 거듭 강조했다. 더욱이 직원들은 자사 제품을 20% 할인된 가격에 구매할 수 있고, 또한 언제든지 직원들이 원하는 시간에, 심지어 휴가 중에도 자유롭게 식사할 수 있는 직원 식당도 많은 사랑을 받고 있는데, 특히 젊은 미혼 직원들에게 인기가 많다. 임영진 대표는 직원들을 위해 재료비를 아끼지 말라고 영양사에게 늘 당부한다고 한다.

이렇게 성심당의 많은 직원은 '나눔의 문화'와 '사랑의 문화'를 서로 이어진 개념으로 받아들이고 있다. 그들은 그 둘을 동시에 언급하거나 아예 하나로 묶어 말하곤 했다. 직원들 대부분이 회사의 '주는 문화'에 매료되어 입사했다고 말했다. 그들은 입사 전부터 성심당이 가난한 이들에게 빵을 나누는 회사임을 알고 있었고, 입사 뒤에는 회사 문화가 독특하고 조직적인 문화로서, 대체로 '매우 좋은' 평가를 받고 있음을 알게 된다고 했다.

성심당의 사훈,
성심당의 정체성

2005년의 화재로 회사가 전소되고, 모든 것을 다시 원점에서 시작해야 했을 때, 김미진 이사는 어떻게 하면 더 잘할 수 있을까 고민했다고 한다. 그동안 수많은 어려움을 헤쳐온 데에는 분명한 이유가 있을 거라고 생각했다. "우리는 좋은 일들을 하고 싶었어요. 하지만 제대로 실천하지 못했죠." 그녀는 '성심당의 정체성'에 대해 다시 생각해 보았다.

어떻게 하면 남편과 함께 추구해 온 가치를 회사에 담아낼 수 있을까? 그녀는 끼아라 루빅에게 영향을 받아, 그들 인생의 모토로 삼은 문구를 떠올렸다. "모든 사람에게 좋은 것을 늘 추구하십시오."[13] 이것이 결국 그들의 경영 방침을 요약하고 있지 않을까? 그리하여 그들은 이 아이디어를 직원들과 공유했고, 매년 이를 다양한 방식으로 실천할 방안을 제안하기 시작했다.

---

13   [원주] 이는 테살로니카 1서에서 따온 구절이다(1테살 5,15). [옮긴이 주] 끼아라 루빅에게 영향받은 삶의 모토이자 성심당의 사훈이 된 한글 문구는 "모든 이가 다 좋게 여기는 일을 하도록 하십시오."(로마12, 17)이다.

내가 만난 직원들은 이 사훈을 자연스럽게 인용하면서 성심당의 소명, 곧 회사의 존재 이유를 요약하는 말이라며, 심지어그 문장을 '성심당의 정체성'으로 여겼다. 직원들 모두가 사훈을알고 있고, 저마다 자신의 말로 다시 설명했다. 그들의 말에서공통으로 자주 등장하는 문구는 "선을 행하다"와 "모든 이를 위하여"였다.

인사 담당 직원은 성심당에 입사를 희망하는 지원자들 대부분이 회사의 두 가지 특징을 언급한다고 했다. 성심당은 어려운 이웃을 돕고 "좋은 일을 한다"는 것이다. 이 말들을 나는 수도 없이들었다. 그리고 또 하나가 있다면 "모두를 위해". 여기서 "모두"는 모든 고객, 곧 젊은이든 노인이든, 부유하든 가난하든, 모든이들이 성심당의 빵 매장이나 음식점에서 편안함을 느끼고 똑같은 정성과 배려로 서비스를 받을 수 있어야 한다는 의미이다.

대전시에서 가장 현대적이며, 미래지향적 건축양식이 접목된대전컨벤션센터(DCC) 안에 새 매장을 열었을 때, 성심당은 또하나의 신제품을 선보였다. 바로 작은 로봇 모양의 브리오슈였는데, 어린이들의 마스코트가 되었다. 이 작은 로봇은 '뚜띠Tutti'라는 이름으로 불렸는데, 바로 성심당의 모토인 "모두"를 뜻하는 이탈리아어를 반영한 것이다.

김미진 이사는 이 '뚜띠' 로봇의 이야기를 담은 어린이 그림책의 기획에도 관여했다. 물리학자인 '빠나나박사'[14]가 성심당 이

---

14 '빠나나박사'는 서강대 물리학과 명예교수 이기진의 필명이다. 30여 년간 마이크로파 연구의 전
　　문가이자 걸그룹 2NE1의 멤버 CL의 아빠다.

야기를 환상 동화로 풀어낸 『뚜띠의 모험』이라는 작품이다. 뚜띠는 모두를 사랑하는 로봇으로, 그의 모험을 통해 어린이들에게 사랑과 나눔의 문화를 알리고 있다.

한 젊은 제빵사는 입사해서 처음 사훈을 접했을 때의 경험을 들려주었다. "처음에는 여느 회사들과 같겠거니 생각했어요. […] 그런데 한 모임에 참석해 사훈에 관해 이야기를 들었는데, 짐작했던 것보다 훨씬 더 깊은 뜻이 담겨 있다는 것을 알게 되었죠. 사실 누구나 다른 사람을 도울 순 있죠. […] 평범한 말처럼 들릴 수도 있지만, 저는 '모두에게 선을 행하도록 하십시오'라는 사훈과 함께 저희 이사님을 본받고 싶습니다. 저는 인생의 롤 모델을 찾았어요."

한 직원은 이렇게 말했다. "이 사훈이 있어서 우리는 긍정적인 관계를 유지할 수 있고, 고객들에게 더 나은 서비스를 제공할 수 있어요. 더욱 정성을 담아 일하게 됩니다. 지금은 저도 새로 들어온 이들에게 사훈을 가르치고 있어요. 계속해서 이어 나갈 수 있도록 하기 위해서죠."

또 다른 동료는 이렇게 설명했다. "저희가 뭔가 특별한 일을 하는 것은 아니에요. 다만 사훈을 생각하지 않고 일할 수는 없어요. 바로 사랑이죠. 사랑이 있으면, 저희가 한 가족이라는 것을 떠올리죠. 보통 일할 때 그런 생각은 잘 안 하잖아요. 근데 사훈이 저희에게 도움이 돼요. 다른 이들에게 상처 주지 않기 위해 제 행동을 조금씩 바꿀 수도 있어요. 상사들과의 관계에서도 마찬가지죠. 화내지 않고 좋은 분위기를 유지하려고 해요. 또 화가 나면 스스로에게 ‘왜 화가 났지?’라고 자문해 봅니다. 그러면서 사랑으로 이해하려고 노력한답니다.”

직원들은 사훈이 성경에서 유래한 것을 모르지 않는다. 한 직원은 이렇게 말한다. “저는 신자가 아닙니다. 하지만 이곳에서 일하면서 천주교를 알게 되었어요. 모든 직원이 신자는 아니죠. 그래도 저는 사훈이 좋고, 이곳에서 알게 된 새로운 것들을 좋아합니다. 사람들을 대하는 저의 태도에도 도움이 됩니다.”

다른 많은 직원도 사훈의 바탕이 된 ‘가톨릭’ 정신을 언급하면서, 이 사훈이 더욱 폭넓게는 사랑과 나눔 문화의 바탕이라고 말했다. 여기서 분명히 해 둘 점이 있는데, 이러한 표현은 한국에서 그리 놀라운 것이 아니다. 한국에서 천주교는 많은 이들의 호응을 받고 있는데, 전체 인구의 약 10%가 천주교를 믿고 있다. 최근 몇 년 동안 그 비율이 급격히 상승했다. 또한 한국에서 그리스도교는 전체 인구의 3분의 1가량으로, 불교보다 앞서고 있으며, 그 밖에 상당수는 종교가 없다.

심지어 어떤 직원들은 회사의 특징을 “가톨릭”이라고 말하기도 했다! 한 직원은 이렇게 말했다. “저는 개신교도이고 성심당은 천주교인데, 우리는 거의 비슷합니다.” 나는 그에게 이 질문을 했다. 어떻게 한 회사를 두고 가톨릭이라고 부를 수 있죠? 그가 대답했다. “이곳 근처에 가톨릭 재단에서 운영하는 성모병원이 있는데 비슷해요. 어떠한 정신인가가 중요하죠.”

세속주의에 익숙한 프랑스인답게 나는 이렇게 되묻지 않을 수 없었다. “그러한 가톨릭의 영향이 비그리스도인들에게 문제가 되지 않을까요?” 그의 대답은 이러했다. “전도의 차원이 아니라, 회사 경영을 위한 마음가짐일 뿐입니다. 우리 회사는 그것이 사훈이고, 경영진 모두가 행복하기를 바라죠. 신앙이 없는 직원들도 이에 거부감이 없고, 아무런 문제가 되지 않습니다.”

무지개 프로젝트

임영진 대표와 김미진 이사는 '모두를 위한 경제EoC'의 창설자 끼아라 루빅이 삶의 모든 영역에서 사랑을 펼치자며 제안한 '무지개' 이미지에 매료되었다. 그리하여 2007년 새해를 맞으면서 '무지개 프로젝트'가 시작되었는데, 임 대표는 새해 첫날 직원들에게 보내는 신년 인사에서 이를 소개했다. 무지개 프로젝트는 일곱 빛깔의 무지개처럼 일곱 가지 목표로 이루어져 있다.

- 빨간색: 재화를 통해 올바른 경제활동을 한다.

  EoC 기업으로 보편적인 형제애를 지닌 나눔의 문화를 이룬다. 정확한 자재/구매/포스 관리로 회사의 재산을 올바르게 사용한다. 투명한 회계 관리와 정직한 납세를 통해 서로 신뢰한다.
- 주황색: 우리는 성심인이다.

  모든 이가 다 좋게 여기는 일을 하도록 한다. 서로 사랑하며 사랑의 문화를 확산시킨다. 지역사회에 봉사하며 가치 있는 기업이 된다.
- 노란색: 법률과 윤리 기준을 지킨다.

기업 경영에 관련된 책임과 정직성을 지닌다. 회사 정관에 따른 사내 규정을 지킨다. 나라의 법규를 지킨다. (식품위생법, 소방법, 근로기준법, 도로교통법 등)

- 초록색: 정직한 재료와 환경보호로 인간의 존엄성을 지킨다.

로컬푸드를 이용하여 지역경제와 환경보호에 참여한다. 친환경 포장재를 사용하고 일회용품 최소화로 쓰레기를 줄인다. 성심인의 친교를 위한 연 1회 한가족캠프를 진행한다. 직원들의 건강을 위해 휴식 시간과 맛있는 식사를 준비한다.

- 파란색: 조화롭고 따뜻한 가정과 같은 환경을 조성한다.

성심인의 미소는 성심당의 유니폼이다. 아름답고 조화로운 매장에서 따뜻한 가정의 분위기를 이룬다. 정리 정돈을 통해 쾌적한 작업환경을 이룬다.

- 남색: 자신의 분야에서 전문가가 된다.

자신의 직무에 있어 전문가가 되기 위해 공부한다. 자신의 능력이 동료와 후배, 회사에 도움이 되도록 한다. 국내외 연수, 세미나, 벤치마킹을 통해 아이디어와 창의성을 키운다.

- 보라색: 성심가족으로 생각의 일치와 공유를 이룬다.

한가족신문을 통해 회사와 동료의 소식을 공유하며 소통한다. 눈 맞으면 인사하고 존칭어를 사용한다. SNS를 활용하여 빠르게 소통하며 한 가족이 되어간다.

해마다 무지개색 가운데 한 가지를 택하여 한 해 동안 심도 있게 실천한다. 예를 들어, 2019년은 초록색의 해('초록 무지개')로 선포되었다. "환경! 우리가 지켜야 할 가치! 불편해도 환경!

귀찮아도 환경!"이라는 구호로, 모든 직원이 비닐 포장과 일회용품 사용을 최대한 줄이기 위한 창의적인 해결책을 제안하도록 했다. 그리하여 매장에서 커피 주문을 받을 때 개인 텀블러를 사용할지 먼저 물어봄으로써 환경 문제에 대한 고객들의 인식도 함께 높였다. 현재 '용기내서 용기내!'라는 구호와 함께 개인컵(텀블러)이나 다회용 용기를 가져오는 고객에게는 할인 혜택을 제공하고 있다.

또 다른 예로, 직원들이 가장 많이 언급한 부분은 '보라색'과 관련된 것이었다. 성심당은 내부 소통에 각별한 관심을 기울인다. 반면에 대외적인 홍보나 광고는 전혀 하지 않는다. 마케팅 부서도 제품 포장에는 정성을 기울이며 디자인에 집중하나 제품 자체 홍보를 하는 편은 아니다. 사실 성심당은 별다른 홍보를 하지 않으며 특별히 홍보 비용을 지출하지 않음에도 그 명성은 이미 한국 전체에 두루 퍼져 있다. 지난 70년 동안 성심당이 펼친 일들이 모든 것을 말해주기 때문이다.

회사를 하나의 공동체로 만들기 위하여, 최근 몇 년 전부터 '한가족 프로젝트'를 펼치고 있다. 이 제목은 회사 신문('한가족 신문')의 이름이기도 하다. 이 프로젝트의 취지는, 직원들이 동료들을 자신의 집으로 초대하여 삶의 이야기를 나누고, 서로를 더 깊이 알아가자는 것이다. 한국에서는 자기 집에 사람들을, 특히 회사 동료를 초대하는 것은 익숙한 문화가 아니다. 성심당은 이러한 초대 문화를 독려하고자 자기 집으로 동료들을 초대한 직원에게 정성껏 식사를 준비할 수 있도록 지원하고 있다. 그러자 직원들은 서로의 집에 방문하는 경우가 많아졌고, 이사했을 때는 동료들을 초대하여 집들이를 하며, 심지어 직원 가족들끼리 함께 여행을 하기도 하는 등 서서히 자연스러운 교류를 맺게 되었다.

회사 내에는 자원봉사팀 말고도 산악회, 볼링 동호회, 외국어 학습 모임 등이 생겨나 서로 다른 부서 직원들을 만나고 서로를 더욱 잘 알게 되는 기회가 되었다. 회사는 이러한 활동들을 독려하고자 회식비나 장비 대여 비용 등을 지원한다.

해마다 한 차례 성심당의 모든 매장이 문을 닫고, 전 직원이 함께 모여 '한가족 캠프'라는 워크숍을 진행한다. 이날의 행사는 교육 활동뿐만 아니라 운동, 휴식, 연극, 춤, 놀이 등 다양한 프로그램으로 구성된다. 예를 들어, 어느 해에는 각 팀이 무지개 프로젝트의 일곱 가지 색 가운데 한 가지 색을 주제로 작은 연극을 준비하여 그 색깔의 분야에서 개선할 수 있는 아이디어를 제시하기도 했다. 한 제과사는 이렇게 말했다. "그날에는 행사를 하고, 직원들에게 선물을 나눠주고, 마지막에는 함께 저녁 식사까지 하죠. 입사 때부터 느꼈는데, 그러한 시간이 매우 중요하더라고요."

'한가족 프로젝트'가 여러 활동을 통해 추구하는 일관된 목표는, 행정 담당 인사 총무팀 혹은 경영지원부서 직원들의 답변에서도 여실히 드러난다. 그들의 답변이 공식적인 것은 아니었지만 말이다. "물품을 구매할 때 환경에 유해하지 않은 것을 찾으려고 하고, 모든 것을 깨끗하게 유지하려고 합니다. 최우선 원칙은 사람입니다. 사람을 존중하며, 무엇보다 남을 먼저 생각하는 것이 중요합니다." 몇몇 직원들은 물품을 구매할 때도 품질을 가장 중요하게 여긴다며, "가격이 우선 되어서는 안 된다"라고 말했다.

20년 넘게 성심당에 근무해 온 한 직원은 입사 초기 임영진 대표가 절약 정신을 강조했던 것을 떠올렸다. 그는 직원들에게 이렇게 조언했다고 한다. "물자를 낭비하지 말고, 꼭 필요한 것만 사용해야 합니다." 그런데 직원들은 누구나 이것이 단순한 '비용 절감 정책'이 아니라는 것을 잘 알고 있다. 이러한 절약이 직원들과 어려운 이웃들에게 더 많은 것을 베푸는 관대함으로 이어지기 때문이다.

한 매니저는 말했다. "무지개 프로젝트를 통해 더욱 조직적인 회사가 될 수 있었습니다." 또 다른 직원은 이 프로젝트가 정치 활동에도 영감을 줄 수 있다고 말했다. "무지개 프로젝트는 회사에만 유익한 게 아니라, 국가 차원에도 적용할 수 있어요. 누구나 이 가운데 한 가지만이라도 실천한다면, 회사뿐 아니라 나라 전체가 더 좋아질 거예요. […] 정치인들이 무지개 프로젝트를 정치에 적용한다면 더 좋은 사회가 될 겁니다. […] 회사를 어떻게 하면 더 발전시킬 수 있을까 하고 많이 생각했고, 이를 작업 현장에서 실천하고자 노력하고 있습니다."

 무지개 프로젝트

'사랑의 문화'를
부추기는 장치들

성심당에서는 타인을 배려하는 작은 친절을 실천하는 분위기가
조직 안에 자리를 잡았는데, 여기에는 연말의 시상 제도가 기폭
제가 되었다. '사랑의 챔피언상'은 그해 가장 눈에 띄게 배려를
실천한 직원 1명에게 수여되는 상으로, 직원 투표를 통해 선정
된다. 올해 이 상을 받은 남자 직원은 정기적으로 자원봉사를 해
왔고, 심지어 자신의 아이가 태어난 날에도 자원봉사를 했다. 그
는 자신의 행동이 태어난 아이에게도 좋은 영향을 줄 것이라고
말했다. 그의 소감이 많은 직원에게 깊은 인상을 남겼는지 여러
직원으로부터 그의 이야기를 들었다. 한 직원은 이렇게 설명했
다. "많은 직원이 그렇게 살고 있습니다. 즉각적인 보답을 바라
며 하는 것이 아니라, 언젠가는 보답을 받게 된다는 걸 알기 때
문이죠."

매월 전 직원의 투표로 시상하는 또 다른 상이 여럿 있는데,
개인이 아닌 팀에게 수여되는 '친절상', '존칭 예절상', '친절미소
상' 등이 있다. '근속 10주년'과 같은 근속상이 있는 것은 물론이

다. 그린 에코의 해로 지정했던 2019년에는 '그린 챔피언상'이 추가되었는데, 환경 보호에 가장 크게 기여한 매장에 돌아가는 상이다.[15]

주간으로 발행되는 사보 《한가족 신문》은 '무지개 프로젝트'의 일곱 색깔로 표현되는 여러 분야별로 행해진 직원들의 활동을 매주 100여 페이지 분량으로 소개한다. 특히 팀별 직원들이 관찰한 수많은 '사랑의 행동'을 수집하는데, 직원들은 간단한 메시지로 자신이 경험한 배려의 행동을 사진에 담아 감사의 말과 함께 사보 편집부에 보내어 동료들을 공개적으로 칭찬하고, 이를 통해 상호 격려의 문화를 이루어가고 있다.

또한 각 매장이나 레스토랑마다 담당 기자가 있어서 보낸 소식을 수집하고, 필요하다면 직접 기사를 작성하여 사보에 싣도록 편집부에 보낸다. 연말에는 그렇게 모은 직원들의 수천 가지 작은 선행이 실린 기사들을 모두 합쳐 한 권의 책으로 발행하는데, 해를 거듭할수록 책이 두꺼워지고 있다. 처음 책이 나온 해인 2014년에는 35개의 기사가 실렸고, 다음 해에는 200여 개로 늘어났으며, 2018년에는 거의 3천 개, 2024년에는 7천 200개의 기사가 실렸다. 한 직원은 말했다. "모든 직원이 이 책을 다 가지고 있어요. 그래서 자연스럽게 그 의미를 되새기게 되죠." 또 다른 직원은 이렇게 평가했다. "처음에는 마지못해 배려하려고 했지만, 이 책을 읽고 나니 진심으로 사랑이 느껴져요."

---

15 현재는 '에코 챔피언상'으로 개인에게 수여하고 있다.

　　　　　'사랑의 문화'를 부추기는 장치들

회사에서 추구하는 가치 철학이 사랑인 만큼 직원들이 서로 사랑을 실천하고 배려하면서 일할 수 있도록 독려하고 있고, 이를 인사고과에도 반영하고 있다. 인사 담당 부서는 직원들의 사랑실천 행동을 유형별로 나눠 평가점수를 부여하는 시스템을 도입했고(예를 들어 동료에게 물 한 잔을 건네는 행동은 1점, 갈등을 겪은 뒤 화해하는 행동은 최대 5점), 매년 각 직원의 평점을 산출하여 승진 심사에 반영하고 있다.

2014년 임영진 대표는 모든 직원이 사랑의 문화를 이루는 데 힘쓰자고 공식 발표했다. 놀랍고도 당혹스러운 공표이지 않은가! 직장에서 일하는 동료 관계를 두고 '사랑'이라는 단어를 사용하다니…. 어색하게 느낄 수 있겠지만, '사랑'이 모두가 공유하는 회사의 문화, 즉 몸에 밴 습관이 되게 하려면 과감하게 이를 표현하고 명시할 필요가 있었다. 점수제도 이를 수치로 객관화하고, 가시적인 방법으로 접근하고자 도입한 것이다.

이는 회사의 이윤을 직원들과 공유하는 제도를 마련하기 위한 직원들의 수행 평가에서도 기준이 되었다. 단체의 수행 평가는 환경적 기준을 바탕으로 측정되는 반면, 직원 개개인의 수행 평가는 40%가 태도, 좀 더 정확히 표현하자면 '타인에 대한 사랑'을 기준으로 측정된다. 예를 들어, 다른 사람들에게 어떻게 말하는지, 명령이나 지시하듯 말하지 않고 부탁하는지, 도움을 요청받았을 때 도와주는지, 친절하게 답할 줄 아는지, 팀 분위기를 해치지 않는지, 어려움을 겪는 이들을 돕는지, 자기 일만을 생각하지 않고 전체를 염두에 두고 마음을 쓰는지 등을 고려한다.

경영진은 주저 없이 이를 원칙으로 삼고 있다고 밝혔다. "회사는 '사랑하는 이들'에게 수당을 주고 승진시킵니다. 대부분이 이전에 그러한 경험을 한 적은 없지만, 한번 실천해 보면 그로 인해 점수를 얻는다는 걸 알게 됩니다. […] 그러면 다시 실천하고 싶은 마음이 생깁니다. 그렇게 하면서 그들은 대화하는 법, 경청하는 법을 배우고, 이를 통해 주변과의 관계가 변화된다는 것을 깨닫습니다. 그리고 아주 빠르게, 점수를 받기 위해서가 아니라 동료들 사이에, 그리고 회사 안에서 서로에 대한 사랑이 빚어내는 가치를 알기에 그렇게 행동하게 됩니다. 그들은 이러한 변화가 고객에게도 영향을 준다는 것을 확인하게 되며, 실제로 고객들도 성심당 직원들은 다르다고 말합니다."

실제 '사랑'을 바탕으로 한 경영 시스템으로 성심당은 고용노동부 주최의 혁신적 경영 방식 공모전에서 수상하기도 했다. 임영진 대표는 이렇게 설명했다. "이윤만을 추구하는 경영 방식은 불안정한 시스템을 만들 수밖에 없습니다. 거기에는 조화와 융화가 빠져 있기 때문입니다. 모든 측면을 고려해야 합니다." 그리고 그는 이 말을 즐겨 되풀이했다. "사랑이 있으면 더 맛있는 빵을 만들게 됩니다. 관계가 좋지 않으면 빵도 맛있을 수 없습니다."

솔직히 말해 나는 그러한 말을 듣게 되리라고는 상상하지 못했다! 그래서 이번에는 직원들의 인식은 어떠한지를 알아보았다. 물론 프랑스처럼 비판이 흔하지 않고, 규칙을 매우 존중하는 문화에서 직원들의 속내를 알아내기란 쉽지 않았다.

언뜻 보기에 직원들은 그러한 제도를 받아들이는 것처럼 보

     '사랑의 문화'를 부추기는 장치들

였고, 설령 '이상하다'라고 느끼더라도 회사의 기업 정신과 일관성이 있다고 여기는 듯했다. 한 직원은 이렇게 설명했다. "처음에 저는 그러한 '사랑의 행동'이 승진과 어떻게 관련되는지 이해할 수 없었어요. 이게 대체 무슨 상관이 있을까 했죠. 5~6년을 지내보니 익숙해졌고, 이제는 자연스럽게 느껴져요."

또 다른 직원에게는 이를 어떻게 느끼는지 구체적으로 말해달라고 요청했다. 그는 이렇게 말했다. "사랑으로 점수를 어떻게 얻을지 처음엔 막막하더라고요. 그런데 지금 보니, 가장 많이 사랑하는 사람들은 정말 선한 사람들이에요. 그들은 아무도 알아채지 못하게 사랑의 행동을 하거든요. 그런데 아무도 그것을 알아보지 못한다는 게 안타까웠어요. 대체로 사람들은 자신이 한 일은 말하지 않고 다른 사람들이 한 일에 대해 칭찬의 글을 쓰거든요." 나는 그 직원에게, 과연 그 제도가 공정하다고 생각하는지, 그에 대해 진심으로 어떻게 생각하는지 물었다. "좀 더 개선될 여지는 있을 거라고 봐요. 모든 직원이 글을 쓰는 건 아니니까요. 시간이 없거나 어떻게 써야 할지 몰라서요. […] 연차가 높은 분들은 참여도가 낮은 편인데, 이 제도의 목적을 잘 이해하지 못하는 것 같거든요. 그래도 계속하는 편이 나아요."

일부 직원은 더 비판적인 견해를 보였다. 한 직원은 입사했을 때 받은 첫인상을 이렇게 들려주었다. "새로운 문화에 충격을 받았어요. 여기서는 직원 평가의 기준이 사랑이더라고요. 업무 능력만이 아니라, 얼마나 사랑했는지, 우리의 사람 됨됨이를 보는 거잖아요. 받아들이기 쉽지 않았죠. 저는 뭔가 새로운 것을 찾고 있었지만, 사랑을 평가한다는 건 좀 이상했죠. […] 이러한 평가제에 대해 모두가 긍정적인 건 아니에요. 자신을 잘 표현하는 사람들은 잘 평가받지만, 표현하지 않는 사람들은 제대로 평가받지 못하니까요. […] 게다가 평가 항목 가운데 사랑의 비중이 너무 높아요. 그것을 줄이고 업무 능력에 대한 평가 비중을 늘려야 해요. 만약 우리가 주로 업무 능력으로 평가받고, 그다음에 사랑으로 평가된다면, 사람들이 훨씬 자연스럽게 그리고 자기답게 일할 거예요." 지나치게 꾸며진 사랑의 표현을 두고 한 지적이었다. 그리고 이렇게 말을 맺었다. "나쁘진 않지만, 좀 더 깊게 생각해 봐야 해요."

실제 그러한 목적으로 인사 담당자는 회사를 떠나는 직원과 일일이 심층 면담을 해서 그들이 불만족한 이유를 파악하려고 노력한다고 말했다. 회사를 떠나는 직원은 퇴사 이유를 서면으로 작성하도록 요청받는데, 그의 비판적 글은 사내에 공개되어 모두에게 알려지도록 한다. 보통 회사의 문화와 평가 제도가 언급되곤 한다. 인사 담당자는 회사를 떠나는 이들이 그러한 평가 제도 자체를 거부하는 것은 아니라고 말했다. 오히려 더 매력적인 (아마도 연봉 측면에서 유리한) 제안을 받아 떠나는 경우가 많다고 한다. 그럼에도 그들은 퇴사 때의 면담에서 제도의 한계를 꾸준히 지적했다. 특히 친절한 행동을 한 직원들로 소개된 이들이 늘 동일하고, 좀 더 대하기 쉽고 절친한 동료들에게 편중되며, 그들의 친절한 행동이 동료들 전체를 상대로 한 것도 아니라는 점도 지적했다.

   '사랑의 문화'를 부추기는 장치들

한편, 그러한 직원 평가 제도에 대해 부정적인 견해를 가진 직원들이 수적으로 많지 않은 이유는, 이를 받아들이는 사람들만이 정규직으로 채용되었기 때문일 수 있다. 인사 담당자는 이 평가 제도를 충실히 따르는 직원들은 전체 직원 가운데 약 80%이고, 적응하지 못하고 소극적인 저항을 하는 직원들은 1%가량으로 보고 있다.

인사 담당자는 이제까지 파악된 퇴사 이유 가운데, 제대로 해결되지 못한 직원들 간의 갈등이 드물지 않게 있었다는 점도 인정했다. 그녀는 이렇게 설명했다. "직원들은 서로에게 많은 것을 기대하죠. 사랑하기 위해선 부정적인 말을 해서는 안 되고, 친절해야 하며, 너무 심하게 비판을 해서는 안 됩니다." 관리자들조차도 그러한 직원 평가 제도가 서로 간의 끊임없는 평가를 수반하기 때문에, 선뜻 지적하거나 조정하는 것을 주저하게 된다. 인사 담당자는 그러한 점이 직원 평가 제도의 한계 가운데 하나라며, 이 때문에 관계의 어려움을 겉으로 표현하거나 갈등을 조정하는 일이 더욱 어렵다는 점을 인정했다.

그럼에도 내가 보기에 이 평가 제도가 직원들에게 의미를 지닐 수 있는 이유 가운데 하나는, 그러한 평가가 경영진뿐만 아니라 직원들 자신에게도 피드백이 된다는 점이었다. "다른 사람들이 나를 어떻게 보는지, 내가 일을 잘하고 있다고 생각하는지에 대해 듣는 건 중요합니다. 만약 다른 직원들이 저에 대해 부정적인 생각을 갖고 있다면, 제 자신을 바꿀 수 있잖아요."

그렇다면 아무런 칭찬이나 감사인사를 받지 못하는 직원들은 어떠할까? 나와 인터뷰를 한 직원들은 그것이 문제가 되지 않는다고 했다. 감사인사를 받지 못한 직원이라 해도 자신이 칭찬을 몇 번 받았는지 세어 보려 하지 않고, 만약 칭찬받을 일을 했다면 언젠가는 모든 것이 알려지게 마련이라고 설명했다. 실제로 최근에 상을 받은 직원들 가운데 한 명이 그러한 경우였다. 그는 수년 동안 보육원에 케이크를 가져다주면서도 아무에게도 말하지 않았다. "결국 남몰래 행한 일들도 드러나게 마련이죠." 한 여직원은 그렇게 말하며 이 말을 덧붙였다. "물론, 눈에 보이지 않는 부분이 늘 있긴 하지만요." 그러면서 이렇게 설명했다. "대부분의 직원들은 사랑에서 나온 행동인지조차 의식하지 않고 그냥 행동하죠. 누군가 보았는지도 신경 쓰지 않아요. 점수를 얻거나 사보에 소개되는 일에도 큰 의미를 두지 않아요. 그건 중요하지 않죠. 저는 소문이 나지 않는 게 더 좋더라고요." 나는 집요하게 물었다. 보너스를 받을 수 있는 기회가 되잖아요? "월급이면 충분해요. 다른 사람들이 보너스를 얼마나 받는지는 모르겠지만, 저는 지금 받는 걸로 만족해요."

나는 그러한 평가 제도에 기회주의적인 행동이 개입될 위험성이 있지 않느냐고도 물었다. 단순히 점수를 받거나 그에 따른 혜택을 얻기 위해 '사랑의 행동'을 위장할 위험성 말이다. 나의 질문에 직원들은 웃으며 이렇게 대답했다. "진심으로 사랑을 실천하는 이들과 이익을 따지며 행하는 이들은 금방 구분됩니다. 바로 드러나거든요."

대화가 진척됨에 따라 좀 더 대담한 질문도 던져보았다. 예를

　'사랑의 문화'를 부추기는 장치들

들어, 한 중견 간부에게 그러한 평가 제도가 일종의 조작처럼 보일 수 있지 않겠느냐고 물었다. 돌아오는 그의 답변은 단호했다. "아닙니다! 회사의 이익을 위해 그렇게 하는 게 아니거든요. 사랑을 배우면서 하는 일들은 뿌리와 같습니다. 가족 간에도 서로 다투거나 대화를 하지 않으면, 또 사회에서 법을 지키지 않는다면, 그건 좋은 일이 아니죠. 이 모든 것을 저희는 회사에서 배울 수 있고, 그렇게 되면 밖에 나가서도 도움이 됩니다. 정말 그렇답니다! [⋯] 처음에는 억지로 할 수도 있습니다. 하지만 되풀이하다 보면 익숙해지죠. 이 제도를 시작한 지 4~5년 되었는데, 지금은 문화가 많이 달라졌습니다. [⋯] 저희에게 회사는 단순한 회사가 아니라 사랑을 배우는 장소 같다고 봅니다. 물론 돈을 버는 곳이죠. 하지만 사랑하고 서로 나누면, 우리 후손에게 물려줄 수 있는 유산이 됩니다. [⋯] 재산을 쌓으려 하지 않고 나누고자 하는 사장님처럼 말이죠."

실제로 임영진 대표는 그 무엇보다 가장 중요한 것이 바로 '이웃 사랑'이고, 이것이 그 자신의 삶의 가치가 되길 바라며, 직원들에게도 마찬가지이기를 바란다. 그는 감격에 찬 어조로 매우 폐쇄적이던, 한 직원 이야기를 들려주었다. 그 직원은 일절 대화를 나누는 동료가 없었고, 집에서도 마찬가지였다고 한다. 그런데 어쩔 수 없이 회사에서 작은 사랑의 행동들을 하게 되면서 점차 마음을 열었고, 지금은 가족들과 함께 산책하는 모습을 보일 정도로 완전히 딴사람이 되었다고 한다. 그는 이렇게 말을 맺었다. "조금 억지로 시작했다 하더라도 결국에 사랑은 사람들을 변화시킵니다.”

조사를 마친 후, 내 판단으로도 적어도 효과는 있었다고 말할 수 있을 것 같다. 17명의 직원과 인터뷰를 나눈 뒤 끝으로 회사의 특징을 한마디로 표현한다면 무엇이냐고 물었다. 그들 가운데 9명은 ‘사랑’이나 ‘사랑의 문화’라고 답했고, 그 밖의 답변들로는 ‘집’(2번), ‘가족’, ‘함께’, ‘기쁨’, 심지어 ‘나 자신’도 있었다.

“이 평가 제도가 사람들을 더욱 사랑의 방향으로 행동하고 싶게 만듭니다.”라고 젊은 직원이 말했다. “하지만 어쨌거나 놀랍지 않나요?” 유창한 영어로 소통하던 그와 조금 더 자연스러운 대화를 이어가려고 나는 이렇게 대꾸했다. 그러자 그는 “물론입니다! 직장에서 성과나 이익 창출 능력을 평가하는 대신, 사랑을 평가하니까요. 이 때문에 저도 많이 생각하게 되었어요. 이제껏 친구들이나 가족을 빼고 다른 사람들에게 신경을 쓰는 편이 아니었거든요. 사람들에게 보답하는 것 또한 제게 익숙하지 않았죠. 하지만 평가 제도 덕분에 저는 변했어요. 물론 아직도 갈 길이 멀지만요. 하지만 지금은 정말이지 다른 사람들에게 마음을 쓰게 됐어요. 예를 들면 식사나 차를 대접하거나, 제가 받은 작은 것들을 나누죠. 또 자원봉사를 통해 지역 공동체에 기여하는 일도 더욱 많이 생각하게 돼요. 전에는 그런 일을 해 본 적이 한 번도 없었죠. 단 한 번도요. 하지만 이제 시도해 보려고요….”라고 말했다.

힘든 일 속에
수많은 기회가

직원들은 회사에 대한 깊은 존중의 마음을 잃지 않으면서도 노동의 강도와 관련해서는 부정적인 면들을 언급했다. 주로 일이 매우 힘들다는 것이었다. "긴 근무 시간과 육체노동은 지치게 만들죠. 너무 힘들어서 가끔은 그만두고 싶은 적도 있어요." 한 제빵사는 그렇게 토로하면서도 이 말을 덧붙였다. "그래서 솔직하게 선임들에게 이야기했죠. 그들은 저를 이해하며 응원해 주었어요. 그 덕분에 견뎌냈죠." 그러면서 그는 다른 직장을 알아볼 생각은 없다고 했다. 그는 성심당을 떠나고 싶지 않기 때문이다.

이들의 일이 힘들다는 것은 분명해 보인다. 내가 만난 거의 모든 직원이 일과 관련하여 자주 언급한 단어가 "사랑"이고, 그다음으로 많이 한 말이 "힘들다"였다. "제빵 일 자체가 힘들어요." 한 매니저도 그렇게 말했다. 그리고 생산 현장을 방문해 보면 그의 말이 단번에 이해된다. 모두 서서 일하고, 종종 작업대 위로 몸을 굽히고 있다. 때로는 무거운 물건들을 다루고, 열기 속에서 일한다. 판매 직원들도 장시간 서 있는 데다가 고객 응대를 하면서 감정노동까지 해야 한다. 이를 너무도 잘 알기에 임영진 대표는 직원 식당 옆에 휴게실을 마련하고 안마 의자와 발 마사지기를 두었다.

한 제빵사는 이렇게 말했다. "일로만 보면 늘 고되고 피곤하죠. 많이 노력해야 해요. 그런데 제가 느슨하고 편하게 일한다면, 다른 직원들이 더 힘들어질 겁니다. 그러니 더 힘을 내야죠. 함께 일한다는 게 쉽진 않잖아요. 제 모든 걸 쏟아야 해요. 일이니까요. 제가 덜 한 만큼 다른 사람이 더 해야 하니까요."

성심당의 매장과 식당들은 일주일 내내, 그러니까 연중무휴문을 연다. 오직 단 하루만 문을 닫는데, 바로 전 직원이 함께하는 날이다. 하지만 성심당의 근무 조건은 다른 회사들보다 좋다. 직원들은 주 5일 근무를 하고(다른 빵집들은 주 6일 근무가 보통인데), 연간 17일의 유급 휴가를 받는다. 연차에 따라 휴가는 늘어난다. 다른 회사에 비해서도 휴가 일수가 많은 편이다. "근무 환경은 계속해서 좋아지고 있어요. 앞으로도 더 좋아질 거라고 확신해요. 3년 동안 많이 개선된 것을 보았거든요. 휴가는 늘고 근무 시간은 줄고, 보너스는 많아졌죠."

외부에서도 성심당의 근무 환경이 좋다는 것은 잘 알려져 있고, 대전시의 여느 기업과 비교해도 확실히 더 좋다. 그래서 입사하려는 이들이 많다. 더욱이 급여도 나이를 불문하고 좋은 편으로, 사회 초년생인 젊은이들이나 어려운 가정 형편 때문에 뒤늦게 일을 시작한 중장년 여성들에게나 마찬가지다.

"젊은이들은 이 회사에 들어오면 꿈을 펼칠 수 있어요!" 실제

 힘든 일 속에 수많은 기회가

로 젊은 직원들 가운데 여러 명이 성심당에 들어와 자신의 꿈인 제과사나 제빵사 자격증을 어떻게 땄는지 이야기했다. 성심당은 그들의 계획을 뒷받침해 주었고 꿈을 실현할 수 있는 환경을 마련해 주었다.

"이곳에선 제가 원하던 것을 할 수 있어요. 많은 것을 배우죠. 책임도 크지만 성장할 기회도 많습니다. […] 회사는 우리가 배우도록 도와줍니다. […] 우리는 모든 분야를 배울 수 있습니다. 생산, 영업, 구매 등 말이에요. […] 저는 판매, 제빵, 제과, 조리, 회계, 심지어 신규 매장 오픈까지 다양한 일을 경험했습니다. 또 요청하면 부서를 바꿀 수도 있습니다. […] 회사에서는 외국에서 셰프들을 초청하여 교육 기회를 주기도 합니다." 특별한 기술이 요구되는 제빵사와 제과사들 외에 다른 직원들은 그처럼 내부 이동을 자주 경험하는 듯하다.

성심당은 해마다 직원들이 국제 박람회에 참가하고 외국에서 벤치마킹을 할 수 있도록 해외 연수 기회를 제공하고 있다. 직원들로 하여금 다른 나라에서 많은 것을 보고 배우며, 스스로 성장하고 영감을 받아 새로운 아이디어를 가득 안고 돌아오게 하는 것이다. 이 해외 연수에는 임원진도 함께하지만, 우수한 셰프, 제빵사, 제과사들로 구성된 직원팀이 참가한다. 제빵 및 요리 관련 사내 경연대회를 통해 뽑힌 가장 창의적인 직원 20여 명에게 해외 연수의 기회가 주어진다. 물론 그렇지 않은 직원들도 원할 경우 참가할 수 있다. 이 경우에도 회사는 여행 경비의 일부를 부담한다. 해마다 열리는 신제품 경연대회도 마찬가지다. 직원들은 저마다 자신이 개발한 제품을 발표하고, 그 제품의 탄생 스토리를 들려주며 홍보한다. 수상자들은 추가 교육의 기회를 얻는다.

회사는 직원들이 대학 과정을 밟을 수 있도록 지원하기도 한다. 실제로 한국에서 제빵장이나 제과장이 되려면 오랜 기간의 정규 대학 과정을 거쳐야 한다. 내가 만났던 젊은 제과장도 그러한 경우였다. 그는 초등학교 때 제과 기술을 처음 접한 이후로 제과 전문학교에 진학하여 제과장이 되는 꿈을 키웠으나, 학비가 너무 비쌌다. 그럼에도 포기하지 않고 전국 제과 경연대회에 도전했고, 그 대회를 통해 성심당의 눈에 띄었다. 성심당은 그에게 장학금을 제공했고, 그는 꿈에 그리던 자격증을 따고 졸업과 동시에 채용되었다.

"회사에는 고도로 숙련된 사람들이 많습니다. 많은 이들이 제과나 제빵 전문 학위를 가지고 있죠. 그래서 배울 것이 정말 많아요. 회사는 우리가 제과 제빵 대회나 박람회에 참가하도록 장려합니다. […] 제과 대회에서 수상하거나 전국 단위의 박람회에 다녀오면 업무 성과도 좋아지고 계속 배우고 싶어지고, 최선을 다하고 싶은 의욕이 생깁니다."

회사는 직원들의 교육 프로젝트를 지원하는데, 경제적으로만이 아니라 관련 정보나 경영진의 인맥 등을 활용해 직원 혼자서는 접근하기 힘든 인적 지원까지 아끼지 않는다. 학업을 일과 병행하는 직원들에게는 수업을 원활히 받을 수 있도록 근무 시간을 조정해 준다. 또한 영어를 배우고 싶은 직원들이 팀을 만들

　　　힘든 일 속에 수많은 기회가

면, 회사가 영어 강사를 초빙하고 비용도 부담한다.

직원들은 대체로 회사에 기여할 수 있는 방향으로 교육 과정들을 택한다. 회사를 떠나고 싶어 하지 않기 때문이다. "저는 이직할 생각이 없습니다. 회사가 계속 성장하고 있고, 저도 그 성장에 함께하고 싶습니다. 같은 분야에서 일하는 사람들을 대학에서 만났는데, 성심당이 다른 회사들보다 훨씬 좋다는 것을 알 수 있었습니다. 성심당은 나눔을 실천하고, 직원을 존중합니다. 또 경영이 투명하고, 정직하게 세금을 내죠. 이렇게 하는 기업을 찾기 힘들어요. 그밖에도 좋은 점이 많습니다."

지시 대신
소통하는 경영

팀 매니저들은 그들이 맡은 직원들을 가까이에서 살피며, 정기적으로(어떤 이들은 매달) 각 직원과 개별 면담을 하고, 팀원들과의 관계, 당면한 문제, 건의 사항 등에 관하여 듣고 확인하며 그들의 성장을 돕는다. 한 매니저는 이렇게 설명했다. "월례 면담에서 저는 상대방을 이해하는 것을 목표로 합니다. 그 직원이 관심을 갖고 중요하게 여기는 것이 무엇인지, 또 다른 팀원들과의 관계는 어떠한지 살핍니다. 문제가 있다면 함께 풀어나가고자 노력하죠. 물론 팀의 목표에 대해서도 서로 이야기합니다." 또 다른 매니저는 이 점을 분명히 했다. "월례 면담 때 저는 직원들의 얼굴을 유심히 봅니다. 문제가 있는 직원들은 얼굴이 어둡죠. 그럴 경우 더 가까이 다가가 무슨 일이 있는지 이해하려고 노력하죠."

그 매니저는 매일 저녁 마감 시간에 남아 있는 직원들과 함께 짧은 미팅을 갖고, 그날 일어난 일들과 다음 날 해야 할 일들, 당면한 문제들과 제안된 해결책 등을 공유한다. 이때는 생산팀과 판매팀이 함께한다. 매니저는 이렇게 말했다. "그렇게 하면 서로의 관점을 듣고, 서로 자기 입장을 설명하고, 함께 문제를 해결하려고 노력하며, 서로 이해할 수 있습니다."

성심당의 기업 경영의 특징 가운데 하나가 '상호 긴밀함'과 '관계에 대한 관심'인 듯하다. 어느 팀장은 자신의 역할을 이렇게 설명했다. "가장 중요한 것은 바로 사람이죠. 직원들의 관계에 세심한 신경을 쓰고, 그들의 말을 경청하고, 그들이 일하는 데 무엇이 필요한지 살핍니다." 그는 팀원들과 3개월마다 한 차례 면담을 갖는데, 이를 대단히 중요하게 생각한다. "한쪽은 지시를 내리고 다른 한쪽은 따르기만 한다면, 서로를 잘 이해할 수 없습니다. 면담은 서로를 더 잘 이해하도록 해 주죠. 지시하기보다는 요청하려고 노력합니다. 일이 힘든데, 여기에 스트레스까지 더해져서는 안 되니까요. 직원 모두가 서로를 존중하도록 돕는 일, 상호존중을 잃지 않게 하는 일이 중요합니다."

지시라는 권위적인 방식을 피하는 것이 성심당에서는 대단히 중요한 일처럼 보였다. 이는 어쩌면 그러한 권위적 방식이 이 나라에서 흔하고 불과 몇 년 전까지만 해도 이 분야에서도 만연했기 때문일 것이다. 여느 외식업처럼 제과 제빵 분야도 권위적인 분위기가 있는 것으로 알려져 있다. "몇 년 전만 해도 직장에서 상사들이 폭력이나 폭언을 행사했어요. 하지만 지금은 그렇지 않아요. 모든 일이 합리적으로 이루어지고 있습니다." 매니저들도 직원들과 같은 말을 했다. "지시하지 않고 요청합니다. 한 가족처럼요."

한 간부는 그 점을 두고 이렇게 평가했다. "과거에는 거친 언행의 직원들이 있었지만, 지금은 아주 일부만 그럴 뿐입니다. 사람들의 마음도 변했어요. 점점 더 따뜻해지고 있습니다." 연배가 있는 일부 직원들도 같은 말을 했다. 그들이 처음 입사했을 때는 실수를 하여 상사의 분노를 살까 하는 두려움과 긴장 속에서 일했다고 한다. 종종 물건들이 공중에 날아다녔고, 폭언도 있었다. 한 제과사가 말했다. "지금은 더 이상 그렇지 않죠."

나는 한 매니저에게 회사의 경영 방식과 관련하여 지침을 받고 있는지 물었다. 그는 이렇게 대답했다. "특별히 없습니다. 다만 회사의 사훈과 '무지개 프로젝트'를 따라 사는 거죠. […] 제가 처음 일을 시작했을 때, 부모를 따르는 아이들처럼 임원들을 보면서 많이 배웠어요. 그분들의 선의를 보았고 저에게 큰 영향을 주었습니다."

실제로도 임영진 대표는 직원들에게 모범이 되고 있다. 그는 자신의 역할이 "경영하고, 결정하고, 전체를 생각하는 것"이라고 본다. 그는 직원들과 개별 면담을 많이 하고, 함께 식사하며, 직원들의 가족 행사에도 참석한다. "임 대표님은 직원들을 위해 정말 많은 일을 합니다. […] 어떤 직원에게 무슨 일이 생기면, 자신의 일정을 모두 취소하고 장례식이든 결혼식이든 꼭 참석하여 직원들을 위로하고 격려합니다."

성심당에서도 특히 상하 위계와 관련한 직원들의 비판은 거의 없었다. 나는 그다지 놀라지 않았다. 이는 어쩌면 아시아에서 공통적으로 나타나는 권위를 존중하는 문화 때문일 것이다.

그리고 어쩌면 이 회사 직원들이 공유하고 있는 정신 또는 마음가짐 때문일지도 모른다. 이를 보여주는 직원들의 표현이 있다. "부정적인 건 없어요, 어려움이 있을 뿐이죠."

하지만 나는 몇 가지 비판적인 의견을 들을 수 있었다. 예를 들면, 언젠가 자신의 회사를 차리고 싶다는 한 직원은 자신이 회사를 경영하게 되면 다르게 하고 싶다며 이러한 생각을 피력했다. "이곳에서는 사랑이 기반이라 그런지, 사람들이 늘 책임감을 갖는 것 같지 않아요. 이따금 아이처럼 보일 때도 있죠. 일을 하고 봉급을 받는 만큼 책임감이 있어야 하고, 일은 정확히 해야죠. 사랑이 첫째가 되어서는 안 되고, 보조 역할을 해야 한다고 봐요."

성심당의 사내 조직은 비교적 분권화된 구조로 운영되고 있는 듯 보였다. 각 매장이 자체적으로 생산을 하듯, 회계나 직원 채용도 마찬가지로 자체적으로 하고 있다. 본사의 사무실은 실제로도 매우 소규모이며, 사무 행정을 위한 사무실은 하나뿐이고 그마저도 열린 공간으로 되어 있다. 그 한쪽 구석에 임영진 대표이사의 자리가 있는데, 다른 직원들과 함께 공간을 쓰고 있다. 마케팅 부서만이 예외인데, 소수의 창의적인 직원들이 별도로 떨어진 공간에서 일하고 있다. 포장 디자인과 인테리어 관련 시안을 실험할 수 있도록 다른 실에 비해 넓은 공간이 필요하기 때문이다. 이들의 사무실은 오히려 예술가의 작업실과 같았는데, 수많은 상자로 가득했고 각각의 상자들은 예술 작품처럼 보였다.

한 가지 세밀한 예를 보더라도 성심당이 위계질서보다는 평등을 중시하고 있음을 알 수 있다. 생산에 참여하는 숙련된 직원들은 모두 직책과 상관없이 '제빵장' 또는 '제과장'으로 불린다. 이 호칭은 책임자에게만 주어지는 것이 아니라 관련 분야의 모든 직원에게 주어진다. 직원들은 과도하게 호칭을 남용하지 않지만, 외부에 자신을 소개할 때는 이 호칭을 자랑스럽게 여긴다.

한편, 분산된 이 조직안에서도 직원들 간의 수평적 연결은 잘 이루어지고 있다. 월례 회의를 통해 같은 업무를 하는 직원들은 서로를 알아가고, 업무와 어려움을 공유하며, 조직을 개선하기 위한 아이디어를 함께 모색한다. 또한 부서마다 제안이나 신제품 아이디어를 김미진 이사에게 전달하는 수직 소통의 책임을 맡은 직원이 한 명씩 있다.

또한 'PR' 팀이라 불리는 브랜딩사업부는 회사 전체를 대표하는 직원 매니저들을 모아서 신제품에 대해 어떻게 홍보할지 함께 아이디어를 모은다. 한 제과사는 자신의 업무를 두고 이렇게 소개했다. "저는 명절을 위한 신제품을 만들면서 아울러 기존 제품을 어떻게 홍보할지도 고민합니다. 일을 하면서 함께 이야기를 나누죠. 개인적으로 자료를 찾아보기도 합니다. 주말에는 판매 일도 하는데, 고객들을 직접 만나 그들이 무엇을 좋아하는지 알아보기 위해서죠. 이렇다 보니 저는 브랜딩사업부에 고객들의 취향에 대해 제안할 수 있어요. 고객들과 만나는 걸 좋아하고, 또 일부 고객들과 개인적인 친분도 있기에 그렇습니다."

한 임원은 인터뷰를 마무리하며 독창적인 분석을 내놓았다.

 지시 대신 소통하는 경영

"지난 10년간 대단히 큰 성장을 이룬 만큼 오히려 지금이 폭풍 전야인 것 같아 걱정이 됩니다. 우리가 얼마나 더 성장할 수 있을지 모르겠어요. 물론 뿌리가 탄탄하니 오래 갈 수도 있겠죠. 저희의 기반은 '사랑' 같은 좋은 이미지니까요. 하지만 대중 매체나 다른 곳에서 반대의 목소리가 나올 수도 있어요." 그러면서도 그는 이 말을 덧붙였다. "하지만 그런 일이 실제로 있었을 때도, 지금까지 크게 흔들리지 않았어요. 우리 회사에는 힘 있고 뛰어난 한 사람이 있는 게 아니라, 하나의 믿음이 있죠. 그것이 정확히 무엇인지는 잘 모르겠어요. 하지만 폭풍이 지나가도 버틸 수 있을 만한 강한 믿음이 있습니다."

나는 그것이 어떠한 성질의 믿음이냐고 물었다. 그는 이렇게 설명했다. "아이를 키울 때와 비슷한 느낌입니다. 아이가 평소에 잘하면 실수하더라도 크게 걱정하지 않죠. 속으로 '괜찮아, 앞으로 잘할 거야'라고 생각하잖아요. 여기 직원들은 모두 욕심이 많지 않고, 서로에 대한 신뢰가 있어요. 정확히 그게 뭔지는 말하기 어렵지만요. 다른 회사에서는 문제가 생기면 돈으로 해결하려고 하죠. 하지만 이곳에서는 그렇지 않습니다. 폭풍이 오더라도 우리는 무너지지 않고, 견뎌낼 겁니다."

새로운 세대

앞으로 성심당이 어떠한 모습으로 성장하게 될까? 현재로선 알 수 없다. 임영진 대표와 김미진 이사의 세 자녀 가운데 두 명이 현재 회사에서 책임 있는 직책을 맡아 일하고 있는데, 큰딸 임선 이사와 아들 임대혁 이사다. 나는 임대혁 이사와 먼저 인터뷰를 했고, 임선 이사와 마지막 인터뷰를 했다.

임대혁 이사는 20대 시절 이탈리아와 일본에서 유학 생활을 하면서도, 한국에 머무는 동안에는 수개월에서 1년여에 이르기까지 성심당 매장 곳곳에서 근무하며 현장 경험을 쌓았다. 2016년, 일본 유학을 끝으로 학업을 마친 그는 귀국한 뒤 본격적으로 가족 회사에 합류한다. 내가 그 이유를 묻자 아버지와 함께 빵을 나눠주는 일에 익숙한 그는 미소 띤 얼굴로 이렇게 대답했다. "정말 많은 사람에게 행복을 주는 일이잖아요!" 그는 먼저 당시 새로 문을 연 대전역 매장의 책임자로 일했고, 그 뒤로 DCC점 전체를 총괄하게 되었다. 현재 그는 50명의 직원을 관리하고 있다.

임대혁 이사에게 열정을 쏟고자 하는 일은 무엇이냐고 물었다. 그는 "세상을 바꾸는 데에 기여하는 일"이라고 답했다! 그는 성심당 60주년을 기념해 출간된 책을 통해 많은 사람이 감동받아 삶의 방향을 바꾸게 된 사례를 언급했다. 나는 그에게 세상을 어떻게 바꾸려 하느냐고 물었다. 그는 직원들을 행복하게 만드는 일에 힘쓰겠다고 답했다. 그러면서 장난스럽게 이 말을 덧붙였다. "저희는 좋은 기운을 불어넣어 빵을 만들죠!"

임대혁 이사는 자신의 매장이 '그린 챔피언상'을 받기를 꿈꾸며, 이를 위해 결연한 의지로 노력하고 있다고 말했다. 이 목표를 이루고자 그는 팀원들과 정기적으로 모임을 하고 아이디어를 나눈다. 대체로 부서별로 모이며, 바Bar팀, 판매팀, 그리고 생산 부서에서는 제과팀과 제빵팀을 차례로 만나 회의한다.

한편, 베이커리 매출은 급등했지만 외식 브랜드는 성장하지 못하고 적자를 반복했다. 특히 이탈리안 레스토랑 '플라잉팬'은 존폐를 고민해야 할 만큼 상황이 심각했다. 회사는 내부 논의 끝에 "3개월간 재기의 기회를 주자"라고 결정했고, 임영진 대표는 임선 이사를 프로젝트 매니저로 긴급 투입했다.

임선 이사는 투입 직후 팀이 하나로 움직일 수 있도록 분위기를 정비했다. 음식 맛이 들쑥날쑥하지 않도록 조리 과정을 표준화하고, 직접 홀에 서서 고객을 맞으며 서비스 기준을 세웠다. "한 번 온 고객이 반드시 다시 오게 하자." 그녀는 이 목표를 팀과 공유했다. 그 결과, 3개월 만에 매출이 뚜렷하게 상승하며 플라잉팬은 위기에서 벗어났다.

이어 임영진 대표는 시설 노후 문제로 리뉴얼이 필요했던 '성심당 우동야' 프로젝트를 그녀에게 맡겼다. 매출이 부진했던 것은 아니었지만 시설이 오래되어 개선이 필수적이었고, 고객층도 고령층 중심이었다. 임선 이사는 리모델링 공사와 함께 브랜드를 재정비하며 우동야의 정체성을 "고품질 자가제면 우동을 누구나 부담 없이 즐길 수 있는 곳"으로 명확히 했다.

그녀는 직원들에게 "우동야는 성심당이 고객에게 드리는 선물"이라고 말하며 자긍심을 심어주었다. 리뉴얼 후 우동야는 밝고 편안한 공간으로 재탄생했고, 매출도 자연스럽게 상승했다. 무엇보다 '낡은 동네 우동집'이라는 이미지를 벗고 남녀노소 모두가 사랑하는 브랜드로 자리 잡았다.

나는 그녀에게 마케팅을 전공했냐고 물었다. "아니요, 제 피에 그런 기운이 흐르는 것 같아요. 저희 어머니가 그런 성격이에요. 사람들을 행복하게 만들고, 다른 이들에게 기쁨을 전하는 그런 분이죠. 저희 가족 모두 그래요. 어머니 덕분이죠. 저희 어머니는 세 배는 더 그렇고, 저는 어머니만큼은 아니죠." 임선 이사는 겸손하게 말하며 빛나는 미소를 지었다. 그 미소를 보니, 그녀의 이름(영어로 하면 '태양Sun')이 잘 어울린다는 생각이 들었다.

임선 이사는 원래 조각을 공부했으나 방학이면 성심당에서 일하는 시간이 많아졌고, 미술보다도 이 회사에서 자신의 재능을 더 잘 펼칠 수 있다는 것을 깨달았다. "가끔 제 스스로 묻곤 했죠. '나는 왜 이 일을 하지? 미술을 전공했는데?' […] 우리는 단순히 물건만을 파는 게 아니에요. 우리는 문화를 전하고, 꿈을 전하고, 아이들이 꿈을 키워갈 수 있게 해주죠."

지향하는 바가 남다른 회사에서 사장의 딸로 일한다는 것은 결코 쉬운 일이 아닐 것이다. 스물한 살 때 성심당 매장에서 1년간 근무한 뒤, 20대 후반에 다시 입사한 임선 이사는 자신을 불편하게 바라보는 시선을 종종 느꼈다고 한다. 그러던 어느 날, 제빵 공장장이 회사의 '한가족 프로젝트' 일환으로 임원진을 자신의 집으로 초대했다. 이는 앞서 언급했듯, 동료들을 집으로 초대해 일상과 삶을 나누고 가족과도 교류하며 서로를 깊이 이해하도록 돕는 프로그램이었다. "저는 그 공장장님이 엄격하고 감정이 없는 분이라고만 생각했어요. 그런데 어려운 형편 속에서도 일본 빵집에서 기술을 배우고 고군분투해 공장장이 되기까지의 이야기를 들으니, 그분이 모든 일에 철저할 수밖에 없겠다는 걸 이해하게 됐죠. 그 순간, 그분이 갑자기 아주 가까운 사람처럼 느껴졌어요."

그 경험은 임선 이사에게도 용기를 주었다. 그녀는 곧 자신의 팀원들을 집으로 초대하기로 결정했다. "저에게는 정말 큰 일이었어요. 팀원 일곱 명이 우리 집에 온다는 건, 제가 어떤 사람인지 모두 보여주는 일이니까요. 저는 제 이야기를 들려줬어요. 제가 가진 콤플렉스도, 저의 꿈도요. 그날 이후로 저와 팀 사이에 놓여 있던 벽이 사라진 것 같았어요. 서로가 갖고 있던 선입견이 사라지고, 우리는 새로운 관계를 맺게 되었죠."

임선 이사는 미소를 지으며 이렇게 말했다. "이 가족 회사가 바로 제 인생이에요. 제 삶의 거의 전부죠. 성심당이 없는 저는 상상할 수 없을 것 같아요."

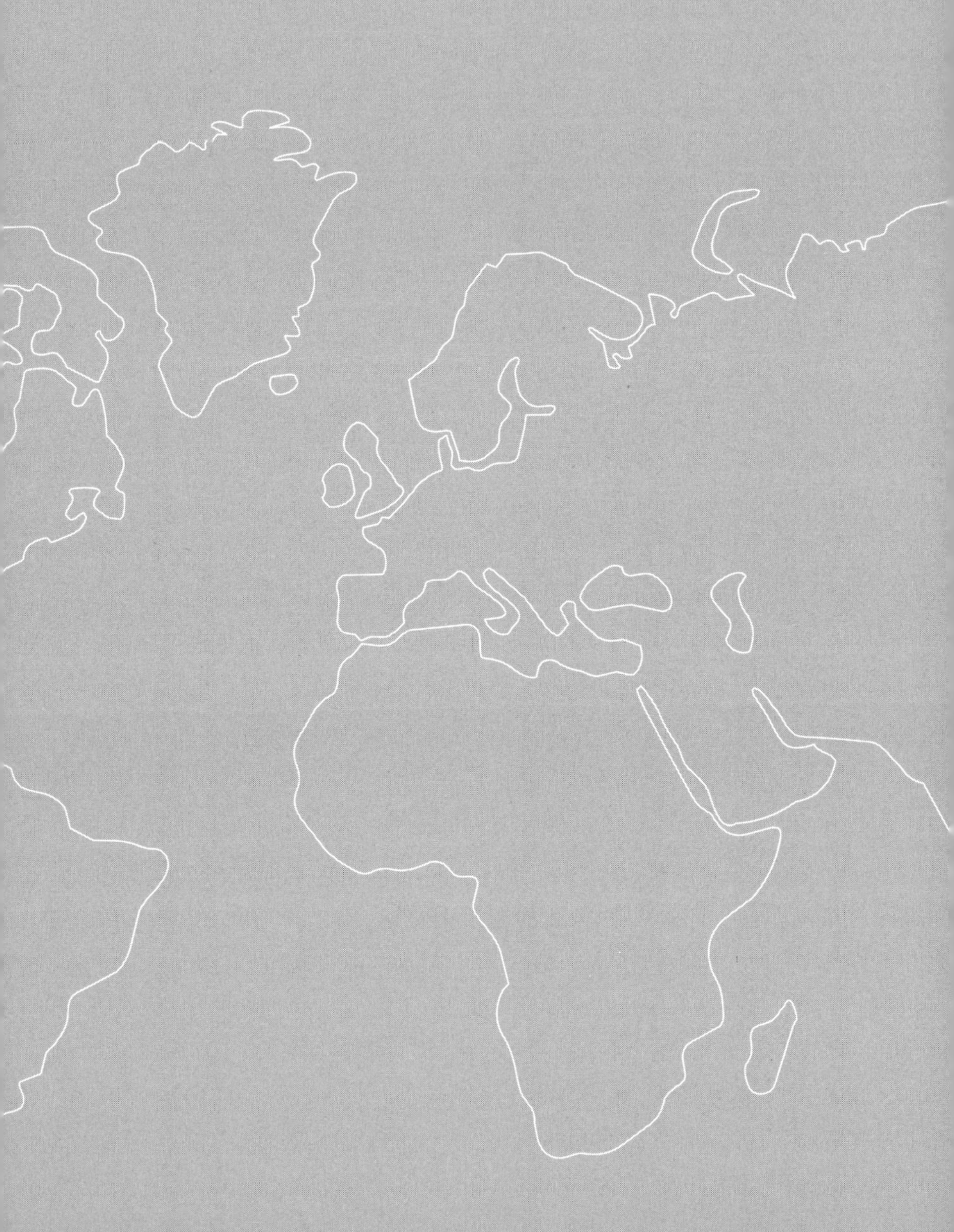

3 토도 브리요

소외 계층을 돕는 청소 전문 회사

Todo Brillo

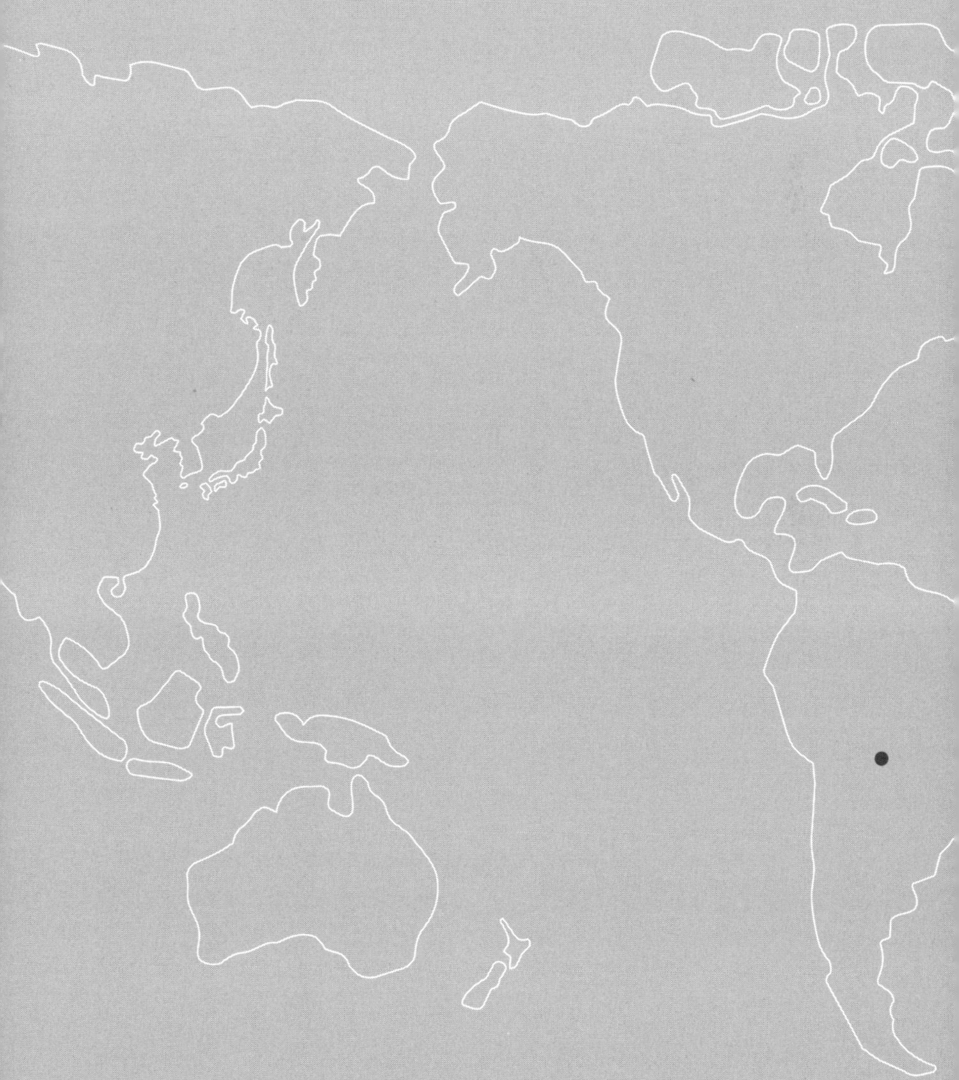

가장 가난한 이는 누구고,
우리는 누구를 도와야 할까?[1]

우리는 지금 파라과이의 수도 아순시온 외곽에 자리한 주거 지역에 와 있다. 끝이 보이지 않을 만큼 수많은 집들이 즐비하게 늘어서 있다. 토도 브리요Todo Brillo의 사옥은 붉은 벽돌과 금속, 유리가 조화를 이루는 현대적 건물로, 주변의 낡고 작은 집들과 뚜렷한 대비를 이룬다. 건물 앞에는 토도 브리요의 상징인 짙은 남색 트럭 여러 대가 주차되어 있다. 건물 앞은 항상 분주하다. 차들이 오가고 유니폼을 입은 남성들이 오늘 배달해야 할 물품들을 싣고 있다. 그들보다 더 많은 수의 여성들도 모두 파란색 유니폼 차림으로 커다란 색유리 문을 통해 드나든다.

토도 브리요의 이야기는 무엇보다도 한 비범한 인물의 이야기다. 첫 대면에서 나는 마리아 엘레나 곤살레스Maria-Elena Gonzalez가 얼마나 강인한 여성인지 알 수 있었다. 1993년 그녀는 파라과이의 한 대형 은행의 지점장으로 일하고 있었다. 심리학

---

1   [원주] 토도 브리요에 관한 내용은 2017년 막심 폴티에Maxime Foltier가 이 기업에서 수행한 연구 보고서에서 많은 부분을 차용했다.

과 경영학을 전공한 그녀는 남다른 기백과 강단, 사람을 상대하는 탁월한 능력으로 빠르게 승진하며 중요한 직책을 맡았다. 마리아 엘레나는 자신의 직업에 만족했고, 이혼한 뒤 홀로 네 자녀를 키우며 한결같이 헌신하며 살아왔다.

그러던 어느 날, 마리아 엘레나는 '모두를 위한 경제EoC'를 알게 되었고, 자신도 행동에 나서야겠다고 결심한다. 하지만 어디서부터 시작해야 할까? 남아메리카의 최빈국 가운데 하나인 이 나라는 극심한 빈곤에 시달리고 있었다. 그녀가 도울 수 있는 사람들은 누구일까? 그때 마리아 엘레나의 머릿속에 한 가지 장면이 떠올랐다. 자신이 은행 지점장으로 재직할 때, 자격이 없다고 판단한 지원자들의 이력서를 쓰레기통에 버리던 모습이었다. 바로 이런 사람들을 도와야 했다. 자격이 없다는 이유로 쓰레기처럼 버려지는 사람들 말이다! 그녀는 주변을 둘러보다가 자신의 사무실을 청소하는 여성들을 '발견'했다.

마리아 엘레나는 이렇게 말했다. "저는 청소 일을 하는 사람들이 적은 월급으로, 제대로 된 교육도 못 받고, 일도 제대로 하지 못하는 모습을 봤어요. 그들은 불평만 늘어놓았죠. 그때부터 저는 그들의 말에 귀 기울이기 시작했고, 그들이 어떻게 일하는지 관심을 두었어요. 그러다 문득 그들을 도울 수 있겠다는 생각이 들었어요. 하지만 뭔가 방법은 달라야 한다고 생각했죠. 교육의 기회를 제공하고, 제때 급여를 지급하고, 그들과 그들이 필요한 것들을 이해하는 방식으로요."

이제 그녀가 해야 할 일이 분명해졌다. 바로 그 여성들에게 맞

는 일자리를 주기 위해 전문적인 산업청소 회사를 창업하는 것
이었다. 마리아 엘레나에게는 이러한 확신이 있었다. '제대로 된
일을 할 때, 그 사람의 존엄도 커질 수 있다.' 그녀는 이렇게 말했
다. "사람은 누구나 고유한 재능과 능력을 타고나죠. 그리고 모
든 사람은 그것을 최대한 발전시키고 열매를 맺을 의무가 있어
요. 생산력은 인간을 완성하는 하나의 방편, 모든 노동자에게 열
려 있는 문이죠. 이 문을 통해 자신의 인격을 더욱 발전시키고,
만족스러운 삶을 실현할 수 있기 때문이죠. 바로 이것이 인간이
창조된 목적입니다."

하지만 마리아 엘레나의 창업 계획은 당시 그녀가 처한 냉혹
한 현실과 너무도 동떨어진 계획이었다. 네 아이를 책임져야 하
는 40대 싱글맘이었기에 은행이라는 안정된 직장을 선뜻 포기
할 수 없었다. 그래서 마리아 엘레나는 그 두 가지 일을 병행하
기로 결심했다. 은행 지점장의 일을 계속하면서, 저녁에는 사업
의 첫 고객으로, 그간 알고 지낸 한 금융기관의 건물을 청소하러
갔다. 이때 열네 살과 열한 살 된 두 아들을 데리고 갔는데, 이들
도 그녀의 청소를 도왔다.

마리아 엘레나가 자신의 아이들과 함께 직접 청소 일을 하며
사업을 시작했다는 사실은 토도 브리요 기업의 정체성을 형성
하는 바탕이 되었다. 한 직원은 이렇게 설명했다. "마리아 엘레
나와 아이들은 밑바닥부터 시작하여 이렇게 대단한 일을 이루
었죠. 그래서 모든 일을 다 알아요. 하지만 그녀는 겸손한 사람
이에요, 정말 겸손하죠."

마리아 엘레나의 자녀들이 그녀가 창업한 회사의 첫 번째 '청소원'으로 참여했다는 사실은 현재의 조직과 회사 문화를 이해하는 데에도 매우 중요하다. 마리아 엘레나는 두 아들을 프로젝트에 참여시켜 책임감을 부여했으며, 파트너처럼 대했다. 그 결과 두 아들은 이 새로운 사업에 깊이 관여하게 되었고, 사업의 목적을 깨닫게 되었다. 두 아들 가운데 맏이인 후안 페드로Juan-Pedro는 그때를 회상하며 말했다. "무척 힘들었어요. 오후에 수업이 끝나면 저녁에 일을 해야 했어요. 그리고 다음 날 아침에는 또 학교에 가야 했죠. […] 밤에도 일을 했어요. 하지만 그 일은 우리 가족 모두의 일이었어요." 열다섯 살 때, 혼자 버스를 타고 브라질까지 가서 토도 브리요 회사 최초의 청소 장비들을 사 온 사람도 바로 큰아들이었다. 두 아들은 어릴 때부터 다른 이들을 위한 헌신이 가치 있는 일이라는 신념 속에서 자랐다. 아이들이 일하는 모습을 흔히 볼 수 있는 파라과이에서 두 아들이 이 일을 하게 된 결정적인 동기는, 가장 가난한 이들을 돕겠다는 어머니의 뜻을 곁에서 돕겠다는 생각이었다. 후안 페드로는 열여덟 살에 정식으로 회사의 공동 경영주가 되었고, 재정 관리를 맡았다. 어머니가 직원들을 돌보는 동안, 그는 회계 업무에 신경을 쏟았다. 그리고 현재 그는 이 회사의 최고경영자이다.

한편, 막내 오라시오Horacio는 다른 회사에서 경력을 쌓은 뒤, 조금 늦게 합류하여 영업이사를 맡았다. 그는 이렇게 말했다. "저희는 어머니의 계획을 실현하기 위해 많은 것을 포기했어요. […] 하지만 그럴 만한 가치가 있었죠. 무언가를 베풀면, 두 배로 받게 되니까요. 직원 한 명을 고용한다는 것은, 그 직원뿐 아니라 그의 가족 전체를 돌보는 것이다. 그러면 직원들은 일을 통해 저희에게 보답하죠. 인간적으로 충만함을 주는 일이죠. 제 꿈은 이 회사가 성장하는 겁니다. 이것이 제가 매일 아침 일어나 모두를 위해 노력하는 원동력이죠."

실제로 마리아 엘레나 가족은 불굴의 끈기로 몇 개월 만에 성과를 거두었다. 상업 경험과 인맥에 힘입어 마리아 엘레나는 금융 분야에서 점점 새로운 계약을 따내며 신생 기업으로 안정적인 수익을 냈다. 그리고 1년 후인 1994년, 토도 브리요는 비로소 첫 번째 직원을 고용했는데, 그는 10년 넘게 함께 일했다. 이제 그들의 목표는 더욱 분명해졌다. 더 많은 사람, 특히 극심한 가난 속에 있는 이들을 고용하기 위해 회사를 더욱 성장시키는 것이었다. 그리고 이 목표를 확고히 하기 위해 마리아 엘레나는 특별한 전통을 만들었다. 월급날이 되면 그날을 축하하며 함께 기리는 것이다. 매월 마지막 날 마리아 엘레나는 동료들에게 그달 급여를 받는 이들이 몇이나 되는지를 자랑스럽게 알리고, 함께 거둔 성공에 대해 훈훈한 덕담과 함께 감사의 인사를 나눈다. 그녀에게 진정한 성공의 지표는 급여를 받은 이들의 숫자였다. 2019년 3월 내가 토도 브리요를 방문했을 때, 정확히 897명에게 급여가 지급되었는데, 바로 1년 뒤인 2020년에는 천여 건에 이르렀다.

토도 브리요의 창업, 고객 선정, 서비스 내용 등 모든 것은 결국 가장 가난한 이들이 일자리를 갖고 존엄하게 살 수 있게 하기 위한 것이다. 마리아 엘레나는 회사의 홍보 책자에 이렇게 썼다. "고객 여러분, 대단히 감사합니다. 여러분 덕분에 저희의 주된 목표를 이룰 수 있습니다. 기업가 정신을 발휘하여 새로운 일자리를 창출하는 기업이 되는 것입니다." 그리고 이렇게 덧붙였다. "저희 직원들을 여러분의 가족처럼 생각해주세요. 저희는 고객 여러분이 더 나은 환경에서 일하실 수 있도록 최선을 다하고 있습니다. 저희는 '우리는 하루 대부분의 시간을 직장에서 보내는 분들을 위해 헌신한다.' 라는 슬로건을 내세우고 있습니다." 이는 마리아 엘레나가 자신의 팀과 맺고 있는 깊은 유대감을 그대로 보여주는 말이기도 하다.

토도 브리요의 사회적 책임은 결코 가볍지 않다. 토도 브리요는 기업의 사회적 책임을 정책적으로 주도하며 파라과이에서 손꼽히는 최우수 기업으로 인정받고 있다. 그러나 국가의 정치 상황과 경쟁적이고 복잡한 기업 환경은 이러한 정책을 실행하는 데 걸림돌이 되고 있다. 게다가 사회적 책임을 다하려는 기업들에 적대적인 사회 풍토도 존재한다. 이제부턴 토도 브리요가 이런 상황 속에서 어떻게 사회적 책임을 다하는 기업으로 성장했는지 살펴보기로 하자.

불가능을
가능하게 하다

수도 아순시온에 가보면 파라과이의 경제 상황이 어떠한지 바로 알 수 있다. 관광 중심지라 할 왕궁, 국회의사당, 국립박물관, 판테온, 대성당, 유서 깊은 대학 등을 모두 포함해도 그 면적이 약 250m² 정도에 불과하다. 아순시온에서 유일하게 부촌이라 할 이 작은 구역의 중심 광장에도 수백 명의 원주민이 비닐 천막에서 생활하는 모습을 볼 수 있다. 강변을 따라 차로 5분만 이동하면 수도 한복판에 자리한 악명 높은 빈민가, 바냐도 노르테 Bañado Norte 구역에 닿는다.

파라과이는 인간개발지수[2] 기준으로 188개국 가운데 112위에 머물러 있다. 역사는 짧지만 전쟁과 독재로 점철되어 있다. 게다가 부패가 공공 기관과 공동체의 노력을 잠식하여, 심각한 기반

---

2   인간개발지수(Human Development Index, HDI)는 국제연합(UN) 산하 기구 유엔개발계획 (UNDP)이 1991년부터 매년 발표하는 인간개발보고서(Human Development Report)의 한 항목으로 국민의 교육 수준(문자 해독률), 평균 수명, 1인당 국민 소득 등 인간의 발전 정도를 토대로 평가한 수치를 말한다. 여기서 인간 발전은 단순히 물질적인 풍요만이 아니라 정신적인 측면의 발전도 포함한다.

시설의 부족 현상을 초래했다. 쓰레기가 거리 곳곳에 널려 있고, 자연환경은 오염되었으며, 플라스틱 폐기물도 방치되어 있다. 대가족이 살고 있는 허름한 집들을 보면, 자녀가 태어나거나 수입이 생길 때마다 조금씩 덧붙여 지은 흔적이 역력하다.

파라과이에는 전국 규모의 국영 기업이 거의 없고, 세계적 기업들의 지사도 불과 10여 년 전부터 조심스럽게 자리를 잡기 시작했다. 이러한 상황에서 경제는 주로 중소기업에 의해 움직이고 있다. 수도의 거리에는 구멍가게, 가족 운영의 공방, 노점이 넘쳐난다. 대부분의 가정은 그날 벌어 그날 살아가고 있으며, 생계를 위해 여러 가지 일들을 병행하는 것도 흔하다.

이러한 경제 상황은 노동법과도 밀접한 관련이 있다. 실제로 사회보장제도(퇴직연금, 실업급여, 공공의료 등)에 가입하려면, 최저 임금을 받으면서 주 6일, 48시간 근무하는 정규직 근로자가 되어야 한다. 이러한 제도의 경직성 때문에 많은 시간제 근로자들이 사회보장제도에 가입하지 못하고, 비정규직을 택할 수밖에 없는데, 행정당국은 이를 눈감아 줌으로써, 비정규직 고용을 조장하는 측면이 있다. 기업들도 이러한 제도적 허점을 악용하여, 세금 부담을 줄이고자 한 명의 정규직 노동자를 고용하는 대신 두 명의 시간제 근로자를 고용하고 있다.

이러한 관행은 토도 브리요와 같은 청소업계에서 특히 심하다. 이 분야는 여러 고객들에게 서비스를 분산하여 제공하기 때문에, 근로자를 주 48시간의 법정 노동시간에 맞춰 고용하는 것이 거의 불가능하다. 취업 자격을 갖추지 못한 사람도 많아서,

이들은 가족을 부양하기 위해 저임금의 비정규직 일자리를 받아들일 수밖에 없다. 이렇다 보니 이 업계에선 시급으로 임금을 지급하는 기업들이 많고, 합법적인 고용은 충성도에 따른 보상으로까지 여겨진다. 따라서 청소원들은 대부분 사회보장 혜택을 받지 못한 채 일하고, 수도의 혼잡한 교통 체증 속에서 출퇴근하는 데 소요되는 상당한 시간에 대한 보상도 선혀 받지 못하고 있다.

이와는 달리 마리아 엘레나는 직원들을 정식으로 고용하여 법정 최저 임금을 지급하고 있다. 실제 근무한 시간이 얼마이든 상관없이, 모든 직원이 주 48시간의 일을 한 것으로 셈하여 사회보장 기금을 납부한다. 따라서 토도 브리요는 실제 직원들이 근무한 시간보다 더 많은 사회 보험료를 의도적으로 납부하는 셈이다! 이를 존엄한 노동에 대한 대가라고 보는 것이다.

토도 브리요는 한 걸음 더 나아가, 모든 직원과 그 가족에게 추가로 건강 보험을 제공하고 있다. 공공 사회보장 제도가 적용되는 공립 병원보다 더 나은 의료 서비스를 제공하는 민간 병원을 이용할 수 있도록 하고 있는 것이다. 그리하여 현재 토도 브리요가 부담하는 의료 혜택을 받는 이들은 3천 명에 이른다. 퇴직 연금의 경우에도 마찬가지고, 이에 더하여 연말에는 성탄절을 앞두고 13개월 차 보너스도 지급하고 있다.

또한 매우 불안정한 환경에서 살아가는 이들에게 중요한 점으로, 거의 모든 직원이 인터뷰에서 언급한 내용이 있다. 바로 토도 브리요는 매달 마지막 날에 정확히 월급을 지급한다는 것이다. 이는 경쟁업체 대부분이 급여를 일주일 이상 늦게 주는 것에 비하면 대단히 큰 차이점이다. 더 나아가 급하게 돈이 필요한 직원들에게는 월 중순에 최대 30%까지 급여를 선지급하고 있다. 실제로 직원 가운데 80%가 선지급을 신청하고 있고, 이는 회사가 직원들의 사정을 감안하여 상당한 행정 업무상의 부담을 지고 있음을 의미한다.

대부분의 직원들이 주 48시간 근무하지 않음에도 회사는 이러한 방침을 고수하고 있다. 이는 사실 기업의 입장에서는 큰 재정적 부담이다. 그러나 이것은 마리아 엘레나와 그녀의 가족이 토도 브리요를 통해 만들어 낸 '나눔'의 경영 방식이다.

"그것은 비용이 아니라 투자입니다." 라며 막내인 오라시오는 거듭 강조한다. 이러한 신념은 회사 홍보 책자의 첫 문장에도 분명히 명시되어 있다. "토도 브리요는 민첩성, 유연성, 효율성과 형재애를 함께 추구하는 기업입니다." 이 문장에 그들의 포부가 고스란히 담겨 있다.

그리고 그들은 그 포부대로 성과를 거두었다. 2002년 자격 미달인 이들을 꾸준히 고용해 온 토도 브리요는 동종 업계 최초로 품질 향상과 관련된 국제 표준인 ISO 9001 인증을 받았다. 파라과이에서 국제 표준을 따르는 선두 기업이 된 토도 브리요는 인증 심사에 필요한 모든 절차를 직접 만들어야 했고, 이 절차들은 현재 파라과이에서 모범 사례가 되었다. 토도 브리요는 ISO 9001 인증을 획득함으로써, 이러한 인증을 요구하는 새로운 다국적 기업들을 유치할 수 있었고, 가장 신뢰받는 서비스 제공업체 가운데 하나로 인정받고 있다.

그렇다면 토도 브리요는 어떻게 이런 성과를 거둘 수 있었을까? 이를 이해하기 위해 우리는 이 놀라운 기업의 운영 방식을 좀 더 자세히 살펴보기로 했다.

자격 미달자를
채용하다

이러한 '자발적인' 비용 부담은 채용 단계에서부터 발생한다. 가장 유능하거나 회사에 이득이 되는 사람들을 뽑는 게 아니라, 오히려 가장 도움이 필요한 사람들에게 일자리를 제공하기 때문이다. 이러한 채용 방식에는 상당한 위험이 따르기 마련이고 이에 대한 대처도 필수적이다. 여기서 마리아 엘레나가 어떻게 그러한 직원들을 채용하여 실질적인 인력 관리 정책을 성공시켰는지 자세히 살펴보고자 한다.

토도 브리요의 직원들은 어떤 사람들일까? 이 회사엔 여성이 압도적으로 많다. 행정 부서이든 현장이든 마찬가지다. 이렇게 된 데에는 두 가지 이유가 있다. 첫째로, 이 직업이 대부분의 남성에겐 매력적이지 않다. 특히 파라과이 여성들이 곧잘 하는 표현을 빌리자면 지극히 '마초적인 이 나라'에서 더욱 그러하다. 하지만 토도 브리요가 여성들을 우대하는 이유는 여성들이 대부분 자녀를 둔 어머니이기 때문이다. 직원들 대부분이 많은 식구를 책임지고 있는 가장이다(평균적으로 직원 1명당 3명의 자녀가 있고 일부 여직원은 미혼인 학생들이다). 또 그들 가운데 더러는 이혼이나 가정 폭력을 겪은 뒤 홀로 아이들을 키우는 싱글맘이다. 그렇다면 회사는 어떠한 방식으로, 출퇴근 시간을 포함하여 최소 주 48시간의 근로 조건을 보장하고, 육아로 인한 잦은 결근까지 감당하고 있을까? 이러한 상황에 더해 이 나라 여성들의 낮은 교육 수준은 여성들을 고용 불안정과 불법 노동의 주된 희생자로 만들고 있다.

토도 브리요는 그에 대한 보완책으로 학생들을 보충 인력으로 고용하고 있다. 파라과이에서 학생들이 학업을 안정적으로 이어가기란 매우 어려운 일이다. 서른이 지나서도 학업을 마치지 못한 젊은 직장인을 드물지 않게 볼 수 있다. 학비가 (거의) 무료인 국립대학의 수가 적다 보니 많은 학생들이 한 해 동안은 일하여 학비를 벌고, 그 이듬해에 수업을 듣는다. 전일제 일자리와 학업을 병행하기가 어렵기 때문이다. 상황이 이렇다 보니 학생들은 불법 고용의 표적이 된다.

반면, 현재 토도 브리요 본사의 사무직원 가운데 절반이 학생이다. 물론 이들은 모두 사회보장기금에 기여하고 있다. 토도 브리요는 인력 채용을 전적으로 직원들의 추천에 기대고 있고, 직원들은 친지와 지인 등 주변 사람들을 위한 일자리를 회사에 요청한다. 실제로 거의 모든 직원이 어머니, 형제, 삼촌, 또는 이웃의 추천으로 회사에 들어와 일하고 있다. 일부 지역은 직원들 사이에서 농담 삼아 "토도 브리요 동네"라고 불릴 정도이다.

마리아 엘레나는 한 가족이 진정 가난에서 벗어나기 위해서는 안정적인 소득원이 하나뿐 아니라 다양해야 한다고 보았다. 이러한 직원 추천제도로 인해 사측이 신입 직원들과 신뢰 관계를 맺고, 그들의 개인적인 상황을 더욱 잘 이해하여 직원의 가족 문제 등을 더욱 효과적으로 도울 수 있다. 또한 직원들에게 책임감을 기를 수 있게 하는 좋은 방법이기도 하다. 업무 외적인 관계 덕분에 직원들은 여러 난관 속에서도 계속 일할 힘을 얻는다.

토도 브리요의 채용 방침이 사회적 가치를 지향하고 있긴 하지만, 모든 직원이 장기적인 수익성 향상에 기여할 수 있어야 한다. 그러나 안타깝게도 모든 직원이 다 그렇지는 않다. 마리아 엘레나는 그 점을 이렇게 설명했다. "우리는 일자리가 필요한 사람을 채용하지만, 동시에 책임감 있게 일할 수 있는 사람만 채용합니다. 모든 사람이 정해진 근무 시간을 맞출 수 있는 것도 아니고, 매일 일할 수 있는 것도 아니니까요. 어떤 이들은 가족만이 줄 수 있는 정서적 지원이 부족한 경우도 있죠. 가족의 지지는 학생일 때는 물론 일할 때도 절대적으로 필요합니다."

이러한 채용제도가 제대로 작동하려면, 직원들이 자기 일을 제대로 수행해야 한다. 하지만 이 업무는 겉보기만큼 간단하진 않다. 전문 직종 고객들의 일터를 청소한다는 것은, 각기 다른 개개인의 요구에 끊임없이 적응해야 한다는 것이다. 이는 매우 다양한 노동 환경에서 일해야 한다는 것을 의미하기도 한다. 예를 들어, 은행 지점에서는 고객들 사이에서 일해야 하고, 때로는 트럭과 공장의 생산 라인을 오가야 한다. 또한 눈에 띄지 않게 행동하면서도 업무에 방해가 되지 않도록 주의해야 하고, 고객

특유의 습관을 존중해야 하며, 때로는 소리를 내거나 통행을 차단하기에 적절한 시간을 파악하기 위해 조심스레 소통할 줄도 알아야 한다. 자격증도 없고 경제적으로 불안정하게 살아가는 이들에겐 이것이 결코 쉬운 일이 아니다. 그렇다면 그들은 이 일을 어떻게 해내고 있는 것일까?

그리고 그들을
지킨다는 것!

토도 브리요는 오로지 일에 대한 절실한 필요와 의지를 기준으로 직원을 뽑는다. 사실 지원자들 대부분이 자격증이나 실무 경험이 전무하기 때문에, 선발 단계에선 업무 수행 능력을 예측할 수 없다. 따라서 토도 브리요의 접근 방식은 능력 있는 사람을 선발하는 것이 아니라, 그들이 능력을 갖출 수 있도록 여건을 만들어 주는 데에 있다. 적절한 지원만 있다면, 능력이 부족한 사람도 해낼 수 있다는 믿음에서 출발하는 것이다.

15년 근속 후, 현재 관리자로 일하는 한 여직원은 입사 초기에 겪은 경험을 들려주었다. "토도 브리요에 입사했을 당시 저는 문제가 많은 사람이었어요. 문제가 생기면 출근하지 않았죠. 그들은 인내심을 갖고 이유를 물었어요. 그러면 저는 제 사정을 말했고, 회사에선 도와줄 사람들을 찾아주었죠. 왜냐하면… 저는 오랫동안 폭력 속에서 살았거든요. 가정 폭력이었죠. 전문가들이 저를 도우러 왔고, 그 덕분에 저는 어엿한 직장인으로 성장할 수 있었어요."

파라과이의 전체 인구 가운데 4분의 1 이상이 빈곤 상태에 있으며, 건강상의 이유나 폭력으로 피해를 당해 일을 할 수 없게 되면, 즉시 일자리를 잃는 경우가 많다. 따라서 어려운 상황이 지나가면, 고용주가 자신을 진정으로 존중해 줄 거라는 확신 없이는 출근도 하지 않으려고 한다. 기업의 입장에서 보면 이는 직원들의 미래가 불확실해지고, 이직률도 높아지는 것을 의미한다. 결근한 직원이 다음 날 출근하여 계속 근무할지 알 수 없기 때문이다.

이러한 이유로 토도 브리요는 직원들에게 회사가 그들을 저버리지 않을 것임을 이해시키는 데에 상당한 노력을 기울인다. 다만, 그 전제 조건으로 직원들도 충실히 지켜야 하는 규칙이 있다. 포기하지 말고, 어려움이 생기면 반드시 인사팀에 이야기해야 하는 것이다. 인사팀은 창의력을 발휘하여 날마다 벌어지는 돌발 상황에 맞춰 해결책을 찾고자 고군분투하고 있다.

인사팀 직원들의 설명은 명확했다. 채용 시에는 입사 지원자에게 필요한 자격이 있는지를 따지지 않지만, 일단 채용된 뒤에는 성실히 일하겠다는 결의를 보여줘야 한다. 이는 사측과 직원들 사이에 이루어지는 일종의 '계약'이다. 회사가 직원들을 절대적으로 지원하는 만큼, 직원들도 책임 있는 태도를 보여야 한다는 상호 합의로, 이는 인재를 유지하기 위한 필수조건이다.

그래서인지 토도 브리요는 입사 초기에 결근한 직원에게 엄격한 태도를 취한다. 특히 입사 초기 두 달 동안은 결근 여부를 인사팀이 예의주시하며, 적발될 경우 신속하게 해고를 통보할

 그리고 그들을 지킨다는 것!

수 있다. 무슨 일이 생기더라도 직원들은 최선을 다해 업무를 수행하고, 불가능할 경우엔 즉시 회사에 알려야 한다. 결근은 한 달에 세 번까지 허용되지만, 반드시 알려야 하며 가능한 한 직접 사무실에 와서 정당한 사유를 밝히고 양측이 연락을 유지할 수 있도록 한다. 각각의 결근 사안은 신중하고 사려 깊게 개별적으로 처리되지만, 매우 엄격한 기준이 적용된다.

인사팀은 직원의 결근 사유를 '미시적'으로 파악하고 그 심각성을 평가하는 데 그치지 않고, '거시적' 원인까지 분석한다. 예컨대 요일별, 월별 빈도와 직원 유형별 결근 현황 등이다. 토도 브리요는 직원들 중 많은 이들이 결근할 가능성이 있다는 사실을 잘 알고 있고, 심지어 그러한 사람들을 일부러 찾고 있다고까지 말할 수 있다. 따라서 회사는 직원 개개인을 개별적으로 맞춤 관리하여 그들의 결근 이유를 파악하고 있다. 또한 어려움을 겪고 있는 직원들에게 적절한 지원을 하기 위해 전문 심리상담사를 두고 있다.

운영관리자인 라우라Laura는 이렇게 설명했다. "결근이 너무 잦으면 그를 해고하고 다른 사람을 찾습니다. […] 하지만 그 사람이 일을 계속하고 싶어 하고, 일에 관심도 있고, 업무 능력도 있는 경우라면 문제가 달라지죠. 어떤 이유로든 어려움을 겪고 있다면, 그 사람이 문제를 해결하고 계속 일할 수 있도록 도울 방법을 찾습니다."

만일 고객이 어떤 직원을 충분히 신뢰하지 못해 불만을 토로하며 다른 직원으로 교체해달라고 요청할 경우(이 업계에서는 흔한 일이다), 마리아 엘레나는 곧장 그 직원의 개인 사정을 알아보고 진심을 살핀다. 그녀는 항상 직접 전화를 걸어 격려부터 하고 이야기를 시작한다. "고객이 당신의 일에 만족하지 않았나 봅니다. 하지만 나는 당신을 믿어요. 다른 고객에게 가서 일하도록 다시 기회를 줄게요. 이번 고객은 어떨지 모르겠지만, 나는 당신을 믿어요. 잘 해낼 수 있겠죠?" 물론 고객의 의사도 고려해야 하지만, 마리아 엘레나에게 가장 중요한 것은 언제나 자기 직원이다. 그것이 바로 그녀가 이 일을 하는 유일한 목적이다.

다행히 실패 사례는 드물다. 직원의 이직률은 5~8%로, 이 업계에서는 매우 낮은 편이다(참고로 2018년 프랑스 청소업계의 평균 이직률은 26%였다[3]).

토도 브리요의 인사팀은 직원의 무단 결근과 이직률 증가, 채용 실패로 인한 비용 및 행정 업무의 부담 증가라는 심각한 문제를 해결하기 위해 적극적인 노력과 창의적인 접근 방식을 취하고 있다. 인사팀은 급여, 채용, 교육이라는 주요 인사 업무와 관련하여 세 가지 방안을 시험해 보았다.

첫 번째로 시행된 조치는, 무단결근 사유를 제대로 해명하지 않은 직원들을 대상으로 한 일종의 '교육적 처벌'이다. 토도 브리요는 대부분의 국내 기업과 달리, 모든 직원에게 매월 말일 정확히 급여를 지급하는 것을 자부심으로 삼는다. 하지만 사전 통보 없이 결근한 직원에게는 다음 달 5일에 급여를 지급한다. 이

---

3   [원주] Insee(프랑스 국가통계경제연구소, Institut national de la statistique et des études économiques) 통계 자료 출처: www.insee.fr/fr/statistiques/3362457

      그리고 그들을 지킨다는 것!

는 직원으로 하여금 자신의 '무책임한' 행동을 인지시키고 분명한 경고 주기 위한 것이다.

하지만 그러한 조치는 한 달 이상 근무한 직원들에게만 해당된다. 회사에 가장 큰 비용과 문제를 초래하는 이들은, 단 하루나 일주일 만에 그만두거나 아예 첫날부터 출근조차 하지 않는 경우이다. 운영관리자인 라우라는 그 점을 안타까워하며 말했다. "계약서에 서명하고, 유니폼까지 받아 놓고는 출근 첫날부터 나오지 않는 사람들이 정말 많았어요."

그리하여 인사팀은 채용 시점을 조정하기 위한 방안을 모색했다. 직무 수행 능력을 평가하기 위한 사내 심리상담 외에도, 채용과 정식 근무 사이에 일종의 '완충 시기zone tampon'를 둔 것이다. 실제로 신입 직원은 현장 실무를 시작하기에 앞서 토도 브리요 본사의 사무실 청소를 반나절 동안 몇 차례 수행한다. 이 과정에서 현장에서 일하는 직원이 신입 직원들을 맞이하고 지도하는 역할을 맡는다. 이러한 방식은 구직자들이 실제 업무 환경을 경험하게 하는 좋은 기회가 된다. 마리아 엘레나는 이 점을 분명히 했다. "누구나 청소를 할 줄 안다고 생각하지만, 자기 집을 청소하는 것과 전문가로서 청소 일을 하는 것은 전혀 차원이 다르죠."

이것이 신입 직원이 받는 첫 번째 교육이다. 이를 통해 기업 환경에서 요구되는 전문성과 태도, 예를 들어 신중한 행동과 말씨 등을 배운다. 이러한 수습 교육은 실제 현장보다 훨씬 따뜻하고 스트레스가 적은 환경에서 이루어지며, 본사 직원들도 신입 직원들에게 이해심을 갖고 조언하는 등 도움을 준다. 이 짧은 수습 기간이 끝난 뒤에야 비로소 신입 직원들은 유니폼을 받고, 대부분 팀 단위로 실무에 배치된다.

한편, 입사 초기에는 애사심과 그에 따른 책임감이 아직 충분히 형성되지 않았다는 점을 감안하여 직원들을 격려하는 인센티브 제도도 마련되어 있다. 예를 들어, 한 달 동안 지각이나 결근을 전혀 하지 않은 경우(이를 "개근상"이라고 부른다), 식료품이 가득 담긴 바구니를 받게 된다. 이 선물은 직원들 사이에서 인기가 많다.

하지만 인사팀이 시행하는 이러한 조치들만으로는 회사가 이처럼 놀라운 성과를 거둔 이유를 충분히 설명할 수 없을 것이다. 그렇다면 그처럼 불안정한 삶을 살아온 이들을, 믿음직하고 성실한 직원으로 변화시킨 그 놀라운 기적은 과연 어떻게 이루어진 것일까?

 그리고 그들을 지킨다는 것!

용기의 힘

인사팀에 따르면, 신입 직원들이 입사하고 두 달을 무사히 넘기면 사실상 성공한 거나 마찬가지라고 한다. 하지만 실제 현장에서는 사정이 다르다. 날마다 전쟁이고, 현장이 전쟁터이다. 토도 브리요에서는 '현장 책임자Superviseuses'라고 불리는 팀 책임자들이 중심 역할을 한다. 그녀들[4]은 숙련된 현장 경험을 바탕으로, 동료들이 겪는 어려움—업무만 아니라 개인적인 문제까지—을 매시간 함께하며 지원한다. 현장 책임자는 동료들과 함께 고객사를 방문하여 교육과 조언을 해주고, 업무의 질이 고객의 요구 사항에 충족하는지 확인한다. 또한 일부 고객의 과도한 요구에 맞서 동료들을 보호하는 역할도 한다.

이러한 환경을 직접 경험해보지 못한 사람이라면, 그 안에서 살아간다는 것이 어떠한지 상상조차 하기 어려울 것이다. 나

---

4   토도 브리요에서는 여성이 전체 직원의 대다수를 차지하며, 남성은 운전기사 등 특정 직종에 집중되어 있다. 따라서 회사에서는 직원을 가리킬 때, 여성 대명사를 사용하는 것이 자연스럽다. 이런 상황에서 포괄적인 말투의 부자연스러움을 피하기 위해 가끔 남성형보다 여성형을 우선시하는 경우가 있음을 밝히며, 독자들의 양해를 구한다.

역시 전혀 짐작할 수 없었지만, 어느 날 갑작스럽게 내린 폭우로 거리의 배수로가 막혀 급격히 물이 불어나는 것을 몸소 경험하면서, 나는 그들의 현실을 조금 더 절실히 느끼게 되었다. 강가 빈민촌에 사는 토도 브리요의 직원들이 계속 생각났다. 그곳은 침수 위험으로 건축이 금지된 지역이지만, 갈 곳 없는 사람들이 하나둘 모여 허술한 판잣집을 짓고 살고 있다. 그녀들은 얼마나 강인하고, 대단한 용기를 지니고 있는가! 폭우 속에서 자기 집이 무사한지, 홍수에 휩쓸려 갔는지조차 모르는 상황에서, 어떻게 은행의 호화로운 사무실을 정성껏 청소할 수 있단 말인가? 마음으로는 아이들이 버스를 타고 무사히 학교에서 돌아왔는지, 아니면 물에 잠긴 거리를 걸으며 온갖 위험 속에서 헤매는 건 아닌지 매 순간 걱정하면서⋯. 어쩌면 그들은 또 홍수가 보금자리를 앗아간 그 자리에, 어디서 왔는지조차 알 수 없는 물살에 떠내려 온 폐자재들을 있는 힘껏 모아, 또다시 집을 지어야 할지도 모른다.

그리고 실제 그러한 일이 일어났다. 그들 가운데 한 사람의 이야기를 들었다. "홍수가 나서 모든 것을 잃었어요. 침대도, 옷도⋯ 아무것도 남지 않았죠. […] 회사에서 모든 걸 다 사줬어요. 마리아 엘레나도 저를 돕고자 수표를 주셨죠." 한 현장 책임자는 이렇게 설명했다. "집에서 문제가 생기면 사람들은 그 문제를 일터로 가져오죠. 그러면 그들의 말을 들어주고 답을 주어야 해요. '당신의 직장을 생각해봐요. 당신에겐 아이들이 있고, 내야 할 공과금들도 있죠. 일자리를 잃게 되면 어쩌려고요? 더 힘들어질 거예요. 힘을 냅시다!' 그런 식으로 문제를 풀어나가죠."

회사의 지원 형태에 대해 구체적으로 질문하자, 물론 경제적인 도움을 주기도 하지만 무엇보다 조언과 격려, 그리고 곁에 같이 있어 주는 정서적 지지를 해 준다고 말했다. 그러한 정서적 지지가 어려움을 견디게 해 주고, 직원들이 "직장에선 문제를 잊고 일할 수 있도록" 해 준다. 물론 현장 책임자들은 아무리 회사가 직원들을 돕겠다고 나선다 해도 자신들이 동료들에게 딱히 해 줄 것이 없다는 것을 누구보다도 잘 알고 있다.

그렇다면 감독관들은 어떻게 어려움을 겪는 직원들을 돕는 것일까? 해답은 바로 용기를 북돋아 주는 것이다. 많은 직원의 마음에 깊이 새겨진 마리아 엘레나의 명언, "우리 여성들은 용감합니다."를 반복해서 강조하는 것, 그것이 해답이다. 한 직원은 내게 이렇게 말했다. "회사는 우리 여성들에게 존중받는 법을 가르칩니다. 우리에게 용감하다고 말해주죠. 진에는 그걸 몰랐어요. 그 말을 듣고 용기를 얻었죠. 그러면서 제 인생이 바뀌었어요."

그녀들은 무슨 일이 있더라도 꿋꿋하게 견뎌야 한다는 것을 안다. 꽉 붙잡고 매달려서 가족의 유일하고 안정적인 수입원인 소중한 직장을 잃지 말아야 한다는 것을 안다. 따라서 어떠한 상황에서도 이를 악물고 높은 수준의 전문성을 유지하는 법을 배운다.

현장 책임자들은 이러한 기본적인 지원 업무를 매우 중요하게 여긴다. 종종 그들이 직원을 "딸!"이라고 부르는 것에서 볼 수 있듯이 마치 '모성애'와 같은 애정을 보이기도 하는데 그 효과는 분명하다. 불평등한 사회 시스템에서 비롯된 다양한 형태의 폭력을 경험한 여성들에게, 직장은 자존감을 회복하는 공간이 된다. 한 여성은 이렇게 말했다. "그들 덕분에 저는 어엿한 한 사람으로 성장했어요. 그들은 제게 전화해서 말해주곤 했죠. '딸! 너는 소중한 사람이야. 우리는 너를 정말 사랑해.' 이러한 말들이 제 자존감을 많이 키워줬죠. 그들은 그저 제 직속상사가 아니에요⋯. 그들은 저의 가족이죠."

또 다른 직원도 말했다. "저는 많이 바뀌었어요. 마음이 예전보다 훨씬 편안해졌어요. 제 일이 정말 중요하다고 생각해요. 사무실 책상에 앉아 일하는 사람들만큼이나 저도 중요한 사람이에요. 제가 덜 중요하다고 느끼지 않아요." 어떤 직원은 여전히 수줍게 고개를 숙인 채 이렇게 말하는 반면, 어떤 직원은 이제 훨씬 더 자신감 넘치는 태도를 보이며, 특히 최고위급 임원들과의 소통에서 뛰어난 능력을 발휘하기도 한다.

마리아 엘레나는 회사 안내 책자 머리말에 이러한 소망을 진심 어린 신념의 표현으로 전하고 있다. "동료 여러분, 그동안 직면했던 모든 도전을 이겨냈고 또 지금도 이겨내고 있는 여러분을 축하합니다. 앞으로도 자아실현에 최선을 다하며 자신과 타인의 경험을 바탕으로 더욱 발전해 나가시길 기원합니다. 여러분의 노력이 언젠가 결실을 맺을 것이라는 확신을 가지고 변함없이 헌신해 주시기를 바랍니다."

직원 만족도를
최대화하다

매일 아침, 본사의 운영관리팀은 분주히 움직인다. 활기찬 4명의 젊은 여성으로 이루어진 운영관리팀은 지역별 현장 팀들이 보고한 결원을 대체할 인력을 서둘러 편성하느라 여념이 없다. 이들이 날마다 충원해야 할 자리는 평균 20여 개로 전국에 걸쳐 분포되어 있다. 이 일은 다소 까다로운 업무 조정으로, 투입 가능한 대체 인력들이 저마다의 개인과 가정 사정을 가진 여성들이기 때문이다.

활기 넘치는 라우라가 이끄는 운영관리팀의 목표는 분명하다. 고객 만족을 보장하면서, 직원 만족도를 극대화해야 한다는 것. 마리아 엘레나도 그 점을 운영관리팀에 늘 강조한다. 후안 페드로도 이를 뒷받침한다. 그는 토도 브리요와 경쟁사들의 차이점이 바로 직원에 대한 배려라고 말했다. "직원들은 자신들이 물건처럼 취급받는다고 느끼지 않고, 사람으로서 존중받고 있다고 느낀다"라는 것이다.

그렇다면 이러한 목표는 어떻게 실행되는 것일까? 먼저, 운영

관리팀은 직원들이 집에서 최대한 가까운 곳에서 일할 수 있도록 배려한다. 또 젊은 직원들이 경험 많은 숙련된 직원들과 함께 일하도록 배정하며, 각자의 가정 상황을 고려해 근무 일정을 조정한다. 복잡하고 끊임없이 변화하는 인간관계 속에서 매일, 매시간 대응해야 하는 운영시스템인 것이다. 이렇게 하기 위해서는 직원들을 개인적으로도 잘 알아야 한다. 바로 이러한 이유로 토도 브리요 본사 운영관리팀의 인력 관리 방식은 매우 독특하다. 그들은 전 지역에 걸쳐 900명의 직원들에게 일일이 사례별로 맞춤형 관리를 하기 위해 노력하고 있다.

라우라는 토도 브리요에서 12년이 넘게 일해 온 터라 개인적으로도 모든 직원을 잘 알고 있다고 장담했다. 실제로 개방형 구조의 본사 사무실로 들어오는 사람이라면 누구나 그녀에게 인사하거나 가볍게 뺨 인사를 건네고, 웃으며 이야기를 나눈다. 이 업무의 베테랑인 그녀는 직원 한 사람 한 사람의 인생을 속속들이 알고 있는 듯했다. 어떻게 그럴 수 있느냐고 묻자, 그녀는 웃으며 대답했다. "직원들과 사이좋게 지내고 있어요. 그래서인지 제게 자신들의 삶에 대해 말해주죠. 게다가 저는 기억력이 좋아요…. 아이들의 이름이나 그들의 상황, 필요사항까지 기억하죠. 사람들이 가장 중요하게 생각하는 것은 자신에게 관심을 갖는 것이니까요. 보통 속내를 털어놓을 때, 사람들은 자신의 말에 귀 기울여주기를 기대하잖아요." 그러면서 이 말을 덧붙였다. "제게 중요한 건 사람들이에요. 바로 직원들이죠. […] 저는 사람들을 돕는 걸 좋아해요. 그런 관계를 좋아하죠. 문제는 늘 생기지

　　직원 만족도를 최대화하다

만, 저는 그걸 해결하는 걸 좋아해요. [⋯] 네, 정말 그래요. 우리는 사람들과 함께 일하고 있고, 사람들은 그러한 관계가 필요하기 때문이죠. 우리는 기계가 아니잖아요. 자신의 말을 누군가 귀담아듣는다고 느낄 필요가 있죠. 가족처럼 받아들여진다고 느끼게 만드는 것이 바로 우리의 목표랍니다.”

모든 직원이 라우라처럼 노련함과 뛰어난 기억력을 가지고 있지는 않다. 본사의 인사부서 책임자는 바로 그 점이 자신의 큰 숙제라고 토로했다. “이렇게 많은 사람을, 특히 굴곡진 삶을 살아온 이들을 대하는 일은 정말 어려워요. [⋯] 그들의 입장이 되어보고, 그들의 눈높이에 맞추는 일은 쉽지 않죠. 그들은 그날그날 버티며 살아가니까요.” 실제로 국제법을 전공한 그녀는 이곳에서 처음으로 기초 교육조차 마치지 못한 아이들과 소통했다고 말했다.

직원들의 말을 통해서도 그것을 충분히 알 수 있다. 한 현장 책임자는 이렇게 말했다. “저는 다른 청소 회사에서도 일해 봤어요. [⋯] 그곳 사람들은 이렇지 않았죠. 그들은 우리가 어떠한 환경에 있는지 마음 써주지 않았어요. 하지만 여기는 그렇지 않아요. 우리를 염려하고 신경 써주죠. 우리에게 어떤 사정이 있는지 알아요. 직원들이 이렇게나 많은데도 다 알고 있어요.”

회사는 직원들 간의 교류를 적극 장려하고 있다. 이러한 목적에서 하루 근무 시간에 약 30분 정도 유급 휴식 시간이 포함되어 있고, 점심시간에도 가능한 한 직원들이 함께 보내도록 배려하고 있다. 또한 고객사들에 토도 브리요의 직원들이 쉴 수 있는 전용 휴식 공간을, 작더라도 반드시 마련해 줄 것을 요구한다.

한편, 업무 조직과 팀 교육 또한 중요한 역할을 한다. 운영관리팀은 한 고객사에 가능한 한 같은 팀이 고정적으로 근무할 수 있도록 업무를 배정한다. 이를 통해 팀원들은 서로를 알게 되고 유대감을 맺는다. 전반적으로 보면 인력 순환이 잦은 편이지만, 이러한 노력 덕분에 직원들은 토도 브리요를 하나의 큰 팀으로 받아들이게 된다. 수도에서 멀리 떨어진 직원들과도 긴밀한 유대를 유지하고자 회사는 전담 코디네이터들을 두고 있는데, 이들은 정기적으로 직원들을 방문하여 요구 사항을 경청하고, '토도 브리요 가족'의 다른 구성원들의 소식도 전하며 본사와 친밀감을 느낄 수 있도록 한다.

운영관리팀의 신념은 명확하다. 직원들을 돕는 것이 업무 효율성을 높이는 최선의 방법이라고 확신한다. 고객마다 요구사항이 매우 구체적이기 때문에, '마음이 집에 가 있는' 직원은 자기 일을 제대로 해낼 수 없다. 그렇다면 운영관리팀은 성공을 거두었을까? 여러 지표가 그렇다는 것을 입증하고 있다.

2017년 한 외부 컨설턴트가 토도 브리요의 15개 팀, 102명의 직원을 대상으로 실시한 사내 조직 분위기와 근로 환경에 대한 설문조사 결과를 보면 이러하다. 평균적으로 직원들 가운데 89%가 근무 환경에 만족했고, 78%는 사내 분위기에 만족했다. 팀워크에는 83%, 사내 소통에는 76%, 또 회사의 갈등 관리에 만족한다는 직원과 가치 추구에 동감하는 직원들이 각각 77%로 동일했고, 83%는 회사에서 신뢰와 열린 마음을 경험한다고 답

 직원 만족도를 최대화하다

했다. 그리고 85%는 회사가 자신의 전문성을 개발하는 장소라고 답했고, 81%는 회사의 경영 방식을 긍정적으로 평가했다.

그런데 설문 문항 가운데 비판과 제안을 수집하기 위한 서술형 문항을 살펴보면 몇 가지 미묘한 차이가 드러난다. 대부분의 회사와 마찬가지로, 직원 대부분의 요구사항은 일에 대한 긍정적인 피드백을 자주 받고 싶다는 것과 업무 성과가 좋을 경우, 더 큰 인정을 받고 싶다는 것이었다. 또한 장거리 출퇴근으로 하루 근무 시간이 과도하게 길어지는 점을 고려하여 급여를 인상해 달라는 요구도 있었다. 일부 직원들은 고객사에서 일하며 겪는 폭언 때문에 두려운 마음으로 일한다고 털어놓았다. 특히 불친절한 관리자나 무례한 경비원이 문제라며 상급자가 더 자주 현장을 방문해 줄 것을 요구했다.

한편, 운영관리팀의 관리 방식이 실효를 거두고 있음을 뚜렷이 보여주는 또 다른 지표가 있는데, 비슷한 직책으로 다른 회사에 이직했던 직원들이 모두 토도 브리요로 돌아온 것이다. 후안 페드로는 이 점에 주목했다. "직원들의 복귀 기간을 보면 아무리 늦어도 두 달을 넘지 않았습니다." 나는 인터뷰를 하면서 토도 브리요의 직원들이 좋은 근무 환경에서 일하고 있다는 것을 인식하고 있음을 알 수 있었다. 한 중견 간부는 첫 인터뷰 때부터 이렇게 말했다. "제가 이 회사를 떠나게 되는 날, 아마 이런 직장은 두 번 다시 못 만날 거예요." 그리고 이렇게 덧붙였다. "저는 이곳에 남기로 했어요. 여기가 좋아요. 혜택도 많고, 배울 점도 많죠…. 물질적인 면에서도 급여가 높은 편이고, 문제가 생기면 먼저 제 입장에서 이해해 주고, 괜히 문제를 더 크게 만들어 트집 잡지도 않죠. 저는 이곳이 정말 좋아요.”

물론 직원들이 회사에 만족하는 이유로 큰 비중을 차지하는 것은 항상 정해진 날짜에 지급되는 높은 수준의 급여다. 직원들이 이 점을 자주 언급하는 것을 보면, 대부분의 회사들이 그렇지 못하다는 뜻일 것이다. 또한 모든 직원이 혜택을 누리는 훌륭한 건강보험도 빼놓을 수 없다. “저는 사회보장과 복지 서비스를 이용할 수 있고, 자녀를 위한 가족 수당도 받고 있어요. 그리고 토도 브리요에서만 누릴 수 있는 좋은 혜택이 또 하나 있어요. 매달 말에 여성 의사 선생님이 와서 산부인과 검진을 해 준다는 거죠.” 이러한 혜택들로 직원들은 이전엔 누릴 수 없었던 삶의 질을 누릴 수 있게 되었다.

하지만 경제적인 혜택보다 직원들이 감사해하며 말한 것은 바로 그들이 힘든 시기에 받았던 개인적인 도움이다. 인터뷰를 하면서 그들이 감격의 눈물을 흘리는 모습을 보고 이러한 지원이 그들에게 얼마나 소중했는지 알 수 있었다. 토도 브리요는 꼭 그렇게 할 의무가 없었음에도, 매번 직원들에게 도움을 주었다. 회사, 더 정확히 말하면 마리아 엘레나와 그녀의 아이들, 그리고 본사의 뛰어난 팀들은 자신들의 책임 범위에 속하는지 아닌지조차 따지지 않고, 그렇게 하는 것이 자신들이 해야 할 마땅한 일이라 확신하며 최선을 다해 돕고 있다.

이 모든 일로 매일 가장 큰 부담을 느끼는 사람은 바로 토도 브리요의 인사팀 책임자이다. 그녀는 고충을 거리낌없이 솔직

 직원 만족도를 최대화하다

하게 털어놓으면서도 직원을 도와야 할 때라면 조금도 망설이지 않는다. 그것은 신념 때문만이 아니었다. 그녀가 지금의 자리에 있을 수 있게 된 것도 다 회사의 '무모한' 방침 덕분이기 때문이다. 그녀는 자신의 이야기를 들려주었는데, 인사 책임자로 막 채용되었을 때의 일이었다. "당시 어렸던 제 두 아이가 아주 심하게 아팠어요. 이 때문에 결근하는 날이 많았죠. 회사가 저를 믿어주지 않았다면, 다닐 수 없었을 거예요…. 아이들이 1년 동안 열아홉 번이나 입원해야 했거든요! 약값을 낼 돈도 없었는데, 회사에서 다 대주었어요." 심지어 의사가 더 이상 방법이 없다고 말했을 때, 후안 페드로는 인터넷을 검색하여 가능한 치료법을 찾았고, 미국에서 아이들을 구할 수 있는 약품을 주문해 주었다. 그리고 실제로 그 약은 효과가 있었다! 이후에도 회사는 그 약을 먹는 동안 계속해서 비용을 부담했다.

"회사에 대한 저의 충심은 그들에 대한 신뢰에 바탕을 두고 있어요." 그녀는 눈에 눈물을 글썽이며 그렇게 말했다. "그때 깨달았죠. 우리 모두는 도움이 필요하다는 것을요." 이제 그녀는 어려움을 겪는 여성을 돕는다는 것이 무엇을 의미하는지 피부로 느끼고 있다. 그리고 앞으로도 어떠한 대가를 치르더라도 그 일에 계속 헌신할 것이다. 물론 치러야 할 대가는 만만치 않다. "엄청난 노력과 열정, 야망, 좌절까지 많은 대가를 지불해야 하죠. 우리는 늘 더욱 완벽하길 바라지만, 현실은 그렇지 않잖아요."

직원들을
돌보는 일

마리아 엘레나는 국제 인증을 신청할 때, 회사가 직원들을 위해 하는 모든 일을 기록으로 남기는 것이 기업의 사회적 책임(CSR) 부문의 실적으로 유리하다는 것을 잘 알고 있었다. 하지만 그녀에게 사회적 책임이란 기업의 가치를 높이고 회사의 발전에 도움이 될 때 비로소 의미가 있었다. 그의 아들 후안 페드로도 직원들을 위한 지출을 줄이고 싶은 유혹을 피하고자, 일부러 관련 비용을 수치화하지 않고 있다고 했다. 그들에게 정말 중요한 것은 직원들에 대한 지속적인 배려이기 때문이다. '그들에게 더 해 줄 수 있는 일이 없을까?' 마리아 엘레나는 스스로에게 늘 이 질문을 던진다.

우리는 앞에서 토도 브리요에서 월급날의 중요성을 살펴보았다. 이날은 상징적으로나 실질적으로도 대단히 중요한 의미가 있다. 월급날 모든 직원은 급여 영수증에 서명하기 위해 본사에 들러야 한다. 이는 사규에 명시된 의무조항이다. 마리아 엘레나는 이날을 축제일로 만들었다. 온종일 행정 부서팀은 말 그대로 현장 직원들을 위한 봉사자 역할을 한다. 사무실 전체가 북새통을 이룬다. 접수처와 회의실 두 곳은 급여 영수증에 서명하려는 직원들로 꽉 찬다. 또 이때를 이용하여 많은 직원들이 경영진과 운영팀, 또는 인사팀과 이야기를 나눈다. 인사팀에게도 이날은 각 직원의 상황을 파악할 수 있는 더없이 귀중한 기회가 된다.

이날 직원들은 근무 시간 중에 본사에 오게 되는데, 작업 현장을 비우면 안 되기에 교대로 방문한다. 사측 입장에서는 상당한 비용이 드는 일이지만, 직원들 사이의 강한 유대감을 형성하는 최적의 방법이기도 하다. 라우라는 온종일 직원들과 인사를 나누고 포옹하면서 바쁘게 움직이고, 마리아 엘레나는 환한 미소를 지으며 직원들 사이를 누비고 다닌다. 이날의 분위기는 화기애애하면서도 활기차다. 사람이 너무 많아 번호표까지 뽑고 줄을 서야 하고, 행정팀 직원들은 번호를 불러가며 정신없이 응대한다. 다른 서비스 창구에도 긴 줄이 늘어선다.

토도 브리요는 전담 심리상담사 외에도 매달 여러 전문가를 본사로 초청하여 직원들이 무료로 이용할 수 있게 한다. 미용사, 네일 아티스트, 내과를 비롯해 산부인과, 치과, 안과 의사, 그리고 사회복지사 등이 정기적으로 방문하여 직원들을 만나고 있다. 이러한 전문 상담은 직원들에게 인기가 많아서, 대기 줄이 너무 길 경우 마리아 엘레나가 직접 나서서 조정한다. 미처 서비스를 받지 못한 직원들에겐 다음 주 예약을 잡아준다. 그녀는 또한 작은 상담실들을 행정 부서가 있는 층에 고정 설치하고, 그 옆에 본사에서 근무하는 여직원들을 위한 수유 및 기저귀 교환실도 마련하여 영유아를 맡길 곳이 없는 직원들을 배려하고 있다.

월급날에는 직원들의 개인 생활에도 도움이 되는 선택적 참여 수업들도 함께 진행된다. 예를 들어, 가계 예산 관리, 가정 내 폭력 예방, 응급처치, 갈등 해결, 자존감 향상, 대인 간 소통 기술, 시민 의식 함양 등 다양한 주제로 직원 교육이 펼쳐진다. 또 선거 기간에는 직원들을 위해 각 후보들의 공약을 소개하고 투표의 중요성을 알리는 교육을 제공한다. 문해력이 부족하거나 정치에 무관심한 직원들이 많기 때문이다.

한편, 마리아 엘레나는 매달 생일을 맞은 직원들을 축하하기 위해 8kg짜리 대형 케이크를 준비하고, 집에서 가족과 함께 생일을 축하할 수 있도록 작지만 유용한 선물과 포장된 케이크가 담긴 선물 꾸러미도 하나씩 나눠준다. 직원들 대부분은 자신을 위해 이런 선물을 마련하진 못했을 것이다.

월급날에는 사무직 직원들이 자발적으로 기증한 물품들로 마련된 물품 나눔 장터도 열린다. 한 달 동안 직원들은 필요한 이들에게 도움이 될 만한 옷가지와 신발, 장신구 등을 회사에 가져온다. 본사의 넓은 개방형 사무실 한쪽에 나눔 장터가 차려진다. 직원들이 한 달 동안 가져온 50여 벌의 옷은 금세 동이 난다. 자신들이 찾아낸 물건에 기뻐하며 새 주인들이 서둘러 가져가기 때문이다. 이러한 모습은 직원들이 서로를 돌보는 토도 브리요의 정신을 완벽하게 보여주는 사례이며 마리아 엘레나는 이를 큰 자랑으로 여긴다.

회사는 또한 '어린이날' 행사를 열어 직원 자녀들에게 '특별한 하루'를 선사하고, 해마다 학용품 세트를 선물한다. 5월 1일 노동절에는 직원들이 직접 나서서 그들이 일하는 여러 도시에서 축제를 열고, 인근 다른 회사들의 직원들도 초대한다.

이와 같이 월말 행사나 주요 이벤트는 주로 직원들을 돕기 위한 활동에 집중되어 있다. 마리아 엘레나는 인사팀에 직원들에게 필요한 것이 무엇인지 체계적으로 파악할 것을 지시한다. 직원들의 학력 수준에 대한 통계 자료를 작성하고, 학업을 마치지 못한 직원들에게 직접 연락하여, 직장 생활과 병행할 수 있는 야간 수업 등 가능한 모든 방법을 동원해 최소한 자격증 하나라도 취득할 수 있도록 돕는다. 이렇게 하여 많은 직원들이 기초 교육 과정을 마칠 수 있었다.

내가 이 회사에 체류 중이던 2019년 3월의 어느 저녁, 마리아 엘레나는 '모두를 위한 경제EoC'의 창업 지원을 위한 국제 네트워크에 대한 이야기를 듣게 되었다. 그다음 날 아침, 나는 토도 브리요의 인사 책임자와 면담을 가졌는데, 그녀는 그날 아침 출근하자마자 마리아 엘레나가 자신을 호출해, 예전에 직원들을 대상으로 했던 꿈의 직업에 관한 설문조사 결과를 다시 검토하도록 요청했다고 말했다. 직원들이 저마다 어떠한 직업을 꿈꾸는지 파악하고, 그들에게 새로운 길을 모색할 직업 훈련 과정을 연결해 줄 방안을 알아보기 위해서였다. 설문조사 결과, 상당수 직원들이 미용실을 차리고 싶다고 답했다. 이에 마리나 엘레나는 서비스 업종에서 창업을 꿈꾸는 직원들을 위한 창업 교육 과정을 마련하고자 했다. 그리하여 개별 직원 관리에 부담을 느끼

고 있던 인사팀은 순식간에 또 하나의 야심 찬 프로젝트를 떠맡
게 되었으니, 바로 직원들이 창업의 꿈을 이룰 수 있도록 그들과
동행하는 일이었다.

고 있던 인사팀은 순식간에 또 하나의 야심 찬 프로젝트를 떠맡
게 되었으니, 바로 직원들이 창업의 꿈을 이룰 수 있도록 그들과
동행하는 일이었다.

공동체를
향한 연대

토도 브리요의 직원들 사이에는 확고한 연대 의식이 존재한다. 직원들은 공공 서비스가 부재하는 환경 속에서 서로를 돕고자 온갖 방법을 모색한다. 누군가가 사고를 당하면, 모두가 최선을 다해 돕고, 그를 지원하기 위한 모금 활동에도 참여한다.

또한, 직원들은 회사가 해결할 만한 문제가 생기면 주저하지 않고 이를 회사에 보고한다. 예를 들어, 많은 직원이 거주하는 '토도 브리요 동네'에서는 유지 보수 담당자들이 근무 시간 중에 회사의 장비를 사용하여 지역 당국이 해야 할 업무를 대신 수행한다. 동네에 고인 물이 있다면, 토도 브리요는 모기 번식과 그로 인해 발생할 수 있는 질병을 막기 위해 직원을 보내어 배수 작업을 한다. 업무 특성상 이른 아침이나 늦은 저녁에 다녀야 하는 여직원들을 위해, 가로등 불빛을 가리는 나무의 가지를 치는 전담팀도 있다.

토도 브리요는 전 직원을 대상으로 분리수거 교육을 실시하여, 직장뿐만 아니라 자기 집에서도 이를 실천하고 자녀들에게도 가르치도록 하고 있다. 이제 직원들은 위생과 청결을 실천하며 비위생적이던 동네를 깨끗하게 바꾸는 데 앞장서고 있다.

토도 브리요는 회사가 속한 지역사회에 수많은 긍정적인 영향을 주고 있다. 회사가 직접 자금을 지원할 때도 있지만, 어떤 경우에는 직원들이 스스로 팀을 꾸리고 가족들을 참여시켜 일종의 '특공대'를 조직하여 동네 환경을 개선하거나, 홍수가 발생한 때에는 휴일에 대대적인 청소 작업을 벌이기도 한다. 토도 브리요는 폐쇄된 공동체가 아니다. 그들은 불안정한 상황 속에 살아가는 모든 이들과 연대하고 있다.

나는 인터뷰를 마칠 때마다 했던 질문을 토도 브리요 직원들에게도 했다. 회사를 한 단어로 정의한다면 뭐라고 할 것이냐고 묻자, 한 직원은 이렇게 대답했다.

"연대입니다. 정말 그래요! […] 전에는 몰랐지만 조금씩 연대하는 법을 배우고 있어요." 회사의 공식 홍보 책자에서도 경영진은 회사를 이렇게 정의했다. "토도 브리요는 다양한 방식으로 선한 영향력을 행사하는 기업입니다. 우리는 누구보다 앞장서서 사회적 불평등을 극복하고자 노력하고 있습니다! 토도 브리요의 목표는 사회에 긍정적인 기여를 하는 것이며, '주는 문화'라는 새로운 문화를 만들어가는 것입니다. 주는 사람은 결국 보상을 받기 마련입니다. 우리 모두가 나눔에 앞장서서 자신의 경험과 노력, 책임감과 헌신을 다한다면, 모든 것이 성장하고, 풍성해질 것입니다."

한편, 이 회사는 이윤을 직원들에게 분배하지 않고, 모든 수익

　　　공동체를 향한 연대

을 새로운 일자리를 마련하고 어려움을 겪는 사람들을 더 많이 고용하는 데에 쓴다. 따라서 기부금은 직원들과 직접적인 관련이 없더라도 사업 활동과 재무제표에 포함된다.

이러한 '기부'는 대체로 무보수 봉사 형태로 이루어진다. 일부 직원들은 무보수로 고객들을 위해 일하기도 하는데, 특히 자선단체들을 위해 일하는 경우가 그러하다. 예를 들어, 마리아 엘레나는 정기적으로 극빈층 노인을 위한 요양원에서 자원봉사를 하는데, 어떤 때에는 토도 브리요의 직원들도 함께 그곳에서 봉사활동을 한다.

또 다른 대표적인 사회공헌 사업으로는 '오퍼레이션 스마일Operación Sonrisa[5]'을 후원하는 일이 있다. 이 단체는 선천성 매독으로 인해 구강기형인 아이들에게 재건 수술을 지원하고 있다. 토도 브리요의 개방형 사무실 벽면에는 '수술 전후'의 아이들 얼굴 사진 30여 장이 걸려 있는데, 토도 브리요가 지원한 결과를 보여준다. 그 아이들 가운데에는 직원들과 그 자녀들도 있다.

"지역사회(회사가 속한 곳은 물론이고 더 넓은 의미에서 주변 지역까지 포함한)를 돌보는 일"에 대한 토도 브리요의 관심을 보여주는 또 다른 영역은 '지속가능성'이다. 마리아 엘레나는 그들이 막대한 양의 유해 물질과 종이를 사용하는 업종에 속해 있음을 잘 알고 있기에, 토도 브리요의 제품 대부분이 친환경적

---

5   오퍼레이션 스마일(Operation Smile; '미소 작전')은 구순구개열 또는 기타 치아와 안면 질환을 가지고 태어난 개발도상국의 어린이와 청소년에게 무료 수술을 제공하는 비영리 국제 의료기구이다.

이고 재활용 또는 생분해성 제품이라는 사실에 자긍심을 갖고 있다. 이는 환경 보호뿐만 아니라 직원들의 건강에도 매우 중요한 요소들이다.

회사는 공급업체와 제조 공정을 꼼꼼하게 검토하며, 필요하다면 더 비싼 제품도 기꺼이 구매한다. 영업팀과 설비 운영팀은 이러한 제품을 고객사들이 받아들일 수 있도록 설득하는 데 많은 노력을 해야 한다. 이러한 제품 사용은 토도 브리요에게 타협의 대상이 아닌 필수 요구 사항이며, 회사의 윤리 규범에도 명시되어 있다.

직원들은 유해 제품 사용을 최소화하는 교육도 받는다. 또한 일회용 제품 사용을 줄이고, 빈 용기와 병을 최대한 재활용하는 방법을 배우며, 자신들이 일하는 고객사에도 함께 실천할 것을 권장한다. 이렇게 해서 직원들은 매달 약 10kg의 폐건전지를 수거하고, 연간 1만 개 이상의 플라스틱 용기를 재활용한다.

회사는 본사 건물에 에어컨에서 나오는 물을 회수하는 시스템도 설치했다(파라과이에서는 기온이 40도를 넘는 날이 많다). 이 시스템 덕분에 하루에 최대 100리터까지 물을 재활용할 수 있다. 또한 산림 복원에도 기여하기 위해 토도 브리요는 해마다 멸종 위기종인 타히Tajy 나무 묘목 400그루를 집에 심고 잘 돌보겠다고 약속한 직원들에게 나눠주고 있다.

이러한 실천은 '지속가능한 발전'의 측면에서 다국적 기업들의 역할에 대한 요구가 점점 높아지는 오늘날, 토도 브리요의 강점이 되고 있다. 사실 이것은 하나의 동일한 가치가 선순환되어 낳은 결과이다. 즉, 어떤 대가를 치르더라도 직원들의 행복을 최우선시하고, 더욱 넓게는 사회 환경에 대한 더 넓은 관심을 기울이는 것이다. 그 외에 모든 것은 부수적인 결과일 뿐이다.

역피라미드 구조

어느 날, 토도 브리요에서 연구 인턴십을 하고 있던 막심Maxime
이 나에게 전화를 걸어 왔다. 그는 대학에서 경영학을 공부하며
배운 기존 모델을 활용해 회사를 분석하려 했으나, 그 어떤 모델
로도 토도 브리요의 특성을 설명할 수 없었다는 것이다. 그러면
서 그는 '역피라미드'라는 개념으로 이 회사의 특징을 설명할 수
있겠다고 했다.

　토도 브리요는 매우 전통적인 방식으로, 곧 기능별로 위계적
인 조직도로 구성되어 있다. 하지만 이 피라미드 구조에서 독특
한 점은 업무의 흐름이 맨 아래, 곧 현장을 향해 있다는 것이다.
회사 운영의 흐름이 맨 위 경영진이 아니라 맨 아래 현장 운영팀
들을 지원하는 방향으로 수렴되는 역피라미드 구조이다. 위에
서 내려오는 지시는 결국 모두 아래에서 올라오는 요청에 대한
응답일 뿐이다. 운영관리팀 책임자인 라우라도 이 특징을 강조
했다. "맞습니다. 바로 현장 팀원들이 우리 회사죠. 회사의 일꾼
들이 바로 그들이고, 그들이 모든 것의 기반이죠." 현장에서 일

하는 직원들도 이 사실을 잘 알고 있다. 그들은 인터뷰 중에 망설임 없이 이렇게 말했다. "아시다시피 우리가 토도 브리요죠. 청소를 하는 우리가 회사를 실질적으로 운영하니까요. 행정팀이 아니고요. 회사가 돌아가는 건 바로 우리의 업무, 고객을 대하는 우리의 태도 덕분이죠."

회사의 조직 구조를 보면 그들의 말이 사실임을 알 수 있다. 업무 조율은 철저히 현장 단위로 이루어진다. 업무 조직부터 일정 관리까지 모든 일이 현장에서 사례별로 결정된다. 활동과 정보 모두 철저히 분산되어 있다. 현장 팀이 자원이 부족하다고 판단하면, 상부 조직에 지원을 요청한다. 비유하자면 상부 조직은 현장 직원들에게 지지대나 보강재와 같은 존재로 인식된다. 행정 부서는 현장 팀들이 날마다 고객 만족이라는 목표를 이룰 수 있게 도와주는 지원 플랫폼 역할을 한다. 각 팀은 온전한 자율성과 함께 자신들의 일로 회사 전체가 돌아간다는 책임감을 느낀다.

따라서 현장 단위로 통제가 이루어지며, 팀이 내부적으로 문제를 해결할 수 없을 때에만 현장 책임자가 지역 코디네이터에게 도움을 요청한다. 문제가 본사 경영진까지 보고되는 경우는 매우 심각한 상황이거나, 직원이 해고될 위기에 처했을 때뿐이다.

그런데 이러한 업무방식은 오직 현장 팀에게만 해당된다. 본사에서는 마리아 엘레나의 영향력이 상대적으로 크다. 한 간부는 이렇게 설명했다. "그녀는 우리 위에서 고객의 요청대로 일이 진행되고 있는지 지켜보고 확인합니다. 제가 뭔가 실수하면 마리아 엘레나가 바로잡아 주죠. 저는 그걸 나쁘게 보지 않아요.

그게 일종의 점검과정이라고 생각해요. 당연한 일이죠.” 또 다른 직원도 같은 말을 했다. “마리아는 모든 사람과 함께 일하고, 소통하며, 모든 일에 관여하죠. 세세한 부분도 그냥 넘기는 일이 없어요.” 토도 브리요는 역피라미드 구조일지 모르나, 모두가 자기 역할을 수행하고 있다. 여기에는 경영진도 포함된다. 그들은 세심하게 살피는 든든한 지원자의 역할을 하고 있다.

승진은 상사의 추천 방식으로 이루어지며, 이는 주로 현장 책임자들의 보고를 바탕으로 한다. 현장 책임자들이 팀원들 가운데 가장 훌륭한 직원을 인사팀에 추천하여 회사를 위해 헌신할 기회를 달라고 요청한다. 하지만 본사로 옮겨가고 싶어 하는 현장 직원들은 드물다. 그들은 현장에서 동료들과 함께 일하며 서로 지원하는 일을 더욱 가치 있게 여긴다. 이에 비해 고객사들과 관계를 유지하고 관리하는 일은 더 높은 급여를 받을 수 있음에도 그다지 매력을 끌지 못한다. 진정한 업무는 현장에 있다는 것이다!

여기서 우리는 잠시 직원들의 경력 개발에 관하여 살펴보고자 한다. 토도 브리요가 자긍심을 느끼는 여러 장점 가운데 하나가 회사가 직원들에게 ‘디딤돌’의 역할을 한다는 점이다. 처음 입사한 직원들은 방어적인 태도를 취하기도 하지만 (어떻게 사장이 직원들에게 친절할 수 있겠어?, 근로자를 부려 먹지 않는 회사가 어디 있을까?) 일단 토도 브리요의 문화를 이해하게 되면, 그들은 강한 소속감으로 회사 일에 적극적으로 참여한다. 그리고 놀라울 정도의 성장과 개인적 발전을 이루어낸다.

토도 브리요는 직원들에게 다른 직업으로 나아가는 도약대
가 된다. 우리가 잊지 말아야 할 사실이 있다. 청소 전문가가 되
었다는 자부심을 느낀다 하더라도, 청소일은 그 자체로 힘들고
인정받기 어려운 직업이기 때문이다. 토도 브리요의 직원들에
게는 두 가지 가능성이 열려 있는데, 마리아 엘레나는 이를 각각
"외부 디딤돌"과 "내부 디딤돌"라고 부른다. 어떤 직원들은 회사
일에 더 적극적으로 참여하여 새로운 동료들의 적응과 학습을
돕고, 현장에서 일하며 고안한 아이디어를 경영진에게 전달하
고 싶어 한다. 이런 경우에는 내부의 성장, 곧 승진의 여정이 시
작되는데, 새로운 책임을 제안받으면 이를 수락하는 것이다.

한편, 가능한 한 빨리 이 일을 그만두고 싶어 하는 직원들은 그
들이 일하던 고객사에 채용되거나, 다른 곳으로 이직한 옛 동료
를 따라 직장을 옮기기도 한다. 토도 브리요는 이러한 이직을 장
려하며, 이를 성공 사례로 여긴다. 이는 회사가 의미 있는 열매를
맺고 있고, 직원들에게 인생에서 다시 도약할 기회를 제공하고
있다는 신호이기 때문이다. 토도 브리요는 더 적합한 일자리를
얻을 수 있도록 도약대 역할을 하는 것이다. 이 목표는 토도 브리
요의 회사 윤리 강령에도 명시되어 있다. "우리는 직원들의 장래
취업 진출이 용이하도록 돕고, 교육 기회를 제공한다."

회사에서 현장 팀들이 주도적 역할을 한다는 것은 영업 면에
서도 드러난다. 초기에 회사는 마리아 엘레나의 인맥 덕분에 계
약들을 따낼 수 있었지만, 오늘날에는 대부분의 신규 계약이 현
장 팀들을 통해 이루어진다. 이는 토도 브리요가 제공하는 서비

스의 다양화나 장기 계획에 따른 것이 아니라, 현장 중심의 실질적인 경험과 필요에서 비롯된 것으로, 고객사들의 요청에 각 지역 현장 팀이 지속적으로 대응하고 반응한 경험들이 누적된 결과이다. 그리하여 토도 브리요는 청소뿐만 아니라 정원 관리, 간단한 전기 작업, 때로는 소규모 건설 작업까지 제공하며 전반적인 건물 유지 보수 분야를 아우르게 되었다. 이 일들은 모두 현장 팀들이 맡고 있기에 가능한 업무들이다. "문제가 생기면, 우리가 해결책을 제시합니다." 한 임원이 그렇게 설명했다. 회사는 주요 고객들에게 시설 관리facility management 전반을 맡는 '원스톱 서비스'를 제공하는 것을 목표로 하고 있다. 이러한 고객사들의 요구에 유연하게 대응하다 보니, 직원 교육과 전문 인력 양성이 토도 브리요의 필수 업무가 되었고, 그 결과 인력이 회사의 가장 큰 자산이 되었다.

전국 어디서나 원스톱 서비스를 원하는 고객사의 요청에 응답하고자, 토도 브리요는 1999년 업계 최초로 전국을 아우르는 서비스망을 구축했다. 지금은 전국 45개 이상의 도시에서 이 서비스를 제공하고 있으며, 이를 통해 상당한 물류 운영 전문성을 축적하여 전국 규모의 입찰에도 대응할 수 있는 능력을 갖추게 되었다. 사실 이러한 유연성은 각고의 노력 끝에 얻어진 것으로, 토도 브리요의 큰 강점 가운데 하나이다.

오늘날 토도 브리요는 파라과이에서 외주 청소 및 유지관리 서비스 분야의 선도 기업으로 자리 잡았다. 이는 광고나 영업활동 없이 순전히 청소 일을 통해 이뤄낸 것이다. 회사 이름이 알려진 가장 큰 비결은 바로 입소문이다. 토도 브리요에는 마케팅 부서가 따로 없고, 심지어 마케팅을 전혀 하지 않는다. 운영 관리 책임자는 웃으며 이렇게 설명했다. "우리 영업부는 주문을 받기만 하고, 찾아 나서지 않아요. 광고는 고객사들이 해 줍니다. 따로 하진 않지요. 광고비가 공짜인 셈이죠!" 서비스 요청은 현장에서 직접 올라온다. 이는 모두 현장팀의 일의 우수성과 신뢰성 덕분이다. "이 덕분에 우리는 계속 성장하고 있어요!"

실제로 토도 브리요는 지난 10년간 연평균 5~15%의 성장세를 꾸준히 유지하고 있다. 이는 양질의 서비스 제공에 따른 고비용으로 인해, 경쟁사들과 가격 경쟁을 할 수 없는 상황에서 이룬 성과로서, 거의 불가능한 결과라고 하겠다. 마리아 엘레나는 요금을 낮추려는 어떤 시도에도 단호히 거부한다. 계약을 못하게 되더라도 상관없다는 입장이다. 마리아 엘레나에게 직원들의 노동 가치는 협상의 대상이 아니기 때문이다.

이러한 토도 브리요가 벌인 예상 밖의 사업 확장이 있었으니, 직원들의 요청과 제안으로 생겨난 결실로, 그 대표적인 예가 자회사인 '커피숍Coffee Shop'의 설립이다.

커피숍
Coffee Shop

마리아 엘레나는 가족을 부양하면서 일하는 것이 얼마나 힘든지 그 누구보다 잘 알고 있다. 특히 십 대의 자녀를 둔 경우, 학교를 가지 않는 방학 동안 아이들이 거리를 배회하며 온갖 유혹에 노출될 것을 걱정하는 어머니들의 불안한 마음을 잘 알고 있다. 이 아이들을 위해 뭐라도 해야 했다. 방학 동안 푼돈 벌이라도 하면서 바쁘게 보낼 수 있도록 방법을 찾아야 했다. 물론 아이들의 동의를 받는다는 조건으로. 그리하여 마리아 엘레나는 '회사 운전기사 도우미'라는 일자리를 만들었다. 이 일은 자기 동네를 한 번도 벗어나 본 적 없는 청소년들이 도시 곳곳을 누비고 때로는 다른 지역까지 가보는 기회가 된다. 아이들은 직원 급여의 절반 정도의 월급을 받고 추가로 매일 든든한 아침 식사를 제공받는다. 하지만 무엇보다도 이 일을 통해 생애 첫 직장 경험을 하고 그에 따른 기술과 태도를 배운다. 마리아 엘레나는 이를 미래를 위한 투자라고 생각한다.

한편, 직원 가족들 가운데 토도 브리요에 융화되기 힘든 이들이 있다. 바로 남편들이다. 그들 가운데 여러 명이 입사했는데, 술과 폭력의 악순환에서 남편이 벗어나길 바라는 아내들의 소개를 통해서였다. 하지만 그들은 대체로 회사에 오래 다니지 못하고 그만두었다. 그러던 중, 또 다른 해법의 실마리를 찾았다. 이번에도 고객사들에서 일하는 현장 팀원들의 제안 덕분이었다. 토도 브리요의 직원들은 고객사의 직원 식당과 휴게실, 그리고 방치되어 있는 커피 머신은 꼼꼼히 닦고 청소하지만, 커피 자판기의 경우 그 크고 무거운 기계 내부를 청소하거나 그 안의 물품을 보충하는 일은 꺼리고 불편해했다. 기계를 잘 몰라 아예 건드리고 싶어 하지 않기 때문이었다. 그녀들은 남편들이라면 그 일을 훨씬 더 잘할 수 있을 거라고 생각했다.

토도 브리요는 이미 전국에 지점을 둔 고객사와 계약 맺고 있어서, 대규모 물류를 관리하는 데 최적화되어 있었다. 반면에 파라과이에서 음료 자판기를 판매하는 회사들의 경우, 단 한 곳도 전국 네트워크를 갖추고 있지 않았고, 날마다 방문하여 기계의 청결 상태를 관리할 만한 역량도 없었다. 요컨대 이 분야에는 경쟁사가 전무했다. 마리아 엘레나는 창업을 꿈꾸던 사위 니콜라스에게 이 기회를 잡으라고 권했다. 그렇게 하여 2015년, '커피숍Coffee Shop'이 탄생했다.

니콜라스는 작은 팀을 꾸리기 위해 토도 브리요 직원들의 남편과 아들을 팀원으로 채용하고 교육하여, 소규모 팀을 구성했다. 그들의 주요 업무는 커피 자판기를 납품하고, 날마다 자판기를 관리하며, 필요한 재료들, 곧 커피, 마테차, 우유, 설탕 등을 보충하는 일이었다. 불과 3일 만에 22개 도시에 40대의 자판기 설치를 완료했다. 이 사업은 그렇게 시작되었다!

니콜라스는 마리아 엘레나의 신념에 공감하고 있었다. 곧, 한 가정의 구성원들을 더 많이 고용할수록 그 가족이 더 잘살 수 있고, 그러면 가난에서 벗어날 수 있다는 것이다. 단 한 사람의 급여만으로는 가난의 굴레에서 벗어나기 어렵기 때문이다. 이러한 연유로 회사 '커피숍'의 모든 직원은 토도 브리요라는 대가족 구성원이 되었다.

2019년 내가 방문했을 때, 커피숍에는 이미 10명의 바리스타와 40명의 청소원, 그리고 고객사들과 소통하는 영업 사원 1명이 일하고 있었고, 전 직원이 남성이었다. 그들은 100여 곳의 고객사에 설치한 250대 가량의 자판기를 관리하고 있었다. 지금은 소형 커피머신용 커피 캡슐을 공급하는 등 서비스 다변화를 꾀하고 있다. 또 이제는 입장이 바뀌어 '커피숍'이 토도 브리요에 새로운 고객들을 안겨주고 있다. 두 회사는 물류 네트워크를 공유하여 비용도 절감하고 있다.

오늘날 커피숍은 아르헨티나 기업 파스티치노Pasticcino[6]의 미니비스킷의 공식 유통업체이기도 하다. 파스티치노는 우리가 나중에 소개할 회사로, 그 또한 흥미로운 이야기를 들려줄 것이다. 커피숍은 고급 커피와 함께 작은 비스킷을 공급하고 있는데, 은행의 셀프바나 VIP 라운지, 장례식장 등이 그 주요 고객처이

---

6   파스티치노(Pasticcino)는 아르헨티나의 젊은 기업가 곤잘로 페린(Gonzalo Perrin)이 2008년 창업한 비스킷 전문 회사로 스타벅스 등의 주요 브랜드와 카페에 쿠키를 공급하고 있다.

다. 한편, 이 파스티치노 비스킷 판매는 마리아 엘레나의 딸이자 니콜라스의 아내가 맡고 있는데, 자신들의 제품을 맥도날드에 납품하겠다는 포부를 갖고 있다.

매력적인 기업 토도 브리요와 파라과이를 떠나, 이제 또 다른 경험의 세계로 들어갈 시간이다. 이번에 방문할 기업은 아르헨티나에 있다. 앞서 우리가 방문한 회사들이 수백 명의 직원을 둔 중견기업들이었다면, 지금 찾아가는 기업은 직원 수가 40명도 채 되지 않는 작은 회사 디마코Dimaco이다.

부족한 사람을 키우는 건축자재 회사

4 디마코
Dimaco

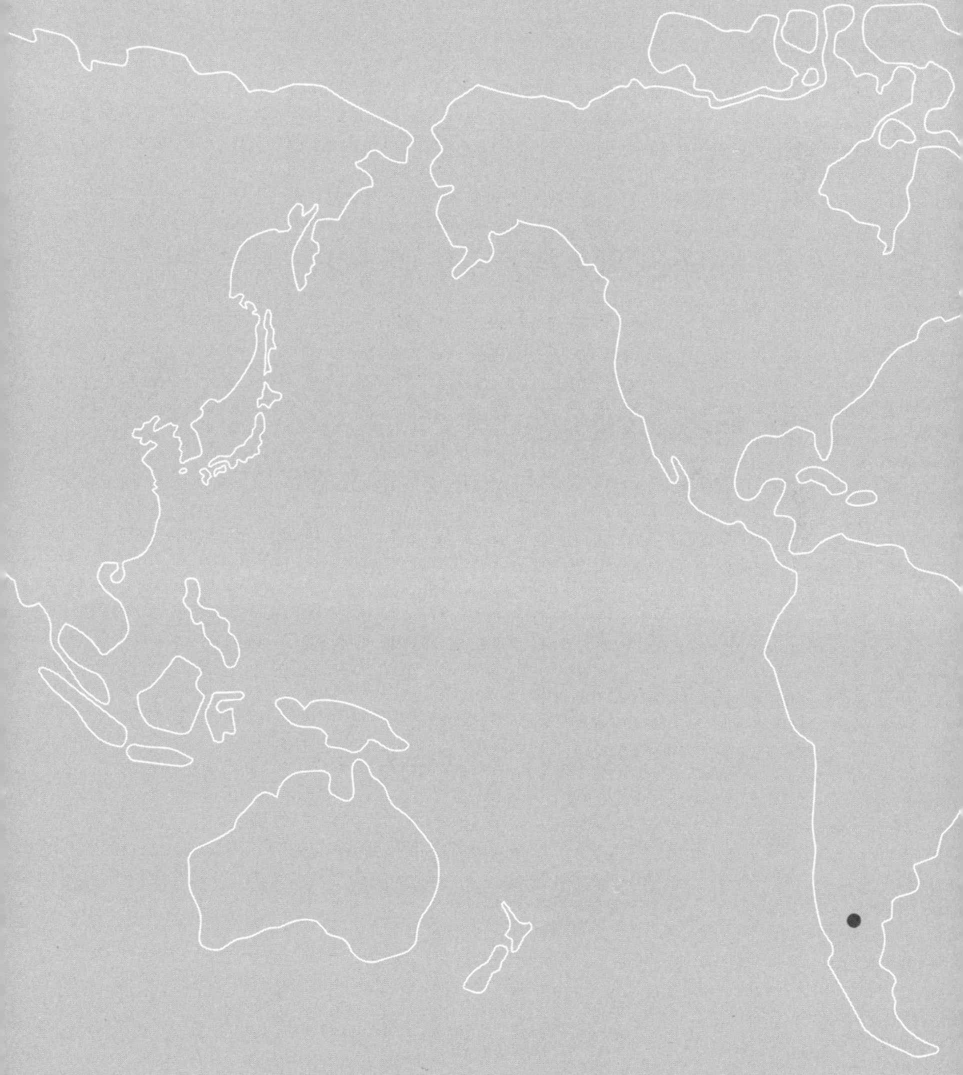

유통업체
디마코

디마코Dimaco 회사가 자리한 곳은 아르헨티나의 도시 파라나 Paraná이다. 파라나는 같은 이름의 강 동쪽 기슭에 자리 잡고 있으며, 엔트레리오스Entre Ríos주의 주도이다. '두 강 사이'를 뜻하는 엔트레리오스 지역은 파라나강과 우루과이강 사이에 펼쳐져 있다. 이들 모두 중요한 강으로, 브라질에서 발원하여 라플라타강Río de la Plata 하구로 흘러가는데, 이 라플라타강 양안에 부에노스아이레스와 몬테비데오가 접해 있다.[1]

파라나는 절벽 위에서부터 강둑까지 길게 펼쳐진 도시로, 인구는 약 30만 명이다. 16세기에 파라나는 맞은편 강 건너 25km 떨어진 곳에 자리한 산타페Santa Fe시의 인구가 이주해 오면서 생겨났고, 현재 거대한 강 아래 터널을 통해 산타페와 연결되어 하나의 도시권을 이루고 있다.

이 터널과 엔트레리오스주의 주요 도로망을 연결하는 순환도

---

[1] 라플라타강 북쪽 기슭에는 우루과이의 수도 몬테비데오가, 남쪽 기슭에는 아르헨티나의 수도 부에노스아이레스가 있다.

로 가장자리에 바로 디마코 회사가 있다. 사옥은 콘크리트로 지어진 소박한 건물로, 다소 협소한 사무실 공간과 양옆으로 창고가 있다. 이 비좁은 공간에서 30여 명의 직원들이 빽빽이 근무한다.

회사 이름 디마코Dimaco는 '건축자재 유통업체distributeur de matériaux de construction'의 줄임말이다. 디마코는 지역 건설업체들에 건축자재를 공급하고 있는데, 처음에는 주로 시멘트를 취급했다. 최근에 생산 시설을 인근에 한 곳 더 마련하기는 했지만, 대부분의 제품은 도매로 구매하여 회사를 거치지 않고 곧바로 고객에게 직접 배송한다. 따라서 기업 활동의 중심은 본질적으로 물류 유통이다.

회사 건물 안에 포대에 담긴 시멘트나 모래, 벽돌, 콘크리트 블록 등을 보관할 수 있는 창고가 하나 있고, 사무실을 끼고 반대편에 있는 또 다른 창고에는 금속 빔과 다양한 소형 장비들을 보관하고 있다.

2004년 설립 당시 초기 자본이 2천 700유로에 불과했지만, 15년이 지난 현재(2019년) 매달 8천 500톤의 시멘트를 판매하고, 33개의 일자리를 창출하며, 간접적으로는 50여 개의 고용 기회를 지원하고 있다.

"괄목할 만한 성장이죠! 제가 상상했던 것보다도 훨씬 크게 성장했어요. 이렇게 큰 규모가 될 거라고는 전혀 생각도 못했죠." 디마코의 설립자 헤르만 호르헤German Jorge는 그렇게 말했다. 실제로 회사는 10년 만에 무려 7천%의 성장률을 기록했다!

직원들을 대상으로 한 조사를 보면, 디마코 또한 앞서 소개한

세 회사와 매우 유사한 특징을 보였다. 이곳 직원들도 자발적으로 회사에 대한 애정과 "일터에서의 행복"을 표현했다. 한 직원은 이렇게 말했다. "이곳에서 직원들을 대하는 방식은 다른 회사들과 정말 달라요. 훨씬 더 친밀하고 훨씬 더 진심이 담겨 있죠. 서로를 배려하는 것은 형식적인 일이 아니거든요."

2012년, 디마코를 연구한 아르헨티나의 대학생 플로렌시아Florencia는 자신의 연구를 마무리하며 이렇게 결론지었다. "인터뷰에 응한 모든 직원은 회사를 한두 단어로 정의해 달라는 질문을 받자 너나 할 것 없이 사내 분위기를 표현하는 단어들을 열거했다. 그 가운데 가장 많이 언급된 단어는 '친밀함', '나눔', '평등', '이해', '충성심', '동료애', '배움의 기회', '상호존중' 등이었다. 일부 직원들은 회사가 그들에게 주는 것에 대해서도 언급했는데, '개인적 만족감', '보람', '행복감' 등이었다." 직원들의 말에 따르면 디마코 회사를 가장 잘 정의하는 두 단어가 바로 "가족"과 "공동체"이다.

한 직원은 이렇게 설명했다. "저는 우리 회사를 대가족이라고 정의하고 싶어요. 동료들이 회사에서 일할 때만이 아니라 회사 밖의 제 생활에도 관심을 갖기 때문입니다. 만약 뭔가 문제가 생겨서 사무실에서 어두운 표정을 하고 있으면, 다들 무슨 일이 있느냐고 묻죠. 잠시 일을 멈추고 제 이야기를 들어줍니다. 가족과 다르지 않죠."

물론, 디마코에 입사한 직원들 상당수가 회사 설립자인 헤르만과 기존 직원들의 친지들인 경우가 많다. 하지만 힘든 상황에

유통업체 디마코

놓인 사람을 돕고자 일자리를 제공해달라는 요청을 받고 채용한 이들도 있다. 그래서 현재 디마코에는 다양한 배경을 지닌 직원들이 함께 일하고 있다. 헤르만은 확신에 찬 어조로 이렇게 말했다. "채용한 이들 가운데 출소자도 있었죠. 그런데 그가 우리 회사에 큰 자산이 되었습니다."

한편, 채용 다음 과정이 더욱 놀라웠다. 누군가 후보자를 소개하면, 헤르만이 인력 충원을 승인한 다음 해당팀이 그 후보자를 만난다. 그 사람의 가치관이 회사와 부합하는지 확인하고, 무엇보다 후보자가 회사에 가장 잘 기여할 수 있는 업무가 무엇인지 함께 논의하기 위해서다. 그 후 후보자가 팀에 적응하는 것은 전적으로 그의 몫이다. 일례로, 일자리를 찾고 있던 한 오래된 친구에게 헤르만이 디마코에 입사할 것을 제안하며 회사에 어떤 기여를 할 수 있을지 직접 살펴보라고 권하자, 그 친구는 깜짝 놀라며 이렇게 물었다.

"설마 호의로 하는 말은 아니겠지?" 헤르만은 그에게 장난스럽게 대답했다. "자네가 뭘 할 수 있을지는 모르지만, 분명 우리에게 도움이 될 거야. 만약 그렇지 못하겠다 싶으면 언제든 떠나도 돼." 그리고 현재 그는 디마코에서 헤르만의 충실한 협력자로 일하고 있다.

직원들의 말에 의하면, 디마코에서는 입사 지원자의 자격이나 역량이 선발 기준이 아님을 알 수 있다. 일자리를 더 만들 수 있기만 하면 어김없이 직원을 채용하기 때문이다.

"이곳 직원들 대부분은 고등학교까지 다녔고, 학위를 가진 사람은 거의 없어요! […] 하지만 그들은 일하고 싶어 하고, 책임감도 매우 강하죠. 일하는 모습을 보면 알 수 있죠." 어느 직원은 그보다 늦게 입사한 동료에 대해 이렇게 말했다. "그가 처음 입사했을 땐 할 줄 아는 게 없었어요. 하지만 지금은 그 누구보다 일을 더 잘해요. 바로 이것이 우리 회사의 특징이죠. 우리를 어엿한 사람으로, 또 직업인으로 성상하게 해 주죠."

특히 내가 디마코 직원들에게 놀란 점은, 그들이 이곳에서 일하게 된 것은 헤르만 덕분이지만, 자신이 역량을 키우게 된 것은 회사 전체, 곧 자신을 받아들이고 가르쳐준 동료들 덕분이라고 생각한다는 것이었다.

"이곳에서 우리는 많은 것을 배우기도 하지만, 다른 이들에게 가르쳐주기도 하죠." 직원 교육은 업무 규칙만을 다루는 것이 아니라, 사람을 근본적으로 변화시키는 과정이다. "회사의 규정과 관련된 것들도 있지만, 상징적인 의미가 더 큰 것들도 있어요. 그런 배움을 통해 다른 사람, 좀 더 나은 사람이 되는 것 같아요." 이 배움의 여정은 신입 직원들에게만 해당되지 않았다.

"저는 이곳에서 최고참이라 다 안다고 생각했고, 그래서 늘 아는 척을 했죠. 하지만 아니었어요. […] 이것을 깨닫기까지 많은 대가를 치렀지만 결국 저는 변했어요. 저 또한 배우는 중이었던 거죠…."

갓 입사한 직원이 동료들의 도움을 받아 자신의 역할을 스스로 정한다니, 결코 흔한 일은 아니다! 그렇다면 이 회사는 직원들의 손에 전적으로 맡겨진 것일까? 기업 조직은 '자유'를 원칙

 유통업체 디마코

으로 만들어져야 한다고 주장하는 이들이 꿈꾸는 것처럼 말이다.[2] 과연 이것이 바람직할까?

2　[원주] 예를 들어 게츠(I. Getz)의 제안(Getz & Carney 2013 참조)을 떠올릴 수 있다. 게츠는 프랑스에서 점점 더 많은 기업들에게 영감을 주고 있으나 여기서 조사된 기업들 가운데 이에 대해 알고 있는 곳은 한 곳도 없었다. [옮긴이 주] 저자가 여기서 말하는 책은 『리버티 앤드 컴퍼니Liberté & Cie』로, 직원들에게 부여되는 자유와 기업의 성장 사이의 연관성을 탐구하며, 신뢰와 자율의 문화가 수익성과 직장 만족도를 향상시킨 사례를 보여준다.

직원의 자율성을
바탕으로 한 조직

디마코에서는 직원들이 회사 운영에 필요한 업무를 서로 자율적으로 협의하여 분담한다. "오늘 아침에는 여기서 일하지만 내일은 완전히 다른 일을 할 수도 있어요. 이것이 우리 회사의 특징이죠. 예전엔 물류 부서에 있다가 지금은 관리 부서에서 일하거나 반대로 관리 부서에 있다가 물류 부서로 간 이들도 있죠." 직원들은 자발적으로 서로 도우며 일하는데, 결과적으로 높은 직무 유연성을 갖게 되어 잦은 변화에도 잘 적응할 수 있게 되었다. 따라서 회사 조직도도 없고('조직도'라는 말조차 금기시되고 있는데), 이를 구성하는 일도 진정한 도전 과제이다.

직원들 가운데 업무를 변경하거나, 또는 근무 시간을 조정하고 싶은 경우, 동료에게 알리면 모두가 기꺼이 수용해 준다. 설령 업무 분담 방식을 재편해야 하더라도 말이다. "우리는 모든 업무를 다시 생각해야 했어요. 아주 창의적인 방법을 찾아내야 했죠!" 한 직원이 집안 사정으로 파라나를 떠나게 된 경우에도 마찬가지였다. 모든 직원이 나서서 그를 위해 업무를 재조정하여, 그가 퇴사하지 않고 재택근무로 계속 일할 수 있도록 했다. 이 같은 사내 분위기는 더 나아가 직원들이 각자의 역량에 맞는 업무를 자발적으로 맡아 팀에 더욱 효과적으로 기여할 수 있게 한다.

따라서 디마코에서는 직원들이 업무에 적응하는 것이 아니라, 업무가 직원들에게 맞춰진다. 이러한 다양성과 지속적인 유연성은 많은 직원에게 만족감을 주는 것 같다. 그들은 이를 지극히 자연스럽게 여기며 말했다. "가장 마음에 드는 것은 매일 업무를 바꿀 수 있다는 거죠. 음… 정확히는 매일 다른 일을 할 수 있다는 겁니다. 아침에 출근할 때 오늘 하루 무슨 일을 하게 될지 저 자신도 모릅니다. 물론 제가 더 좋아하는 일들이 있지만, 무슨 일이든 늘 최선을 다하려고 노력해요."

실제로 직원들은 회사에서 대단히 자유롭게 일한다. "현 상태를 개선하거나 무언가를 바꾸고 싶을 때, 우리는 그냥 그렇게 할 수 있어요." 부서 담당자 회의에 누가 참석할 것인지에 관해서도 팀원들이 자율적으로 결정한다.[3] "저도 그 회의에 가곤 했어요. 재미있을 것 같기도 하고, 또 헤르만의 요청도 있고 해서 종종 갔죠. 또 어떤 때는 다른 부서 사람들이 '당신이라면 우리를 도울 수 있을 거야' 라고 말해서 갔어요."

이 회사에서 유일하게 정해진 것이 있다면 바로 '상사가 없다'는 것이다. 더 나아가 관리 책임을 암시하는 어떠한 단어도 사용

3　[원주] 시간이 흐르면서 디마코 회사는 여섯 개 부서로 조직화되었는데, 영업, 관리, 물류, 재무, 창고 관리, 그리고 별도 부지에서 운영되는 시멘트 생산부이다.

하지 않는다. 직원들 사이에 서로 평등하다는 정서가 지배적이다. 이에 관해 직원들은 내가 묻기도 전에 먼저 이렇게 말했다. "여기서는 그 누구도 다른 사람보다 더 뛰어나지 않아요.", "디마코에서는 우리 모두가 평등해요.", "사장이나 고객이 직원보다 더 중요한 건 아니죠."

회사의 구성과 조직에 대해 실명해 달라는 요청에, 헤르만은 흥미로운 설명을 해주었다. 그는 회사 조직도가 피라미드 형태가 아니라 원형이어야 한다며, 그 이유는 사람들 사이에 서열이나 권력 관계가 생기는 것을 피하기 위해서라고 했다. 책임의 위계는 있더라도, 직원들이 서로 동등한 입장에서 일하기를 바란다며, 그렇기에 회사의 조직도는 피라미드 형태가 아니라 여러 개의 동심원으로 이루어진 "바퀴 형태"로 구성되어야 한다는 말이었다. 그 바퀴의 가장 안쪽 원에는 관리자와 그의 보좌진이 자리하고, 그다음 원에는 정직원, 그다음의 더 큰 원에는 영업 담당자나 계약직 운전사처럼 회사와 계약을 맺고 일하는 비정규 직원들이 자리한다. 그리고 제일 큰 바깥쪽 원에는 고객과 공급 업체, 경쟁업체들, 이웃들, 직원 가족, 주변의 협력 기업인들, 지역 단체, 국가, 그가 속한 네트워크, 학계, 그리고 가장 가난한 사람들이 자리한다. 헤르만이 보기에 이들 모두가 진정한 '이해관계자'이며, 이들이 회사의 존재 이유이다. 요컨대, 조직도가 있어야 한다면, 이들이 모두 포함되어야 하며, 그들의 위치가 어디든 모두가 동등한 지위에 있어야 한다는 것이다.

하지만 실제로 위계질서 없이 회사가 운영될 수 있을까? 사

 직원의 자율성을 바탕으로 한 조직

실, 시간이 지나면서 '부서 담당자'라는 직책이 생겨났다. 처음에는 암묵적이었으나, 점차 그들의 지위와 역할이 공식화되었다. 이들은 특정 부서를 책임지는 역할을 맡는데, 자신이 맡은 팀이 회사에서 제 역할을 하고 있는지 살피고 책임을 다해야 한다. 이들은 주로 대인 관계가 좋은 직원들 가운데 선발되었다. 동료들은 그들이 "지혜나 인내심, 또는 최고의 인품"을 지녔다고 말했다. 또한 "그들은 이해심이 많고, 자기 뜻을 강요하지 않는 사람들"이며, 부서 내 모든 팀원들이 편안함을 느낄 수 있도록 해준다고 말했다.

부서 담당자들은 자신의 부서에 대한 직접적인 권한이 없으며, 업무를 조정하고 조직하는 역할만 맡는다. 실제로 직원들은 자신들의 조직 내 위치를 설명할 때, "저는 누구누구와 함께 일합니다." 또는 "저는 누구누구와 더 가깝게 지내고 있습니다"라는 표현을 더 자주 사용한다. 어느 직원도 이를 강조했다. "아니요, 그들은 상사가 아닙니다! 디마코에는 헤르만이 상사이자, 그는 아내 클라우디아와 함께 관리자이죠. 그다음은 모두 동등합니다! […] 그들은 책임자가 아니라, 코디네이터나 부서 담당자입니다. 그들에게 물어보면 자신을 상사라고 생각하지 않을 거예요." 실제로 부서 담당자들도 그렇다고 인정했다. "저는 제가 상사라고 생각하지 않아요." 그들 가운데 한 사람이 이렇게 말했다. "누구도 저한테 '누구누구를 잘 챙겨라'라고 지시받은 적도 없어요. 자연스럽게 그렇게 됐어요."

이 '상사가 없는' 조직에서 헤르만은 예외적인 위치에 있다.

그가 중요한 결정을 내리기 때문이다. 헤르만은 책임을 지는 사람이다. 이에 관해 그는 이렇게 말했다. "누군가는 중간에서 역할을 해야 하니까요. 이것이 바로 리더의 역할이죠." 하지만 실제로 헤르만은 업무 조직이나 회사의 경영 관리에 전혀 간섭하지 않는다. 그는 오직 전략적인 결정 곧 회사의 자금 흐름에 큰 영향을 미치는 결정, 예를 들어 투자, 대출, 신규 채용(또는 최대한 해고를 막기 위한 조치), 그리고 일부 주요 고객 관리만 직접 맡는다. 급여 인상과 보너스는 각 부서 책임자들이 필요에 따라 공동으로 결정한다. 급여와 관련하여 덧붙여 말하자면, 직원들은 급여에 대체로 만족하고 있으며(그들은 디마코에서 받는 "쏠쏠한 보너스"에 매우 감사해하며 자발적으로 언급할 정도다), 실제로 최저 급여와 CEO의 급여 차이는 1대 4에 불과하다.

그 외 다른 일에서도 각 팀은 완전히 자율적으로 일을 꾸린다! "우리는 어떤 일이든 함께 결정합니다. 부서마다 어떤 어려움이 있는지를 살피고, 도울 수 있는 것인지 판단하죠." 예를 들어, 동료의 반복적인 문제 행동에 대해 헤르만에게 보고하고 개입을 요청하면, 그는 이를 사양하며 이해당사자가 스스로 문제를 인식하고 해결 방법을 찾도록 했다. 헤르만은 누군가가 "자신이 잘못된 자리에 있다면, 충돌 없이 스스로 자기 자리를 찾도록 해야 한다"라는 입장이다. 이 때문에 정작 해당팀이 무력감을 느낄 때도 있지만 말이다.

한편 헤르만은 출장을 자주 다니는데, 이러한 그의 부재가 직원들의 자율성을 더욱 키우는 결과를 낳았다. 한 직원은 이렇게

 직원의 자율성을 바탕으로 한 조직

말했다. "그가 회사에 없을 때, 우리는 결국 우리가 해내게 된다는 것을 알게 되었어요. […] 이렇게 해서 자율성이 생겨났고, 이는 디마코와 우리 모두에게 좋은 일이죠. 헤르만에 의존하지 않고 일하니까요."

하지만 일부 직원은 그러한 자율성 때문에 끊임없이 고군분투한다며 고충을 감추지 않았다. 물론 겉으로는 아주 태연하게 이야기하지만 말이다. "실제로 제가 무엇을 해야 하는지, 또 이곳에서 저의 역할이 무엇인지를 늘 끊임없이 찾는 느낌이 듭니다." 헤르만은 이렇게 설명했다. "디마코는 뭐라 한 마디로 설명하기 힘들어요. 제 생각에. 음…. 보통의 회사보다 일이 좀 더 자연스럽게 이루어진달까요? 우리들의 관계 덕분에 그렇게 된다고 생각해요. 그래서 디마코가 체계적으로 조직되지 않은 것처럼 보일 수도 있죠. 그렇지 않나요?"

그렇다면 직원들은 일상 업무를 어떻게 처리하고 있을까? 나는 동료들과 함께 연구한 프랑스의 수많은 조직에서 주목했던 것처럼,[4] 자율성을 조율하는 과정에서 오는 '번 아웃'의 위험이 자꾸 떠올랐다. 수 세기 동안 특정 인물들이 조직 운영과 업무 조율의 역할을 맡아 온 데에는 다 그럴 만한 이유가 있는 게 아닐까….

---

4   [원주] Detchessahar et al. 2012 참조.

대화를 통해
업무를 조율하다

많은 경영주가 직원의 참여형 경영을 꿈꾸지만, 실제로 업무 자율성을 효과적으로 조직하는 것은 결코 쉽지 않다.[5] 조직이 높은 유연성을 갖기 위해서는, 치밀한 조직 관리와 지속적인 소통을 통해 그 흐름을 조율해야 하기 때문이다. 한 직원은 이렇게 말했다. "디마코에서 일하면서 가장 보람차면서도 동시에 가장 어려운 것이 소통인 것 같아요." 또 다른 직원도 같은 맥락으로 말했다. "우리 모두 적극적으로 참여하고 저마다 의견을 내죠. 그 덕분에 업무가 나날이 개선되고 있어요." 그들은 "업무 외적인 경험에 대해서 이야기하는 데에도 시간을 할애하며", 이러한 소통이 결국 업무 생산성 향상과 팀 결속력 강화로 이어질 거라는 확신을 갖고 있다.

업무에 관한 대화를 나누는 자리[6] 중에서도, '부서 담당자 회의'는 특히 현장 업무 조율과 팀 내부 및 부서 간 조정을 위한 핵

---

5   [원주] Ughetto 2018 참조.
6   [원주] Detchessahar 2019 참조.

    대화를 통해 업무를 조율하다

심 역할을 한다. 한 담당자는 이렇게 말했다. "거기서 우리는 모두의 어려움을 듣습니다. 어떻게 개선할 수 있을지, 또 누구에게 좋은 아이디어가 있는지 의견을 나누죠. 대화 분위기도 매우 좋습니다."

회의에 직접 참석하지 않는 직원들도 대화가 매우 중요하다고 입을 모았다. "여러 사람들이 회의에 관해 말해서 저도 알고 있어요. 어떠한 어려움이 있는지, 어떻게 해결할 수 있을지를 함께 모여 고민하더라고요. 아주 좋은 일이라고 생각해요." 창고 직원들과 운전기사들도 같은 말을 했다. "그러한 대화 방식이 도입된 건 정말 고무적이었어요. 운전기사들이나 창고 직원들처럼 다른 시각을 가진 사람들이 영업부나 관리부 사람들과 경험을 공유할 수 있으니까요." 부서 담당자 회의가 새로 생기자, 직원들이 보인 반응은 그러했다. 어떤 직원들은 다른 회사들과 마찬가지로, 그러한 소중한 미팅이 정기적으로 열리는 것은 아니라고 말했다. "회의는 잘 돌아가고 있어요. 한 달에 한 번씩은 있죠. 이를 통해 많은 것을 개선할 수 있어요." 바로 이러한 이유에서 헤르만은 그의 아내 클라우디아에게 이 회의를 맡기면서, 회의가 정기적으로 열리고 제 역할을 다할 수 있도록 신경 써달라고 했다.

경영주 또한 이 회의에서 내려진 결정을 실제로 반영해야 하는데, 회사를 책임 지고 있는 입장에서는 결코 쉬운 일이 아니다. 아니나 다를까 헤르만 본인은 원치 않았지만 직원들의 결정을 어쩔 수 없이 힘들게 받아들였던 사례를 들려주었다. "그때

저는 휴가 중이었어요. 당시 회사는 한 직원과 오랫동안 복잡한 문제가 있었죠. 휴가를 마치고 돌아와 보니, 부서 담당자들과 클라우디아가 논의를 거쳐 그 직원을 해고하기로 결정했더군요. 저로서는 받아들이기 힘든 결정이었지만, 진정으로 모두가 참여하고 모두에게 속한 회사가 되려면, 그들이 내린 결정을 믿고 따라야 한다고 생각했죠. 하지만 설사 결정이 그렇게 났더라도 그 직원과 직접 대화하고 싶었어요. […] 그 동료는 자신의 해고 사유를 받아들였고, 저는 그와의 관계가 손상되지 않도록 곁에 남고 싶었어요."

직원들의 결정을 존중하고 그들을 전적으로 신뢰하는 헤르만의 태도는, 그가 원하는 결정에 직원들이 동의하지 않을 경우에도 자유롭게 이의를 제기할 수 있는 분위기를 만든다.

이렇게 형성된 양질의 관계는, 업무에 필요한 의견 등을 조율하는 데 더없이 귀중한 핵심 자산이 된다. "우리는 정말 좋은 관계를 맺고 있어요. 서로 많은 이야기를 나누고, 함께 가능한 방법을 찾으려고 노력하죠. 그리고 그 점을 우리 모두 잘 알고 있죠." 많은 직원이 이러한 노사관계를 디마코의 특징으로 꼽았다. 어떤 직원은 이를 에스파냐어로 'compañerismo(동료애)'라고 말하는데, 프랑스어 'compagnonnage(동료 관계)'로는 그 의미가 충분히 표현되지 못하는 것 같다. '타인을 배려하고 이해하려고 노력한다'라는 의미를 담고 있기 때문이다.

디마코 직원들은 이를 일종의 '의미의 조건'—의미가 성립되기 위한 조건—으로 여기고 있는 듯하다. "우리가 시멘트 1만 톤을 판다는 건 의미 있는 일이지만, 만약 우리가 갈등을 겪고 있다면 그 1만 톤은 아무 의미가 없습니다. 우리가 1만 톤을 팔면서도 서로 얼굴을 마주하며 웃을 수 있다면, 그게 더 중요한 거죠.” 한 직원은 확신에 차 이렇게 말했다. “그것이 우리가 하나의 공동체라는 증거이며, 정해진 역할과 일정을 때우는 기계가 아니라는 뜻이죠. 우리는 정서적으로나 경제적으로 다양한 관계를 맺고 있는 사람이니까요.”

따라서 책임은 집단 전체가 지게 되며, 상호 점검 시스템 덕분에 한 개인에게 부담을 지우지 않는다. “우리는 서로를 통제하고, 잘못을 바로잡고 점검할 수 있도록 조직되어 있습니다.” 그리고 그들은 “내가 좋은 성과를 거두려면 동료가 좋은 성과를 거둬야 한다”라고 확신한다. 이 모든 것의 바탕은 상호 신뢰와 대화이다. “아무도 당신이 할 수 있는 것 이상을 요구하지 않고, 지나친 압박은 없습니다.”

사무실 공간도 직원들이 소통을 이어갈 수 있도록 배치되었다. 같은 부서 구성원이 일하는 각 방에서는 책상을 서로 마주보게 배치하여 “동료의 얼굴을 볼 수 있도록” 했다.

직원들 사이에 풀기 어려운 문제나 긴장이 있으면, 헤르만은 아내 클라우디아를 보내 팀원들이 대화하도록 돕고, 관계를 회복하도록 이끈다. 그런데 클라우디아가 직접 참여하지는 않고, 회의를 여는 것만으로도 효과를 발휘하는 경우가 대부분이다. 그녀 또한 헤르만처럼 직원들의 업무 운영에 개입하지 않는다며, 이렇게 덧붙였다. “한 가지 말씀드리자면, 헤르만은 관여하고 싶어 하지 않습니다. 그래서 직원들 간의 갈등을 해결하는 게 쉽지 않아요. 더 많은 시간과 인내심이 있어야 하죠."

맞는 말이다. 모든 건 겉보기와는 달리 간단하지 않기 때문이다. 한 직원은 이렇게 설명했다. "우리가 늘 다 만족하는 건 아니에요. 갈등도 있기 마련이니까요. 하지만 어떤 면에서 이런 갈등이 오히려 회사에 긍정적이라고 생각해요. 우리가 서로의 의견을 경청하고, 서로를 배려하게 된다는 점에서 말이죠."

 대화를 통해 업무를 조율하다

좋은 면을 보라.
그리고 나서 과제를…

여기서 한 연구자로서 솔직히 고백하자면, 이렇게 긍정적인 이야기만 가득한 것이 오히려 의아하게 느껴진다. 과연 그들이 사실 그대로 말한 것일까? 자율적인 의사 결정 방식은 시간이 갈수록 직원들을 지치게 할 수 있음을 잘 알고 있기 때문이다. 모든 것을 논의를 통해 해결해야 하기에 많은 시간과 신경을 쏟아야 하기에 그러하다. 그렇다면 왜 디마코 직원들은 계속 긍정적인 말만 하는 것일까? 아시아 문화권에 속한 방코 카바얀이나 성심당의 직원들이 회사나 상사에 대해 비판적인 의견을 선뜻 말하기가 어려웠다는 점은 이해가 되지만, 솔직히 말해, 거침없는 화법을 쓰는 아르헨티나 사람들은 조금 다를 거라 내심 기대했다. 하지만 내가 디마코 직원들에게 들은 대답은 비슷했다. "힘든 점이요? 지금은 딱히 생각나는 게 없네요."

그래서 나는 아예 대놓고 이렇게 질문하기로 했다. 모든 일이 순조로울 리 없는데도, 그들이 분명 겪고 있을 어려움에 대해 왜 이렇게 침묵하고 있을까?

물류 창고 부서에서 일하는 한 직원은 이렇게 설명해 주었다. "부정적인 면이야 늘 있죠. 하지만 모든 직원이 회사 일이 잘되길 바라기에 결국에는 긍정적인 결과로 끝나는 거예요. 문제가 생기면 바로 해결하려고들 해요. 그리고 실제 그렇게 일이 진행되죠. 이런 식으로 해서 일이 잘 풀리기 때문에 자연히 긍정적으로 생각하게 되는 거죠. 기분이 좋으면 문제도 쉽게 풀리니까요." 그리고 이 말을 덧붙였다. "개인적인 문제는 집에 두고 와야 한다는 건 잘못된 생각이라는 걸 알게 됐어요. 오히려 그런 이야기를 털어놓아야 속이 풀리고, 그러면 마음이 한결 편해지죠." 그는 인터뷰를 마치며 이렇게 말했다. "저는 무슨 일이든 늘 긍정적인 면에 집중해야 한다는 걸 배웠어요. 이곳에서 많은 걸 배웠죠…."

이 직원에겐 부정적인 생각에 얽매이지 않도록 하는 어떤 힘(사회학자들이 말하는 '긍정적 부채'[7])이 있는 듯하다. "저한테선 항상 긍정적인 결과가 나옵니다. 저는 부정적인 면을 볼 수가 없어요. 안 좋은 일이야 늘 생기고, 다른 사람들도 그런 점들을 보라고 하지만 헤르만은 제게, 그리고 다른 모든 직원에게도 정말 관대했어요. 그러니 나쁜 면을 볼 수 없죠."

그나마 직원들이 인터뷰에서 반복적으로 언급한 요청이자, 이 회사를 연구한 인턴들도 지적한 가장 중요한 이슈는 대화의 장이 더 필요하다는 것이었다. 물론 디마코에는 직원들이 업무

7　[원주] Godbout 2000 참조.

　　　　좋은 면을 보라. 그리고 나서 과제를…

이야기를 나눌 수 있는 다양한 논의의 장이 마련되어 있고, 또 서로 개인적인 문제를 자유롭게 이야기할 수 있는 시간도 마련되어 있다. 이것만으로도 이미 대단한 일이고, 모두가 이를 인정하고 있다. 그렇다면 과연 무엇이 부족하다는 것일까? 디마코에는, 시스템이 잘 작동하기 위해 직원들이 저마다 감내해야 하는 어려움과 이에 대한 개선 방향을 논의할 수 있는 기회가 부족하며, 또한 대인관계에서 발생하는 어려움을 해결할 수 있는 공간도 부족하다는 것이다. 예를 들어, 한 직원은 이렇게 토로했다. "저희 입장에선 헤르만과의 관계가 종종 어려울 때가 있습니다. 맺고 있는 관계가 있으니 참긴 하지만요. 물론 입장을 바꿔 보면 헤르만 또한 저 때문에 참는 일이 많겠죠."

인간관계가 매우 중요한 근무 환경에서 발생하는 구성원들 간의 갈등은 특히 고통스럽게 느껴질 수 있는데, 이는 받아들이기 어려운 역설인 것 같다. "우리는 서로 문제를 해결하려고 노력하고, 모두 책임감을 느낍니다. 우리는 회사를 사랑하고 서로를 사랑합니다. 그래서 그러한 상황에 처하면 많이 안타깝습니다."

이렇게 직원들 간의 관계가 업무에서 가장 큰 비중을 차지하지만, 역으로 관계 때문에 일을 제대로 못하게 될 수 있다는 점도 잘 알려져 있다.[8] 서로에 대한 기대치가 너무 높을 때는 그 영향이 더 커진다는 것도 쉽게 짐작할 수 있다. 연구 대상으로 삼은 다른 유사한 회사들과 마찬가지로, 디마코에서도 가장 큰 고통을

---

8   [원주] Clot 2010 참조.

겪는 이들은 회사의 정신에 가장 크게 공감하는 직원들이었다. "우리 가운데 다수가 디마코에 많은 시간을 쏟으며 헌신하고 있어요. 그런데도 우리가 해내지 못한 것을 보면 마음이 아프죠."

디마코의 직원들은 개선 방안에 대해 그들에게 말할 기회가 더 많아져야 한다고 생각한다. 그들은 회사의 긍정적인 면을 부정하는 것은 아니지만, 무엇보다도 개선해야 할 점에 관심을 기울인다. 보다 효율적인 조직 구조, 빈번한 소통, 개선된 갈등 관리, 더욱 세심한 고객 관리, 그리고 회사 내 '주는 문화'의 경험에 더 많은 관심을 기울여야 한다고 생각하는 것이다.

때로는 고통이 감당하기 어려울 정도로 심해지기도 한다. "디마코에서 우리가 느끼는 위기감은 이런 겁니다. 모든 걸 주기만 하고 받은 것이 아무것도 없죠. 몇 년 동안 계속 주기만 하고… 서로 주고 받는 상호작용이 없어요." 특히 의욕이 넘치는 이 직원들은 무거운 짐을 지고 있다고 느끼며, 리더가 마땅히 져야 할 책임을 다하지 않고, 자신들의 노력을 인정하거나 공유하지 않는다고 느꼈다고 한다. 한 직원은 솔직한 심정을 털어놓았다. "그[헤르만]가 우리 말을 듣고 결정을 내리든가 스스로 책임져 줬으면 좋겠어요. 개선된 점이 있다면 모두 우리가 이뤄낸 것이죠! 저는 수많은 결정을 내렸어요. 꼭 필요하고 중대한 결정이었죠." 그들은 헤르만이 회사에서 보내는 시간이 별로 많지 않아 일상을 공유하지 못하기 때문에 더 그를 이해하지 못하는 듯했다. "우리는 아무런 진전도 이루지 못하고 있어요. 그의 머리와 마음은 딴 데 가 있고…. 우리는 디마코를 위해 모든 것을 포기했는데."

    좋은 면을 보라. 그리고 나서 과제를…

시험대에 오른
가치관

한 인턴 연구원이 헤르만에게 회사의 비전과 사명을 설명해달라고 요청하지 않았다면, 헤르만은 그것을 글로 쓸 생각을 하지 않았을 것이다. 그는 그 요청을 계기로 「디마코의 역사」라는 제목의 글을 작성했고, 이후 디마코를 연구하는 인턴연구원들의 요청이 있을 때 이 문서를 제공했다. 하지만 이 문서를 직원이나 고객사, 협력업체들에게 배포한 적은 없다. 헤르만이 그렇게 한 데에는 그 나름의 이유가 있었다. 그는 그 이유를 이렇게 설명했다. "저희 회사가 추구하는 가치나 사명에 대해 2만 권의 책을 쓴다 해도, 실천하지 않는다면 아무 소용이 없으니까요." 그는 진정한 가치는 행동과 실천에 있다고 보았다. 그럼에도 자신의 지향을 글로 설명해야 했을 때 그는 회사의 가치와 사명을 이렇게 표현했다.

"우리의 비전은 [⋯] 공동선을 추구하고, 미래 세대를 위해 환경 보존에 헌신하는 성공적인 민간 기업의 롤 모델이 되는 것이다.

우리의 사명은 […] 최상의 건축자재 도매 유통 서비스를 제공하는 것 외에도 모든 이해관계자(고객, 공급업체, 직원과 경영진)가 인적·사회적 역량을 키울 수 있는 적절한 환경을 제공하여 경쟁력을 키우고, 형재애가 넘치는 공동체를 이루며, 평등과 상호존중의 관계 안에서 소외된 이들의 필요에 응답하는 것이다."

말이란 현실에서 구체적으로 실천될 때 비로소 의미가 있을 뿐더러, 디마코는 말을 앞세우지 않는 기업이므로, 이제부터는 사실을 중심으로 헤르만의 설명이 어떻게 실현되고 있는지를 살펴보고자 한다.

디마코에서 직접 지내며 관찰한 인턴연구원들은[9] 모두 리더의 가치관과 디마코의 조직 문화가 깊이 연결되어 있음을 공통으로 확인했다. 이를 보여주는 지표로는, 구성원들의 투명한 행동, 신뢰에 기반한 리더십, 다양한 관점을 조화롭게 통합하여 의사 결정을 하려는 자세, 관계를 해치지 않으면서 갈등을 풀어가려는 개개인의 노력, 이해관계자가 모두 마주할 수 있는 공간 확보, 그리고 조직 내부는 물론 외부와도 지속적이고 의미 있는 관계를 만들어내는 기업의 역량을 들 수 있다.

디마코의 직원들도 앞서 살펴본 다른 기업들처럼, '나눔'을 회사의 중심 가치로 자연스럽게 받아들인 것처럼 보였다. 최근에 입사한 한 직원은, 동료들에게 영향받아, 자신에게는 더 이상 필

---

9   [원주] 그 가운데 플로렌시아 로카시오(Florencia Locascio)와 막심 폴티에(Maxime Foltier), 그리고 파비앵 코뇨(Fabien Cognaud)를 들 수 있다. 아르헨티나 학생 플로렌시아는 디마코에 대한 인턴십 연구 보고서를 작성했고, 막심 폴티에와 파비앵 코뇨는 프랑스 학생들로 이들이 진행한 연구를 내가 직접 지도했다.

요로 하지 않은 물건들을 회사로 가져와 나누었다. 헤르만의 아내 클라우디아는 이와 관련해 작지만 상징적인 의미를 지닌 사례를 들려주었다. "해마다 크리스마스 선물 바구니를 준비하는데, 종종 남는 경우가 있어요. 그런데 그걸 가져가겠다고 나서는 사람은 단 한 명도 없어요. 항상 다른 사람들과 나누자고 말하죠." 그리고 이 말을 덧붙였다. "나눔은 전염성이 강해요. 그렇게 해서 문화가 생기는 거죠."

인터뷰할 때 직원들은 회사의 가치를 모두 공유하고 있음을 힘주어 말하곤 했다. 그들은 디마코의 정체성은 리더 한 사람에게만 달려 있지 않다고 강조했다. 직원들의 말을 전하면 이렇다. "이 회사는 우리 모두의 것이에요. 경영주 혼자 만든 것이 아니죠." 또 어떤 직원은 이렇게 말했다. "디마코의 힘은 직원들의 행복이에요, 이것이 핵심이죠. 헤르만이라는 개인을 넘어 모든 사람에게 적용되는 원칙입니다." 이는 외부 관계자에게도 적용되는데, 고객들과 공급업체들은 물론이고 경쟁업체까지도 디마코라는 대가족의 일원으로 여기기 때문이다. 따라서 외부 사람들과의 관계에서도 직원들 모두가 그들을 진심으로 존중하고 진정한 형제애를 나누는 관계를 맺으려고 노력한다. 외부인들 또한 이를 분명히 느끼고 있었다.

한 공급업체 사람은 이렇게 말했다. "헤르만이 디마코를 세우며 표방했던 가치들은 제게도 정말 중요해요. 디마코의 성장은 그냥 이루어진 게 아니에요. 제가 직접 보았으니까요. […] 그가 이뤄낸 많은 것들이 바로 그 가치들과 관련이 있어요. 예를 들

면, 서로를 존중하는 태도 같은 것이죠. 이러한 가치들은 확고
히 자리 잡았습니다.” 디마코가 쌓아온 가치들이 구체적으로 무
엇이냐고 묻자, 그는 이렇게 열거했다. “기업의 윤리, 약속 이행,
상호 존중, 그리고 ‘가족’이라는 개념도 꼽을 수 있죠. 가족을 이
룬다는 말이 제게 매우 큰 의미로 다가왔어요. […] 또 직원들이
성장할 수 있는 기회를 제공한다는 점도 중요하죠. 제가 밖에서
봤을 때도, 직원들이 성장할 수 있겠다고 생각했으니까요. 이 점
은 매우 중요한 측면입니다. 다른 회사들처럼 이직율이 높지 않
습니다. 여기 직원들은 정신적으로나 전문적으로도 성장하고
있어요.”

내가 만난 한 고객 또한 먼저 묻지 않았음에도 디마코의 가치
에 대해 이렇게 말했다. “디마코의 미덕은 곧 헤르만의 미덕이
죠. 하지만 헤르만이 자리에 없어도, 늘 그렇듯 잘 실천되고 있
어요.” 그는 이어서 이렇게 설명했다. “약속을 지키는 것을 우선
시하고, 성실과 정직 같은 가치를 중심에 두면, 조직 전체에 자
연스럽게 스며들죠. 그리고 시간이 흐르면서 열매를 맺습니다.
디마코 사람들은 그러한 것을 잘 내면화했어요. 성실함과 공감
능력, 그리고 문제가 생겼을 때 기꺼이 도움의 손길을 건네는 마
음…. 이런 것들이죠.” 그는 이렇게 덧붙였다. “저는 이 회사에 오
는 게 좋아요. 편안함을 주는 장소에 오면 몸이 먼저 반응하잖아
요. 이곳 분위기가 참 좋아요. 환대받는 느낌이 들죠. 직원들이
너나 할 것 없이 모두 잘 대해주죠. 헤르만이 하듯이 말이에요.”

어느 날, 시멘트를 고객사에게 배송하는 운송업체 중 한 곳에

서 주문받은 배송을 할 수 없을 것 같다고 연락이 왔다. 트럭 한 대가 고장 났는데 너무 낡아 수리도 어렵고 새 트럭을 살 여유도 없다는 것이었다. 이 소식을 들은 헤르만은 곧바로 그 운송업체 대표에게 전화를 걸었다. 트럭이 없으면 거래처를 잃게 되고, 결국 운전기사들을 해고해야 할지도 모르는 상황이었다. 헤르만은 그 대표에게 이듬해 운송비를 모두 선불해 주겠다고 제안했다. 그가 새 트럭을 구입할 수 있도록 하기 위해서였다. 지금 이 운송업체는 디마코의 가장 충실한 협력업체들 가운데 한 곳이 되었다.

나는 이와 같은 사례를 수없이 들었다. 이는 예외적인 경우가 아니라, 디마코가 모든 공급업체들, 더 넓게는 모든 협력사와 어떠한 관계를 맺고 있는지를 잘 보여주는 증거라고 볼 수 있다.

어느 날, 몇 주 동안의 디마코에 대한 연구를 마무리하던 막심이 내게 전화를 걸어왔다. 회사의 특성을 분석하다가 어려움에 부딪혔다며 도움을 청했는데, '범주'의 문제라고 했다. 그러면서 그의 견해를 전했다. "디마코라는 회사는 그 내부 운영 방식에만 집중해서는 이해할 수 없을 것 같아요. 디마코는 더 넓은 공동체, 다양한 조직과 사람들로 이루어진 네트워크의 중심에 있는 것처럼 보입니다. 저는 이 점을 좀 더 알아보고 싶습니다." 나는 그에게 이렇게 조언했다. "그러면 그것이 무엇인지 더 알아보고, 연구로 입증해 보세요." 막심은 놀라운 솜씨로 이 과제를 수행했고, 회사 수익금을 가지고 진행하는 모든 활동을 일목요연하게 보여주는 인상적인 도표를 만들어냈다. 플로렌시아 또한 이미 2012년의 보고서를 통해 "조직의 경계가 모호해 보인다"라고 지적한 바 있다. 그녀의 보고서를 보면 "조직 경계가 불분명함"이라는 표현이 여러 차례 나온다.

당시 헤르만도 자신의 기업을 이해하기 위해서는 그 주변에 형성된 생태계 전체를 연구해야 할 거라고 말해주었다. 그러면서 내게 이렇게 말했다. "저희 회사보다는 주변 생태계에서 훨씬 더 흥미로운 것들을 발견할 수 있을 겁니다. 이것을 연구할 만한 또 다른 인턴연구원은 없을까요?" 이야기가 이렇게 되어 2018년 파비앵이 6개월간 디마코의 생태계를 연구하게 된 것이다. 자, 그럼 이제부터 이 낯설고 독특한 생태계 안으로 들어가 보기로 하자.

 시험대에 오른 가치관

마테차 컵에서
127/12 도로 네트워크까지

마테차 이야기를 통해 디마코 생태계가 어떻게 형성되었는지를 상징적으로 보여줄 수 있을 것 같다. 마테차는 라틴 아메리카에서 결코 빼놓을 수 없는 전통차이다. 마테는 아마존 지역에서 자라는 허브로, 차나 커피처럼 카페인이 들어 있고 향이 상당히 강하다. 전통 마테차는 특별히 만든 작은 호리병 모양의 마테차 컵에 우려내어, '봄비야bombilla'라고 불리는 금속 빨대로 빨아 마신다.

어느 날 헤르만은 여행을 하다가 한 수공예품 가게에서 독특하게 잘 만들어진 마테차 컵을 발견했다. 그는 물건의 우아한 외관과 품질에 반하여, 그 멋진 작품을 누가 만들었냐고 가게 주인에게 물었다. "파라나에서 가져온 겁니다." 가게 주인이 그렇게 대답하자, 헤르만은 자신도 파라나에 산다며 꼭 그 장인을 만나보고 싶다고 말했고, 가게 주인은 연락처를 알려주었다. 그 장인들이 바로 산드라와 로물로로, 파라나시 외곽에 자리한 미트레 구역Barrio Mitre의 낙후된 동네에 살고 있었다.

헤르만은 머뭇거리지 않고 곧바로 그곳으로 향했다. 그는 산드라와 로물로가 그곳에 정착하게 된 사연을 들었다. 그들 부부는 마약으로 아들을 잃은 뒤, 2012년에 그곳으로 이주하여 지역 공동체 센터를 만들어 운영하고 있다는 사실을 알게 되었다. 그들은 청소년 교육에 헌신하기로 결심했다. 산뜻한 색으로 칠해진 콘크리트 건물에 마련된 센터에서 지역 청소년들이 농구, 배구, 그림, 타악기, 음악, 춤 등 다양한 체육 문화 활동을 자유롭게 즐길 수 있는 프로그램을 운영하고 있다. 현재는 국가의 지원을 받아 20여 명의 교사와 활동가들이 매일 200여 명의 청소년을 맞는다. 그들 부부는 청소년을 위한 수많은 프로젝트를 구상하고, 이를 위한 재원 마련을 위해 노력하고 있다. 마테차 컵을 만들어 상품화한 것도 그러한 노력 가운데 하나이다.

헤르만은 산드라와 로물로에게 '디마코Dimaco'라는 이름이 새겨진 마테차 컵 50여 개를 주문했다. 그는 이를 고객들에게 선물하거나, 직원들이 사용할 수 있도록 회사에 비치했다. 헤르만은 가급적이면 이러한 사업 관계를 통해 사람들을 돕는 방식을 선호한다. 누군가에게 줄 수 있는 가장 큰 도움은 스스로 일을 해서 생계를 꾸릴 수 있게 하는 것이기 때문이다. 정말 필요한 경우, 특히 다른 사람을 위한 것이라면 대부분 현물 지원을 우선시한다.

헤르만은 미트레 구역의 지역 공동체 센터를 위해 자신이 더 도울 일이 있는지 물었다. 산드라와 로물로는 청소년들을 위해 마당에 제대로 된 농구장을 만들고 싶다고 했다. 국가에서 장비 구입은 지원해 주지만, 농구장 바닥 포장 작업은 자체적으로 해야 했다. 그리하여 디마코에서 자재를 제공하고, 콘크리트 작업을 맡을 인부를 고용했다. 그런데 그 사람은 전에 디마코에서 일했던 직원으로, 팀워크로 일하는 데에 어려움을 겪어 퇴사한 뒤 생계가 막막했던 참이었다. 그 후로도 헤르만은 그에게 시간이 날 때마다 이런저런 자잘한 일을 꾸준히 맡기고 있다.

2019년 2월 내가 미트레 구역의 지역 센터를 방문했을 때, 산드라와 로물로는 디마코의 도움을 받아 수영장을 막 완공한 상태였다.

디마코는 도시 북쪽 파라나 강변 어촌에 '작은별의 집Casita Estrella'이라는 또 다른 공동체 센터도 지원하고 있다. 숲 가장자리에 있는 이 작은 집에는 10여 명의 여성 봉사자들이 인근 어촌 아낙들을 위해 읽고 쓰기, 요리, 재봉 수업 등을 진행하고 있다. 디마코는 이들에게도 편리한 새 부엌을 지을 수 있도록 자재를 제공했다.

어느 날, '작은별의 집'의 자원봉사자인 차리토가 헤르만에게 말을 건넸다. 그녀는 절벽 위의 판자집에서 홀로 살고 있는 할머니 마리아 로사의 딱한 사정을 털어놓았다. 마리아 로사는 거의 시력을 잃고 암 투병 중인데, 집에는 화장실조차 없어 밖에서 용변을 해결해야 하며 이 마저 점점 힘들어하고 있다는 것이다. 게다가 최근에는 넘어져서 다리를 다쳤고 그 허름한 오두막까지 무너져 내렸다. 차리토는 슬픈 눈빛으로 이 말을 덧붙였다. "우리 집 개도 로사 할머니보다는 나을 거예요…" 이 말을 듣고 어떻게 가만히 있을 수 있겠는가? 하지만 헤르만은 결코 혼자 나

서지 않는다. 도움이 필요한 사람을 중심으로 그를 감싸듯 연대
의 고리를 만들기 위해 늘 다른 사람들과 힘을 합치는 것을 원
칙으로 삼기 때문이다. 헤르만은 차리토에게 이렇게 제안했다.
"디마코에서 동네 집들처럼 작고 튼튼한 집을 짓는 데 필요한
자재를 제공할게요. 하지만 집을 짓고 공사를 책임질 사람은 직
접 알아보셔야 합니다." 그리하여 차리토와 그녀의 친구들은 이
소식을 주변 사람들에게 알리기 시작했다. 차리토는 건축을 전
공하는 조카에게 부탁했고, 그는 기꺼이 설계를 맡아주겠다고
약속했다. 한 친구는 동네에서 벽돌공을 찾아냈다. 이 석공은 인
부들을 모아 벽을 쌓겠다고 나섰다. 이렇게 하나씩 일이 진행되
자 차리토는 직접 공사 현장을 맡기로 했다. 그녀의 아들은 쓰지
않는 침대를 기부했고, 어떤 사람은 작은 책상을 내놓았다. 마리
아 로사는 기쁨으로 가득 차 감격의 눈물을 흘렸다. 차리토 또한
이때 얻은 교훈을 결코 잊지 않겠다며 이렇게 말했다. "무슨 일
이든 절대 한두 사람이 모여 일을 도모하지 마세요. 사람들을 모
아서 함께 해야 해요. 사람들을 연결하고, 도움을 구하세요. 그
리고 모두가 함께 일을 끝낼 수 있도록 격려하세요."

하지만 헤르만이 늘 긍정의 답을 하는 것은 아니다. 한번은 수
녀 몇 명이 그를 찾아와 새 성당을 짓기 위한 재정적 지원을 요
청했다. 그런데 그들의 예상과는 달리 관대함으로 명성이 자자
했던 그는 단호하게 재정 지원은 하지 않겠다고 답했다. 그리고
그 이유를 이렇게 설명했다. "저는 사업가입니다. 성당 건축 자
금을 지원하는 것보다는, 수녀원이 경제적으로 자립할 수 있도

록 돕고 싶습니다. 수녀님들, 생계는 어떻게 유지하고 계신가요?" 당황한 수녀들은 텃밭에서 나는 농작물과 선인장을 재배하며 살고 있지만 그것만으로는 충분한 수입이 되지 않는다며, 생산물을 판매할 가게가 없기 때문이라고 답했다. 그러자 헤르만은 "그렇다면 제가 수녀님들이 선인장 농장과 작물 판매장을 지을 수 있도록 도와드리겠습니다. 그렇게 하면 수녀님들이 성당 신축 기금을 마련하실 수 있을 겁니다."라고 답했다.

헤르만은 더 뜻깊고 지속적인 영향력을 창출하기 위해 여러 네트워크와 정부 기관에 적극적으로 참여하고 있다. 예를 들어, 그는 'UN 기업 지속가능성 협약(글로벌 콤팩트)'의 아르헨티나 협회와 지역의 지속 가능한 발전에 이바지하고자 하는 기업인들이 모인 '엔트레리오스 기업인 협의회(CEER)' 이사회에서 활동하고 있다. 이들은 특히 '빈곤의 삼각지대'라고 불리는 이 지역 최북단 마을의 개발을 어떻게 도울 수 있을지 고민하고 있다. 주도적인 역할을 한 사람은 엔트레리오스주州의 전직 장관 아센시오Asensio이다.

헤르만의 제안에 따라 이들은 현지 주민들을 직접 찾아가 그들의 이야기를 귀담아듣고, 실제로 그들에게 무엇이 필요한지 알아보기로 했다. 날마다 가족을 부양하기 위해 애쓰는 이들의 강인함은 인상 깊었지만, 외딴 지역에 살다 보니 애써 키운 작물의 판로를 찾지 못해 어려움에 처해 있었다. 그런데 사실, 토양을 파괴하고 기후 변화를 가속화하는 대규모 단일 작물 농장의 확산을 막는 데에 중요한 역할을 하는 것이 바로 이 소작농들이다.

그리하여 2010년, 지역 개발을 위한 대규모 프로젝트가 시작되었다. 이 프로젝트는 브라질로 향하는 127번 도로와 파라나강을 따라 이어지는 12번 도로를 따라 지역 주민들이 자원을 활용하여 공동 판매망을 개발할 수 있도록 네트워크를 구축하는 데 도움을 주는 것이었다. 이 프로젝트의 공식 명칭은 '127/12 상업 네트워크'시만, 간단히 '127/12 도로'라고도 불린다.

이 프로젝트로 인해 점차 각 마을에는 소상공인 공동체가 형성되고 있다. 이들은 물품가 책정, 사업 추진 계획을 포함해 수입의 10%를 따로 모아 필요한 인프라 구축에 공동으로 투자하는 법을 배웠다. 이들은 "자원이 부족할 때는, 한 곳에 집중하는 것이 더 나은 결과를 가져온다."며 확신에 차 있다.

엔트레리오스 기업인 협의회(CEER)는 이들을 곁에서 지원한다. 예를 들어, 필요할 때마다 전문가들을 불러 조언을 받게 한다. 또한 더욱 친환경적인 농업 기술을 소개하고, 생산을 다양화하며 판매망을 구축할 수 있도록 교육 프로그램을 운영한다. 양치기의 아낙들 가운데 양털을 잣는 여성들을 직조 사업을 시작하는 사람들과 연계하고, 이들이 공동 브랜드를 만들 수 있도록 엔트레리오스 기업인 협의회가 지원하고 있다. 현재 이들의 제품은 127/12 도로와 그 지역의 주요 도시에 오픈한 6개의 매장에서 판매되고 있다.

헤르만은 여러 프로젝트 리더들에게 물질적·개인적 지원을 제공하는 것 외에도, 상호성의 개념에 기반을 둔 "나눔의 문화"를 '127/12 도로 프로젝트'에 도입하면서, 모든 지원의 전제 조건으로 삼았다. "지원받은 사람들은 그들이 받은 선물을 사회에 환원합니다."라고 아센시오는 확신에 차 말했다. 그리고 주목할 만한 것은, 그들 가운데 어떤 이들은 훌륭한 교육자의 자질을 드러내며 이러한 문화를 확산시키는 역할을 하고 있다는 점이다.

쓰레기 화산의
빈민촌

2017년 7월 내가 파라나를 처음 방문했을 때, 헤르만은 내게 '볼카데로Volcadero', 즉 '화산'이라 불리는 곳으로 가자고 제안했다. 그곳은 연기를 내뿜는 쓰레기 산으로, 그 인근에 수많은 가족들이 끔찍한 빈곤 속에서 살아가고 있다. 이미 80년 전부터 피라나시 전체의 쓰레기가 이 외곽 지역, 공식 명칭은 산마르틴 지구barrio San Martin에 쌓이기 시작했다.

그곳 어느 길모퉁이에서 우리는 이네스Inès를 만났다. 그녀는 화산 빈민촌에서 일하는 페트로팩Petropack 재단의 코디네이터로, 그곳 주민들을 잘 알고 있었다. 이네스는 우리를 어느 골목으로 안내했는데, 판잣집들이 좌우로 늘어선 흙길이 나타났다. 그 판잣집들은 양철과 비닐로 만든 초라한 집들이었고, 땅 또한 흙이 아니라 층층이 쌓인 쓰레기로 보였다. 주민들은 쓰레기 수거차의 수거물을 집 앞에 내려놓게 하는 경우도 있다. 그래야 쓸 만한 재료들을 잘 골라서 챙길 수 있기 때문이다. 어떤 가족들은 자기 구역을 표시해 놓고, 낡은 병이나 타이어에 꽃을 심어 작은

'정원'을 예쁘게 꾸며 놓았다. 아이들은 그러한 거리에서 뛰놀며 장난을 친다.

동네 한가운데에는 커다란 콘크리트 건물이 있는데, 이곳이 페트로팍 재단이 운영하는 사회복지센터이다. 때마침 그곳에서 여성들이 문해력 수업(글 읽기와 쓰기 수업)을 마치고 나오는 길이었다. 아이들은 간식을 나눠주는 시간에 맞춰 그곳으로 달려온다. 조금 더 안쪽에는 알록달록한 초등학교와 유치원이 새로 지어져 있다. 디마코는 학교의 화장실과 강당, 그리고 축구장을 짓는 데 필요한 건축자재를 제공했다. 이 프로젝트는 한 텔레비전 방송팀과 여러 기업, 지역 단체들의 주도로 이루어졌으며, 화산 판자촌 주민들도 함께 참여했다.

페트로팍의 대표는 헤르만의 친구인데, 지속 가능한 지역 발전에 헌신하는 책임 있는 기업인들의 모임인 '엔트레리오스 기업인 협의회'에서 자주 만나 친해졌다. 그는 자신의 플라스틱 포장재 공장에서 일할 숙련된 인력을 찾기가 힘들자, '화산'에서 재활용 가능한 쓰레기를 주워 되팔며 하루를 보내는 젊은이들에게 직업 훈련 교육을 제공하기로 했다. (화산 쓰레기장에 젊은이들이 많은 이유는, 그곳에서는 오래 살 수 없기 때문이다. 대부분은 호흡기 질환으로, 또는 마약이나 폭력으로 나이가 들기 전에 목숨을 잃는다.) 페트로팍 재단에서 운영하는 전문 직업 교육 센터는 현재 플라스틱 가공 관련 직업을 위한 자격 취득 교육을 제공하고 있으며, 여성들을 위해서는 제과 및 봉제 수업도 진행하고 있다.

헤르만은 그에게 디마코와 협력하여 벽돌공 교육 과정도 만들자고 제안했다. 이 과정을 수료한 사람들은 보상으로, 가족을 위한 집을 짓거나 자영업을 시작하고자 할 경우 가게를 지을 수 있도록 건축자재를 지원받는다.

내가 방문한 토요일 아침, 때마침 벽돌공 교육을 받는 젊은이들의 실습이 있었다. 그날 실습의 목표는 동네 공용 화장실을 짓는 일이었다. 네 명의 청년이 벽들을 다 쌓고 나서, 일하는 동안 구워두었던 생선을 손으로 뜯어 먹으며 잠시 앉아 쉬고 있었다. 처음에는 35명이 교육 과정에 지원했지만, 몇 달이 지난 지금 꾸준히 수업에 나오는 청년은 채 10명도 되지 않는다. 그날 아침에도 여럿이 나오지 않았다. 때로는 당일 일거리를 제안받아서, 때로는 아이들에게 먹일 것이 없어서 생계를 위해 낚시하러 갈 때도 있었다. 수료증을 받기 위해서는 수업에 꾸준히 나와야 한다는 것을 그들도 잘 알지만, 당장 생계를 유지해야 하기에 쉽지 않은 일이었다.

함석 판잣집들이 즐비한 가운데 하늘색으로 예쁘게 칠해진, 큰 개집 모양의 아주 작은 시멘트 블록집에 눈길이 갔다. 함께 이야기를 나누던 교사는 그 특별한 집에 얽힌 사연을 들려주었다. 그들도 이 동네에 사는 다른 많은 이들처럼, 15세의 아들을 잃었다. 집 위로 지나가는 전선에 불법으로 전기를 연결하려다가 감전사했다고 한다. 그들은 아들의 시신을 안치하기 위해 그 작은 집을 지었다. 아직도 아들을 되찾을 수 있기를 바라지만, 아마도 결코 되찾지 못할 것이다. 나는 속이 꽉 막힌 듯 답답했

 쓰레기 화산의 빈민촌

고, 함께 있던 교사와 헤르만의 표정도 어두웠다. 헤르만은 생각에 잠겼다. 아르헨티나 국영 전력 회사와 접촉하여 합법적인 전기 연결과, 이곳 주민들이 감당할 수 있을 만큼의 전기료를 요구할 심산이었다.

그는 이웃 판잣집에 사는 또 다른 부모들이 아이를 잃은 고통스러운 사건도 들려주었다. 어느 날 쓰레기 수거차 운전사가 추위를 피해 트럭 뒤 칸에 웅크리고 있다 숨진 아이들을 발견했고, 그 충격과 분노를 사회관계망서비스(SNS)에 올렸다. 우리는 충격 속에서 아무 말 없이 그 동네를 떠났다. 헤르만은 그저 이렇게만 말했다. "회사를 위한 중요한 결정을 내려야 할 때마다 저는 이곳에 다시 와야 한다는 걸 깨닫습니다. 이곳에 오면 사태의 본질을 제대로 알 수 있으니까요."

2019년 2월, 내가 다시 그곳을 찾았을 때, 이네스는 나를 전기 계량기가 즐비하게 놓인 방으로 안내했다. 그곳은 전기 기술자 양성을 위한 교육장이었다. 나는 우리가 마지막으로 이곳을 함께 방문했던 날, 헤르만이 생각에 잠겼던 때를 떠올리며 그가 실제로 생각했던 바를 해냈음을 알 수 있었다. 이제 이곳 판잣집들에도 전기선이 연결되어 여기저기 전구들이 달려 있었다. 하지만 안타깝게도 1년이 지난 지금, 전기 기술 교육은 중단되었다. 사실 빈민촌인 이곳에선 그 어떤 프로젝트도 오래 지속되기가 참으로 어렵다. 벽돌 쌓기 교육 또한 관심 부족으로 어려움을 겪고 있었다. 요즘은 여성들만 이 교육 과정에 지원하는데, 그들에겐 자기 집을 좀 더 나은 곳으로 만들겠다는 굳은 의지가 있다.

적어도 그 여성들만큼은 끝까지 해낼 가능성이 크다.

이네스와 그녀와 함께 일하는 이들이 이곳에서 단 몇 명이라도 돕기 위해 끊임없이 새로운 프로젝트를 구상하고 추진하는 것에 진심으로 감탄하게 된다. 해마다 재단의 교육 센터를 통해 자격증을 따고 졸업하는 80명의 젊은이들이 보여주는 환한 웃음과 자랑스러운 눈빛은 그들에게 커다란 동력이 되고 있다! 이네스는 그들의 졸업식을 위해 파라나시에서 가장 아름다운 홀을 빌렸다. "보세요, 이 소녀의 행복한 얼굴이 보이시죠?" 그녀는 행사 사진들을 펼쳐 보이며 내게 말했다. 그렇다! 이 가난한 사람들이야말로 자신들의 성공을 기념하기 위해 가장 품격 있는 장소를 누릴 자격이 충분하다.

그렇다면 우리는 어떻게 해야 할까?
주는 문화에서 직원들의 역할을 묻다

어려운 사람들을 돕기 위해 여러 가지 일을 하면서도 헤르만은 본인의 이름을 내세우지 않는다. 그의 사업도 가장 가난한 이들이 빈곤에서 벗어날 수 있도록 돕는 데에 그 목적이 있다. 그는 지극히 당연하다는 듯이 자신의 경제력과 시간, 그리고 회사의 자원을 그 목적을 위해 쓰고 있다. 그러면서도 그는 전혀 티를 내지 않는다. 게다가 그는 말수가 적은 사람이다. 적어도 자기 자신에 대해서는 거의 말이 없다.

마리아 로사 할머니의 판잣집이나 쓰레기 화산 지구 등, 자신이 지원하는 사업 현장으로 시멘트 벽돌이나 목재 기둥을 배송해 달라고 디마코의 운전기사에게 부탁할 때도 아무런 설명을 하지 않았다. 그런데 배송량이 늘어나면서 회사 내부에도 조금씩 소문이 퍼지기 시작했다. 모두가 헤르만이 무슨 일을 꾸미고 있음을 짐작했고, 그가 그런 사람이라는 걸 다 알고 있었기에 놀라는 이도 없었다.

그런데 문제는 회사 안에서도 제대로 된 집이 없는 직원들이 여럿 있다는 것이었다. 그들도 허름한 주거 환경을 조금이라도 개선할 수 있도록 작은 시멘트 벽돌을 받고 싶어 했다. "이 사람, 저 사람 다 도와주면서 정작 회사 사람들은 왜 안 도와주지?"라고 직원들은 수군거렸다. 아무도 헤르만에게 대놓고 묻지는 못했지만, 말들이 조금씩 돌다가 결국 식사 자리에서 공개적으로 거론되기까지 하자, 식원들은 헤르만에게 직접 물어보기로 했다.

"정작 우리 자신은 집도 없는데 왜 다른 사람들을 도와야 하죠?" 뜻밖의 질문에 헤르만은 놀랐지만 이렇게 설명했다. "여러분은 직장이 있고 월급도 받잖아요. 조금씩 모으면 언젠가는 제대로 된 집을 마련할 수 있습니다. 하지만 수입이 전혀 없는 사람들은 누군가 기회를 주지 않으면 결코 가난에서 벗어날 수 없어요. 그러니 그들을 도와야 합니다." 동료들은 그렇게 간단한 문제가 아니라고 반박했다. "지금처럼 저축하는 속도로는 작은 땅 한 필지를 사는 데에도 수년이 걸리고, 그런 다음에야 겨우 집다운 집을 지을 수 있어요. 그러는 동안 아이들은 임시로 지은 판잣집에서 자라게 되죠…."

그중 한 사람은 이렇게 회상했다. "그래서 우리 직원들이 전부 모여, 집이 없는 사람이 누군지를 살펴보았죠. […] 저마다 자신의 상황, 집의 필요성, 왜 집을 마련할 수 없는지를 설명했어요." 그 결과 여섯 가족이 해당되었다. 그들은 함께 해결책을 알아보았고, 때마침 자기 땅을 가진 사람들이 그곳에 집을 지을 수 있게 지원하는 정부 프로그램이 있었다. 그리하여 헤르만은 회사 근처에 큰 땅을 사기로 결정했다. 그는 그 땅을 여러 구획

 그렇다면 우리는 어떻게 해야 할까? 주는 문화에서 직원들의 역할을 묻다

으로 나누어 필요한 직원들에게 매우 낮은 가격에 양도하고, 무이자 대출을 제공하여 급여에서 분할 상환할 수 있도록 했다. 이렇게 토지 소유자가 된 직원들은 국가의 주택 건축 지원을 받을 수 있게 되었다. 그는 직원들이 집을 짓는 데 필요한 자재를 회사에서 원가로 구입할 수 있도록 하고, 자재 운송에 필요한 트럭도 빌려주었다. 덕분에 그들은 작은 집을 지을 수 있었다. 그리고 몇 년이 지난 뒤 여섯 가구 대부분이 동료들의 도움을 받아 집을 완공하고 새 보금자리로 이사하게 되었다.

그 뒤 또 다른 직원들에게 회사의 도움이 필요한 일들이 생겼다. 그들에게도 헤르만은 무이자 대출을 계속 제공했다. 현재 약 20명가량이 이 혜택을 누리고 있다. 또다시 경제 위기로 인한 화폐가치 하락으로 물가 상승 속도를 임금 인상이 따라가지 못하자, 헤르만은 직원들을 위해 농업 협동조합의 슈퍼마켓과 협력하여 식료품 교환권 제도를 마련했다.

몇 달이 지난 뒤 인터뷰에 응한 직원들은 모두 그때의 일을 회상하면서도, 정작 헤르만이 무엇을 하고 있는지 구체적으로 말해줄 수 있는 직원은 거의 없었다. "헤르만이 사회사업으로 뭔가 하고 있다는 건 알지만, 자세히는 몰라요. 직접 그에게 물어보셔야 해요." 한 직원의 대답이었다. "디마코가 벽돌공 교육 같은 걸 지원한다고 들었는데, 직원들을 위한 건 아닌 것 같고, 정확히 누구를 위한 건지 잘 모르겠네요." 또 다른 직원도 그렇게 말했다. 운전기사들도 자세히 모르기는 마찬가지였다. "네, 가끔 우리가 다른 지역에 자재를 전달하러 가긴 해요. 가난한 이들이 사는 동네죠. 하지만 그 이상은 몰라요.”

그러다 2011년 말 헤르만은 산 호세 데 펠리시아노San José de Feliciano에 있는 십여 가구를 위해 위생시설 건설 프로젝트를 진행 중이라는 사실을 직원들에게 전하며, 회사의 수익금을 어떻게 사용할 것인지에 관해서도 설명했다. 이러한 정보도 직원들이 그의 사무실에서 우연히 관련 문서를 발견하고 그에게 질문한 데서 드러난 것이다. 말수가 적은 헤르만은 대개 말 대신 행동으로 보여준다. “저는 이렇게 하는 게 좋습니다. 회사가 ‘우리가 이런 일을 하는데, 원하면 함께하세요.’라고 말하는 것보다, 직원들이 ‘무슨 일을 하고 있나요? 우리가 뭔가 도울 수 있을까요?’라고 묻는 편이 더 친근하고 자연스럽다고 생각합니다. 직원들은 기부 행위가 업무의 일부라고 생각할 수도 있지만, 사실은 그렇지 않습니다. 기부가 더 이상 자발적으로 이루어지지 않으면, 본질은 퇴색됩니다.”

그런데 실제로 그런 일이 일어났다. 곧 직원들이 그 프로젝트에 동참하기를 원하며, 한 가구를 추가로 더 지원하는 데 기금을 내고자 했다. 그리고 이제 그들은 형편이 될 때마다 기부한다. “완전히 참여한다고는 말하지 못하겠지만, 시멘트 포대가 틀어져 새는 경우가 늘 있어서, ‘이걸 버리지 말고 펠리시아노 프로젝트에 쓰면 좋겠다.’라고 생각했죠.” 또 다른 직원도 말했다. “저는 아주 조금 기부하는데, 이건 전적으로 제 결정이에요.”

마찬가지로, 자기 집을 짓는 데 도움을 받았던 직원들은 이제 자발적으로 회사 트럭을 이용해 파라나시 빈민촌의 가옥을 짓

 그렇다면 우리는 어떻게 해야 할까? 주는 문화에서 직원들의 역할을 묻다

는 일을 돕고 있다. 비록 공개적으로 말하는 사람은 없지만, 그들은 사장과 담당 부서 책임자가 자신들을 조용히 지원하고 있다는 사실을 알고 있다.

이렇게 리더가 자신의 비전을 실현할 수 있는 이유는, 직원들이 회사 내부의 운영, 특히 직원들의 이익과 관련된 문제에 대해 리더가 보여준 통합적인 접근 방식을 신뢰했기 때문이다. 직원들은 이렇게 말했다. "외부에서 그러한 일을 하는데, 직원들이 힘들어 하거나 회사 내부에 문제가 많다면, 먼저 내부를 챙기고 그다음 외부의 문제에 신경 써야 한다고 생각해요. 그런데 지금 상황을 고려해 보면, 그[헤르만]는 충분히 잘할 수 있다고 봐요."

그렇다면 직원들이 보여주는 이러한 지지의 진정한 의미는 무엇일까? 무엇보다도, '주는 문화의 역동성' 안에서 직원들 스스로가 중요한 역할을 한다는 점이다. 직원들이 회사의 영향력을 인식하는 것이 바로 그들에게 동기 부여의 원천이 되는 것이다. "제가 이를 중요하게 생각하는 이유는, 여기서 제가 하는 일이 회사 안에서만 그치는 것이 아니라 아르헨티나를 넘어 더 넓은 범위로 영향을 미친다는 것을 알기 때문이에요."

직원들은 또한 그러한 문화의 혜택을 가장 먼저 받는 사람들이다. 인터뷰를 진행하다 보면, 나눔의 문화 특유의 전염성에서 나타나는 감정, 즉 일종의 부채감을 발견할 때가 있다. 한 직원은 이렇게 말했다. "헤르만은 너무 너무 너무 너무 관대한 사람이에요. […] 그래서 저는 사무실에서 최대한 열심히 일하려고 하고, 미소도 짓고, 다른 사람을 돕고자 하죠." 많은 직원이 그들이 받은 신뢰에 대한 보답으로 최선을 다해 일한다고 말했다. "아무도 제게 이래라저래라 하지 않아요. 하지만 신뢰를 받았기 때문에 그 기대에 부응해야 한다고 느껴요." 이러한 부채감은 선물을 받았을 때 나타나는 전형적인 감정으로, 감사의 빚을 졌다고 생각하는 것이다. "저는 늘 빚진 느낌이에요. 그래서 다른 회사에 있을 때보다 더 일을 잘하게 되는 것 같아요."

사실 디마코에서 일하기는 쉽지 않다. 하루하루가 다 다르며, 직원들은 많은 것들을 "주어야" 한다. 한 직원은 이렇게 말했다. "헤르만은 매우 적극적이에요. 그는 많은 일을 만들고, 많은 활동을 하는데, 이 일들이 디마코 안에서 연쇄 고리처럼 이어져 있어요. […] 디마코를 통해 만들어진 모든 것을 보면 저는 뿌듯하고 기뻐요. 한없이 일은 계속 이어지지만, 성실과 고통에 바탕을 두고 있죠." 직원들은 서로 도와가며 버틴다. "어떤 이는 이렇게 말하죠. '이것을 해 보고 결과를 지켜 봐.' 그러면 그 다음 결정은 제 개인의 선택이 되는 거죠."

직원들의 참여가 새로운 국면에 접어든 것은 2017년 7월 막심의 연구 결과가 전 직원에게 발표되면서였다. 이 자리에서 헤르만은 디마코가 참여한 모든 지원 프로젝트를 상세히 설명했다. 직원들은 모두 깊은 감명을 받았다. 한 직원은 이렇게 털어놓았다. "저는 대충 다 알고 있었지만, 그 정도 규모인지는 몰랐어요. […] 어떤 이들은 그 엄청난 프로젝트의 개수를 보고 완전히 놀랐죠. 정말 대단해요!" 또 다른 직원은 이렇게 말했다. "헤르만이 우리에게 해 준 긍정의 말이 있는데, 우리가 있기 때문에 이

 그렇다면 우리는 어떻게 해야 할까? 주는 문화에서 직원들의 역할을 묻다

런 일들을 할 수 있었다는 것이었어요. 디마코를 만들어가는 것 이상의 더 큰 일을 우리가 하고 있다는 것이죠.”

헤르만은 직원들에게 회사가 지원할 수 있는 프로젝트 제안서를 그에게 직접 제출해 달라고 요청했다. 직원들이 낸 제안서들은 임시로 구성된 작업 그룹에서 선별하게 될 예정이었다. 그러나 직원들 가운데 이에 참여한 이는 소수에 불과했다. 직원들은 자신들이 회사 일을 통해 이미 기여하고 있고, 그것이 본질적인 참여라고 생각하는 듯했다. “저는 우리가 여기서 이미 지원을 한다고 봐요. 회사 내에서 참여하는 것이기에, 계속 도울 수 있는 겁니다. 헤르만은 자주 자리를 비우고, 우리는 팔을 걷어붙이고 일합니다. 이것이 우리가 참여하는 방식이에요. 디마코는 헤르만이 그 일을 할 수 있도록 돕는 조직입니다.” 또 다른 직원은 이렇게 확신했다. “간접적으로 저는 프로젝트에 참여하고 있어요. 결국 저는 제 일을 잘 해내야 한다는 걸 잘 알고 있죠.” 그들은 주저 없이 이 말을 되풀이했다. “중요한 건 헤르만 혼자 일하는 것이 아니라, 디마코와 우리 모두가 함께 이 경험을 하고 있다는 것입니다!”

염소에서 쌍둥선까지,
최빈곤층을 돕기 위한 투자

127/12 도로 네트워크 프로젝트의 일환으로, 헤르만은 산 호세 데 펠리시아노San José de Feliciano에서 염소 사육 농민들을 지원하는 국립 농업기술연구소 소속의 축산 기술 전문가 후안을 만나고 있다. 후안은 염소 농가 중에서도 마리오의 염소들이 매우 희귀한 순종이라는 것을 알아챘다. 마리오는 가진 재산이 아무것도 없고, 염소들을 방목할 땅조차 없다. 하지만 뛰어난 기술을 바탕으로, 오늘날 번식용 가축을 찾는 사람들에게 귀중한 자산이 된 이 품종의 유전적 특성을 보존하는 법을 터득했다. 하지만 그러한 기술을 발휘하려면 최소한의 인지도는 물론이고, 다른 사육농들과도 교류가 있어야 했다. 이러던 차에 후안이 헤르만에게 마리오의 이야기를 했던 것이다.

이야기를 들은 헤르만은 단순한 도움을 주는 데 그치지 않고, 상호발전을 위한 방안을 제시했다. 그는 마리오와 동업을 하기로 한 것이다! 헤르만은 마리오에게 함께 회사를 설립해 사업을 키워나가자고 제안했고, 그 회사의 이름은 '카바냐 카프리나

Cabaña Caprina', 곧 '염소들의 오두막'이다. 계약 조건은 이러했다. 두 사람은 신탁을 설정하고 헤르만이 염소 방목지를 제공하면, 마리오는 그곳에 가족을 위한 집을 짓는다. 그 대가로 마리오는 염소와 노동력을 제공한다. 초기 투자는 대부분 헤르만이 하고, 마리오는 자신의 자산인 염소와 노동력만으로 20%의 지분을 보유하게 된다는 것이었다. 그러나 해를 거듭하고, 마리오가 염소들을 돌보며 많은 시간을 쏟으면서, 그에 따라 그의 지분도 점점 증가하여 그는 곧 회사의 최대 주주가 되었다. 이제 헤르만은 모든 것을 마리오에게 맡기고 완전히 손을 뗐다.

헤르만은 자신이 참여하는 모든 프로젝트에서 그러하듯, 이번에도 단 하나의 경영 방침을 적용했다. 바로 상호성의 원칙이다. 헤르만의 도움에 대한 보답으로, 마리오는 매년 염소 네 마리를 다른 지역 생산자들에게 제공하여 염소 무리를 늘리고, 유전적 특성을 개선할 수 있도록 했다. 그리고 마리오에게 염소를 받는 모든 사육농은 누군가 다른 사람을 위해 무언가를 하겠다는 약속을 해야 했다. 받는 사람이 또 다른 사람을 도와야 한다는 원칙 아래 연대의 고리를 최대한 길게 이어가는 것이다. 이러한 원칙은 이제 헤르만의 친구들인 엔트레리오스 기업인 협의회의 회원들 대부분이 공식적으로 채택한 경영 방침이 되었다.

헤르만과 가까이 지내다 보면, 그의 겸손하고 소박한 모습 뒤에 숨겨진 진정한 '연쇄 창업가serial entrepreneur'의 면모를 금세 알아차리게 된다. 염소 사업 이전에도 그는 비스킷 사업과 부동산 개발 사업을 했고, 곧이어 최고급 쌍동선(카타마란) 사업을 했다! 만일 아내에게 더는 새로운 사업은 하지 않겠다고 약속만 하지 않았다면, 훨씬 더 많은 사업을 벌였을 것이다.

내가 조사연구를 했을 당시 그가 소유한 다섯 개 기업 가운데 가장 놀라운 것은 쌍동선 제작 회사, '시스테마스 마리노스Siste-mas Marinos(해양 시스템)'였다. 열정적인 항해사인 오스카는 이미 '엔일투라스En Alturas(높은 곳에서)'에서 헤르만과 동업자였는데, 이번엔 직접 배를 만들기로 했다. 그는 어차피 설계 작업과 금형 제작을 할 예정이었지만, 단 한 척의 배를 만들기 위해 엄청난 투자를 해야 하는 일이었다. 헤르만은 그에게, 제조 공정만 그대로 반복하면 연간 2대에서 4대까지 생산할 수 있을 거라고 전망한다며 이렇게 설득했다. "목표는, 부자들이 쓰는 돈을 이용해서 가난한 사람들을 돕는 거야, 이해하지? 게다가 일자리도 생기잖아." 현재 이미 5명이 조선소에서 일하고 있으며, 머지않아 그 수는 25명까지 늘어날 것이다.

그 이전에 시작한 사업으로는 '파스티치노Pasticcino(이탈리아어로 '작은 비스킷'이라는 뜻)'라는 회사가 있었다. 이 회사는 22세 청년 기업가 곤잘로Gonzalo가 설립했는데, 그는 아버지 호르헤Jorge와 자본을 투자한 헤르만의 지원을 받았다. 파스티치노는 카페나 식당 등 외식업체에서 커피와 함께 제공되는 비스킷을 전문적으로 생산하는 회사로, 주요 고객들은 아르헨티나 국내외의 카페 체인점들이다. 곤잘로의 아버지이자 공동 경영주인 호르헤는, 다른 두 자녀의 도움을 받아 일상적인 회사 운영관리를 맡고 있으며, 곤잘로는 파스티치노의 영업에 집중하고 있다. 회사를 성장시키기 위해 그가 쏟는 놀라운 에너지와 영업 능력은 모두가 인정한다. 그 성과가 놀라웠기 때문이다. 사업 개시 후, 10년 동안 연평균 30%의 성장을 이루었으니까! "우리는 꾸준히 성장하고 있어요. 4만 개였던 비스킷 판매량이, 지금은 한 달에 300만 개 넘게 팔리고 있습니다." 10년 뒤 파스티치노는 22명의 직원을 두게 되었으며, 아르헨티나의 카페용 비스킷 시장에서 선두 자리에 올랐다.

이러한 성장 과정에서 헤르만은 어떤 역할을 했을까? 곤잘로는 이렇게 설명했다. "그는 투자 파트너예요. 실제로 모든 투자는 그가 했고, 제 지분은 아주 작습니다. […] 그는 경영에는 참여하지 않지만, 회사의 성장에 대한 의견을 주죠."

지금 단계에서 곤잘로의 주요 목표는 '성장'이다. 이는 고객들과의 입지를 강화하기 위한 것이기도 하지만, 그보다 더 중요한 이유는 일자리를 창출하기 위해서이다. 한 직원은 이렇게 말했다. "제 생각에 이 공장의 취지는 일자리를 제공하는 데 있는 것 같아요. 실제로 제가 처음 들어왔을 때는 직원이 4명뿐이었는데, 지금은 20명이 넘어요." 얼마 전에는 브라질에 지점을 열었다. 파라과이 시장에도 토도 브리요의 자회사 커피숍Coffee Shop을 통해 진출했다. 곤잘로는 자신처럼 창업을 희망하는 젊은이들을, 특히 아프리카 지역의 젊은 창업가들을 지원하고 있다. "주로 저는 아프리카의 프로젝트를 많이 지원합니다. 특히 앙리의 프로젝트를 돕고 있죠. 2년 전부터 매일 같이 함께 일해 왔습니다. 앙리의 사업이 성장할 수 있도록 돕고, 멘토링도 해주고 있어요. 이러한 도움은 정말 중요합니다. 앙리는 혼자 일을 다 해결해야 하기 때문이죠. 게다가 그의 사업은 점점 성장하고 있어요…."

헤르만은 자신이 개인적으로 투자하는 기업의 수를 무한정 늘릴 수는 없지만, 엔젤 투자자business angel의 역할은 계속하고 있나. 이 일을 하는 데에 아무런 제약이 없기 때문이다. 그는 조언을 구하러 온 여러 젊은 기업가들을 지속적으로 지원하고 있다. 각 기업가를 매우 세심하고 꾸준하게 챙기며, 최소한 매달 한 번씩 만나 조언하고, 그들의 고민을 들어주며 자신의 인맥을 공유한다. 그리고 정말 재정적인 지원이 필요할 경우, 무이자 대출의 형태로 도와준다.

그는 젊은 창업가들에게 하는 것처럼, 디마코 직원들에게도 똑같이 해 주고 있다. 설사 성실한 직원들을 떠나보내는 결과가 되더라도 말이다. 발테르Walter와 세바스티안Sebastian의 경우가 바로 그러하다. 그들은 학력이 없고, 둘 다 거리에서 성장했다. 디마코에서 운전기사로 일하면서 비로소 가족에게 어느 정도 안정된 삶을 제공할 수 있게 되었지만, 여전히 자유를 꿈꾸고 있었다. 그러다 2017년 어느 날, 그들은 마침내 용기를 내어 모험을 감행하기로 했다. 두 사람은 함께 헤르만을 찾아가 자신들만의 일을 시작하고 싶다는 뜻을 전했다. 두 사람의 퇴사가 디마코에 타격이 될 수 있었지만, 헤르만은 그들의 결정을 존중해 주었다. 그는 그들의 말을 경청한 뒤 핵심적 질문을 했고, 자신의 역할이 과하게 느껴지지 않도록 조심하면서 계획을 구체화할 수 있게 도와주었다. 그리하여 그들은 디마코가 도매로 판매하는 건축자재를 일반 소비자에게 소매로 판매하는 가게를 열기로 결정했다. 헤르만은 그들에게 금전적 지원은 하지 않았는데, 빚을 지지 않도록 하기 위해서였다. 이는 두 사람이 모두 창업을 위해 큰 희생을 감수해야 한다는 뜻이기도 했다. 그 대신 헤르만은 그들에게 할인된 가격으로 자재를 제공해 주기로 약속했고, 가게 운영에 필요한 모든 것을 가르쳐주며 전폭적으로 지원해 주었다.

발테르는 이렇게 말했다. "그건 결코 작은 도움이 아니에요. 아주 큰 지원이죠. 우리가 디마코와 함께 일한다고 말하면, 사람들은 믿을 수 있겠다고 말하죠." 세바스티안은 이 말을 덧붙였다. "어느 공급업체 사장은 우리가 디마코 직원이었다는 걸 알게 되자, 우리에게 보증금이나 계약금을 요구하지도 않았어요." 이들은 이처럼 값진 지원에 대해 깊이 감사해하면서도, 동시에 디마코나 헤르만에게 금전적인 빚을 지지 않았다는 데는 자부심을 느낀다. 이 사업의 성공은 순전히 그들의 것이라는 점이 매우 중요하다. "이건 우리 회사이고, 우리 것입니다. 그래서 진짜 뿌듯하죠." 그렇다면 앞으로 그들의 포부는 무엇일까? 발테르는 확신에 차 이렇게 말했다. "회사가 자리 잡으면 경력이 가장 부족한 사람들을 채용할 겁니다. 이력서에 자격이나 경력을 쓸게 없는 사람들, 그런 사람들에게 기회를 주고 싶어요. 그게 제 목표예요."

나눔의 선순환

이 책에는 일부만을 소개했지만, 헤르만이 디마코와 함께 진행해 온 프로젝트들은 놀라울 정도로 다양하다. 그렇다면 무엇이 그를 이렇게까지 행동하게 만든 걸까?

헤르만은 이 질문에 대한 답으로, 결정적인 계기가 된 경험을 털어놓았다. 어느 날 그의 아들 하나가 집에서 심각한 사고를 당하여 생사의 갈림길에 놓였다. 중환자실에 누워 있는 아들을 하염없이 지켜보면서, 헤르만은 인생에서 진정으로 중요한 것이 무엇인지 되돌아보며 그 끔찍한 시련을 이겨낼 힘을 얻었다.

그는 이렇게 말했다. "저는 당시 '구체적인 방식으로 사랑해야겠다'고 다짐했어요. 그렇게 해야 고통을 이겨낼 수 있을 테니까요. 고통 속에만 머물러 있으면… 무너지고 말죠. 그리고 나서 주변을 둘러보았어요.

같은 병동에 입원한 아이들의 부모들이 어떤 도움이 필요한지 살펴보았죠. 어떤 부모들은 다른 도시에서 오느라 옷을 세탁할 곳이 없었어요. 저는 그들의 빨래를 집으로 가져가 세탁한 뒤 다시 가져다주었죠. […] 또 어떤 아이의 아버지는 가게를 운영했는데, 식료품 사업을 막 시작했다고 하더군요. 마침 제가 쓰지 않던 전자저울이 있어서 그걸 가져다주었죠. 그야말로 구체적인 도움들이었죠." 주는 것이 삶을 지탱하게 하는 일임을 헤르만은 몸소 체험했다.

이 어려운 시기를 겪으며 자신의 삶을 되돌아본 그는 자신의 사업이 그 자체로 목적이 아님을 깨달았다. 프로젝트, 즉 가장 가난한 사람들이 가난에서 벗어날 수 있도록 돕는 '모두를 위한 경제EoC'를 실천하기 위한 도구일 뿐이라는 것이다.

헤르만은 앞으로 자신의 에너지와 시간을 이 프로젝트에 바치기로 결심했다. 하지만 그는 수익을 모두 여기에 사용하는 것으로 만족하지 않았다. 그는 더 깊이 동참하고 싶었다. 아들이 회복되자마자 그는 계획을 세웠다. 오전에는 디마코에서 일을 하고, 오후에는 회사의 수익을 활용하여 가능한 모든 방식으로 빈곤층을 돕기로 한 것이다.

이렇게 해서 점차 '나눔의 선순환'의 생태계가 만들어졌다. 그렇다면 이 생태계는 어떻게 작동할까?

헤르만을 유심히 보고 대화를 나누다 보면, 그는 이러한 프로젝트를 자신의 것으로 여기지 않는다는 것을 알게 된다. 헤르만은 그저 다른 사람들이 하는 일 중에서 유용하고, 자신이 도울 수 있는 범위 안에서 도울 뿐이며, 그것도 주로 그들에 대한 지지와 존경을 표현하기 위해 그렇게 하는 것이다.

그는 이렇게 설명했다. "두세 개의 프로젝트만 하겠다고 생각했다면, 더 많은 자원과 시간, 에너지를 쏟았을지도 모릅니다. 여기엔 장점도 있지만 단점도 있어요. 그랬다면 모든 일이 제 결정에 의해 좌우될 것이고, 결국 그 프로젝트는 제 것이 되어버리기 때문이죠.”

'나눔의 선순환'을 위한 생태계는 이렇게 작동한다. 처음에는 약간의 도움만 주어 초기 추진력을 얻게 한다. 그는 이렇게 덧붙였다. “이런 방식은 각 프로젝트에 참여하는 사람들에게 그 일이 '나의 일'이 될 가능성을 열어줍니다. 그 프로젝트가 그들의 것이 되는 거죠. 디마코가 돕고 헤르만도 돕지만 그건 디마코의 프로젝트도, 헤르만의 프로젝트도 아닙니다.”

두 번째 원칙은 늘 다른 사람들과 함께 일하는 것이다. 그래야 시너지 효과[10]를 낼 수 있기 때문이다. 여기서 '함께 일한다'는 것은 여러 방식으로 나타난다. 예를 들어, 다른 사람들의 계획을 지원하거나 다양한 주체들과 협력하고, 자원과 기술을 공유하는 것이다.

지금까지 살펴본 사례에서 알 수 있듯이, 각각의 성공은 만남과 우정, 그리고 협력이 인내심을 통해 세심하게 조율되어 도움이 필요한 사람에게 전달된 결과이다. 헤르만을 끌어들여 수많은 활동을 벌이는 그의 친구도 그 사실을 인정하듯 이렇게 말했다. “협력을 하다보면 늘 그 안에 또 다른 협력이 있다는 걸 알게 되죠….”

---

10 시너지라는 말 자체도 그리스어 어원(synergia)을 살펴보면, '함께(σύν[syn])' '일하다(ἔργον [ergon])'라는 뜻을 지니고 있다.

이러한 시너지 효과를 낳는 방식은 많은 사람이 디마코의 특징으로 인정하는 점이다. 한 시멘트 공급업체 관계자는 이렇게 설명했다. "저는 디마코가 상업적 관계를 뛰어넘는 활동을 하고 있다고 알고 있어요. 해안 지역에서 극심한 빈곤에 허덕이는 사람들과 긴밀한 관계를 유지하고 있고, 또 북부 지역에서도 마찬가지죠. 정부에선 금전적 지원만 하는데, 되레 폐해를 낳기만 해요. 디마코가 하는 활동은 근면한 직업 윤리와 탁월함을 향한 열정을 북돋아 주죠. 이는 결코 쉬운 일이 아니죠. 이는 파급 효과를 냅니다. 정치는 가치를 훼손하지만, 디마코는 가치를 세우는 기업입니다."

세 번째 원칙은 매우 구체적으로 행동한다는 것이다. 작은 행동에 집중하여 실천하고, 자신이 하는 일을 절대 바깥으로 드러내지 않는다. 이는 어떠한 경우든 주는 행위가 단순한 시혜로 변질되는 것을 피하기 위해서다. 특히 중요한 것은 상대방을 나에게 묶어두지 않고, 그가 결코 빚졌다고 느끼지 않도록 하는 것이다. 헤르만은 이렇게 말했다.

"저는 시혜적인 도움은 좋아하지 않아요. 그보다는 예를 들어, '염소 오두막'의 사례처럼 누군가가 스스로 자립하여 당당하게 살아갈 수 있게 돕는 방식을 더 선호합니다." 파스티치노의 대표인 청년 기업가 곤잘로도 헤르만과 같은 말을 했다. "제 생각에 이건 결국 관계의 방식에 관한 이야기예요. […] 상대방에게 '내가 너에게 주는 거야'라는 느낌을 줄 수도 있고, '이건 네가 마땅히 받아야 하는거야'라고 느끼게 할 수도 있죠. […] 저는 상대방이 제게 신세를 졌다고 느끼지 않게 하려고 조심해요.”

심지어 헤르만은 개막식 같은 행사에는 절대 참석하지 않는다. 사람들의 이목을 끌거나, 감사 인사를 받는 것을 원하지 않기 때문이다. 그는 되도록 모습을 드러내지 않고, 자신이 한 일도 결코 자신의 공로로 삼지 않으려고 대단히 조심한다. 그는 이렇게 털어놓았다. “우리가 가장 노력해야 하는 일은, 눈에 띄지 않게 사라지는 것입니다.” 이를 잘 보여주는 일례로, ‘127/12 도로 프로젝트’의 안내 책자를 보면, 헤르만이 깊이 관여했음에도 공식 후원사 목록에 디마코의 로고는 보이지 않는다.

그렇다면 헤르만은 도대체 왜 그렇게 많이 ‘주는’ 걸까? 그는 이렇게 설명했다. “그렇게 하면 신뢰의 선순환이 생기기 때문입니다. 이 선순환 안에서 상대방은 당신과 함께 일하고 싶어 하고, 함께 뭔가를 만들고 싶어 합니다. 그러면 판매량이 늘고, 신뢰가 커지며, 물질적인 것들도 순환하기 시작하죠. 이렇게 물질적인 것들이 순환하면 자연스럽게 ‘공동체 의식’도 형성됩니다.” 그러면서 헤르만은 이 말을 덧붙였다.

“사실, 이익을 함께 나누는 때가 오면, 필요한 것들이 눈에 들어오기 시작합니다. 트럭을 사야 한다든가, 창고를 새로 지어야 한다든가…. 뭐, 그런 것들이죠. 물론 돈이 드는 일들이죠. 하지만 디마코의 성장은 우리가 축적한 자본보다는, ‘모두를 위한 경제EoC’ 네트워크를 통해 나누는 자금 덕분이라고 생각합니다. 나눌 때 긍정적인 흐름이 생기고, 이를 통해 더 많은 사업이 생겨난다고 믿기 때문입니다.” 더욱이 헤르만이 장인의 회사에서

　　　　나눔의 선순환

일하다가 나와서 자기 회사를 세운 것도 '주는 문화'를 실천하려는 뜻에서였다. 이것이 바로 디마코의 존재 이유이다. 그는 이 말을 강조했다. "나눔은 사업과 인간관계와 경제가 지닌 잠재력을 일깨웁니다."

앞서 언급한 대로, 디마코에 관한 막심의 연구와 그 생태계에 관한 파비앵의 연구를 보완하기 위해, 우리는 2019년에 디마코 생태계의 사회적 효용성을 평가하는 프로젝트를 시작했다. 이 평가는 파리 가톨릭 대학교에서 '연대의 경제와 시장 논리'라는 주제로 석사 과정을 이끌고 있는 동료 엘레나 라시다Elena Lasida와 함께 진행했다. 그녀는 경제적·사회적 영향에 중점을 두는 전통적 평가 방법을 뛰어넘어, 매우 흥미로운 평가 방법론을 고안해 냈다.

이를 위해 그녀는 '디마코 생태계'와 관련된 사람들, 특별히 지금까지 우리가 살펴본 모든 인물을 한자리에 모아 세미나를 열었다. 그들 가운데 어떤 이들은 영향력 있는 기업가들이고, 또 어떤 이들은 한때 거리에서 방황하던 청년이었다. 언뜻 보면 이들 사이에 아무런 공통점이 없어 보인다. 디마코나 헤르만과 어떤 식으로든 연결되어 있다는 점을 제외하곤 말이다. 이 세미나의 목적은 이 생태계의 특성을 규명하고, 그 목적과 성과물, 그리고 그 이면에 있는 인류학적 배경을 살펴보는 것이었다. 나는 시작부터 그들이 나누는 대화의 내용에 깊은 인상을 받았다. 특히 이 한 문장이 마음 깊이 와 닿았다. "디마코 생태계의 역할은 '나눔'을 펼치는 데 기여하는 것이다."

이 과정을 설명하기 위해서 우리는 먼저, 이 독특한 생태계가 극심한 빈곤에 시달리는 사람들을 어떻게 도울 수 있었는지 그 방법을 살펴보았다. 이에 대한 세미나 참석자들의 한결같은 대답은, 지금껏 자주 언급했던 기업의 금전적 지원이나 물자 제공은 결정적인 기여를 하지 못했다는 것이다.

세미나 참석자들은 한목소리로, 가장 중요한 도움은 '진심 어린 공감과 경청'이라고 강조했다. 이는 고통을 겪는 이의 마음속에 꺼져가는 신뢰의 불씨를 되살리고, 다른 사람들과의 관계를 통해 새로운 삶의 기회를 열어준다. 따라서 모든 활동에서 "인간관계가 가장 중요하고 핵심적인 자원"이며, 재정적 지원은 항상 최후의 수단이라는 것이다. "나눔은 사람 사이에서, 그리고 관계의 힘 속에서 계속 커지죠." 세미나의 한 참석자는 그렇게 말했다. "관계는 그 자체가 하나의 자산이며 또 다른 자산을 만들어낸다"라는 확신에 찬 주장이 이번 세미나의 주요 결론들 가운데 하나였다.

또한 "아무 조건 없이 상대방을 신뢰하는 것"이 상대에게 "권한을 주고", "가능성을 열어주는" 일종의 권위를 낳는 일임을 보여준다. 이러한 신뢰는 상대방 안에 숨겨진, 그 자신도 모르고 있던 잠재력을 발견하도록 하고, 그를 움직이게 만든다. 세미나에서 오고 간 놀라운 표현들은 '보조성의 원리'를 떠올리게 했다. "밀어주던 사람이 뒤로 사라지면, 스스로 밀고 가게 되고 이제는 자기 자신을 미는 사람이라고 느낀다."

그러면 '개인적인 밀어주기'가 '집단적인 밀어주기'로 전환되

 나눔의 선순환

는 변화가 일어나고, 그 안에서 새로운 "집단 문화", 즉 모든 사람의 기여가 순환하는 에너지의 흐름이 만들어진다. 그리고 이 흐름 안에서 "모두의 기여가 하나로 어우러진다". 이로써 "리더 없이도 계속해서 순환하는 움직임"이 형성된다. 일방적 지원이 의존과 종속을 낳는다면, "상호의존은 공동체를 만든다"라고 세미나에 참석한 이들은 입을 모았다. 그런데 놀라운 것은, 그들 가운데 상당수가 그날 서로 처음 만난 사이였다는 것이다.

'도미노 효과', '연쇄 반응', '폭발적 파급 효과' 같은 표현도 이틀 동안 이어진 세미나에서 수없이 언급되었다. 각자의 기여는 단지 이러한 움직임을 위한 첫걸음일 뿐이지만, 이후 움직임은 저절로 이어지는 연쇄적 흐름이 된다. 그러나 출발점에서 중요한 것은 "빈곤은 남의 문제가 아니라 바로 내 문제, 우리 모두의 문제"라는 점을 인식하는 것이다. 세미나 참가자들은 "공동체를 만드는 것은 단순히 베푸는 것을 넘어, 공동의 필요"라는 결론을 내렸다. 상대방의 필요를 자신의 것으로 받아들이는 순간, 우리는 서로가 연결되어 있다는 사회적 유대감을 갖게 된다는 것이다.

한 참석자는 세미나를 마치며 이렇게 말했다. "이 생태계의 중심에 '주는 문화'가 있고, 이 주는 문화는 바로 우리 한 사람 한 사람에게서 시작됩니다. 우리는 베풀도록 부름받았습니다. 이것이 이 생태계의 진정한 가치라고 생각합니다. 우리 모두가 이 비전에 참여하고 있습니다." 이러한 생각을 마음에 새기며 우리의 여정을 마무리하려 한다. 이번 지구촌 탐사를 통해 우리가 얻은 것은 과연 무엇일까?

5 기업의 주는 문화

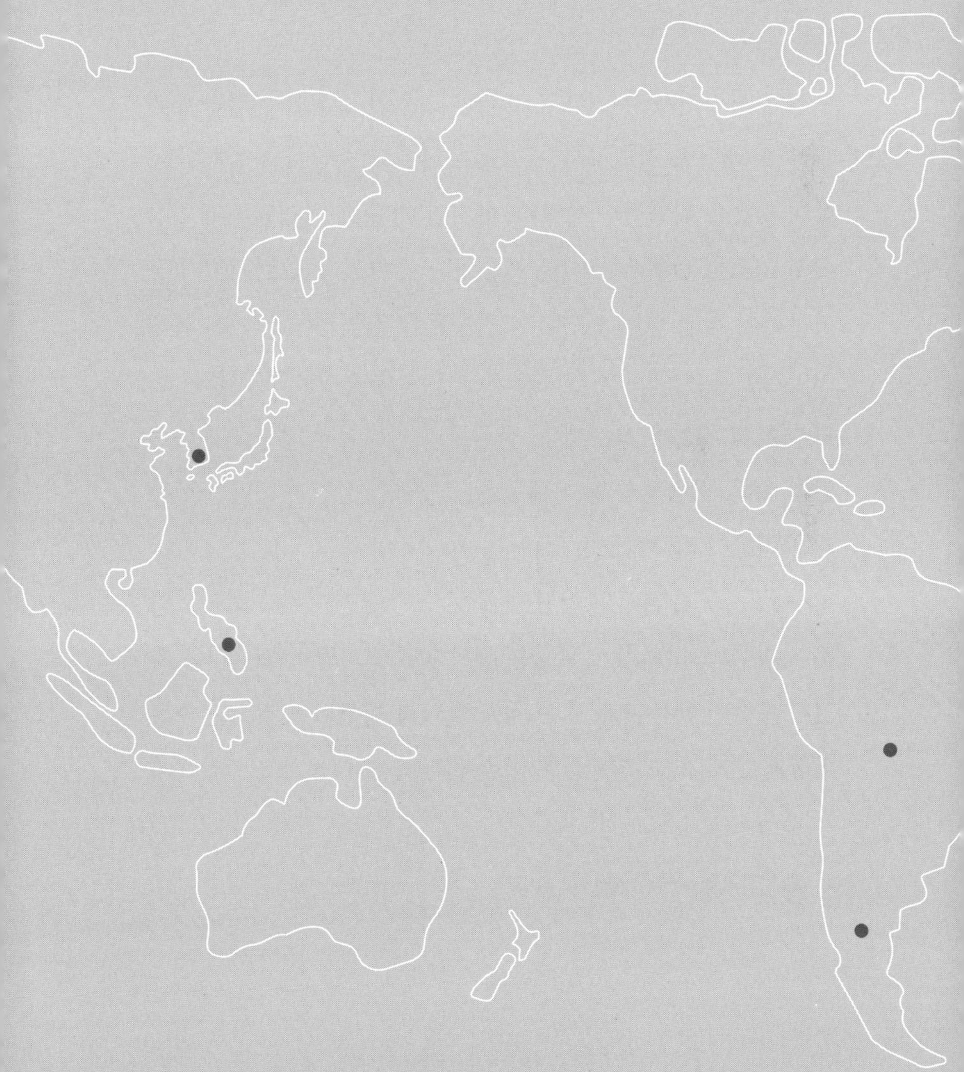

우리는 진정으로
'주는 문화'에 대해 말할 수 있을까?

현장 조사와 인터뷰를 마치고, 나는 그동안 방문한 기업들에 관한 주요 내용을 정리하다가 그들 이야기의 중심에 기업가의 역할이 있음을 확인하며 놀랐다. 하지만 내 목표는 직원들의 입장에서 기업에 관한 이야기를 서술하는 것이었다. 그런데 현장을 방문하여 직접 만나 인터뷰한 직원들은 끊임없이 리더에 관해 이야기했다. 다채로운 면모를 지닌 인물화를 그리듯 그들은 회사 대표의 행동을 묘사했다. 직원들과 인터뷰한 내용들을 다시 읽어 보니, 경영진의 말과 행동은 구체적인 실천과 스타일을 통해 끊임없이 검증되고 있었다.

사실, 이렇게 해서 확인된 사실은 그 자체만으로도 중요한 연구 성과이다. 리더가 말보다는 행동으로 평가받는다는 것을 확인시켜 주기 때문이다. 또한 경영 방식과 실천이 조직의 담론을 어떻게 드러내고,[1] 직원들이 이를 얼마나 잘 해석하고 받아들이

---

1   [원주] Detchessahar & Journé 2007 참조.

는지도 명확히 보여준다. 대체로 리더의 생각을 바탕으로 한 경영 방식은 구성원 간 불협화음을 초래하기도 하지만, 이를 통해 형성된 이미지의 힘은 기업이 표방하는 가치와 실천 사이의 일관성을 잘 보여준다. 실제로 내가 조사한 기업들은 그들이 내세우는 가치를 경영 방식과 제도를 통해 잘 실천하고 전달하고 있다고 말할 수 있다. 이를 통해 우리는 이 기업들의 조직 문화의 근간이 되는 원칙이 무엇인지도 알 수 있을 것이다.

우리는 이 조직의 구성원들, 곧 이들 기업의 임직원이 공유하고 함께 따르는 기본 가치들이 무엇인지 알아볼 수도 있었다. 이는 기업들이 지닌 고유한 문화적 특징이기도 하다. 각 장마다 펼쳐지는 이야기는 각 회사마다 고유한 문화적 배경에 뿌리를 둔 매우 구체적인 모습을 보여주면서도, 이 기업들의 공통된 특징도 보여준다. 물론 이는 어디까지나 '문화적 가설'[2]일 뿐이다. 한 조직의 문화는 단 몇 번의 인터뷰로 파악할 수 있는 것보다 훨씬 더 풍부하기 때문이다. 그러나 나는 이러한 가설이 현장 조사로 입증된 것이기에 충분히 타당하며, 해당 기업들의 조직 문화의 핵심 요소들을 잘 반영하고 있다고 본다.

이제 이 문화의 내용을 자세히 살펴보며, 보다 정확하게 정의해 보고자 한다. '모두를 위한 경제EoC' 네트워크에 속한 기업가들은 자주 '주는 문화'라는 표현을 사용한다. 그런데 이는 정확한 표현일까? 이들의 사례가 과연 '주는 문화'에 관하여 시사하는 바는

---

2   [원주] Thévenet 2015.

무엇일까?

먼저 '선물don'이라는 개념부터 살펴보기로 하자. 모두를 위한 경제를 표방하는 기업들에서 나타나는 '선물'의 형태와 방법, 그리고 재원은 매우 다양하다.

먼저 기업가가 개인적으로 제공하는 선물이 있다. 여기에는 금전뿐만 아니라 시간, 조언, 그리고 다양한 형태의 지원이 포함되며, 수많은 사람이나 조직에 '주는 것'이다. 그다음으로, 기업의 이윤의 일부를 기부하는 선물이 있다. 어떤 경우에는 기업에 필요한 투자를 제외한 전부를 기부하기도 한다. 여기에 현물 기부와 손익계산서에 포함된 각종 비용까지 더해지면, 기업의 모든 자원을 소진하게 되는 경우도 있다. 이러한 기부금이 직원, 협력업체, 소외계층 또는 지역사회 등 어디에 제공되는 간에, 경영진이 기업을 대표하여 나누는 선물이라는 점은 분명하다.

대체로 직원들도 이러한 기부 과정에 참여하게 되는데, 특히 현물 기부나 다른 구성원들의 협력이 필요한 경우 그러하다. 이때 기부는 공동의 일이 된다. 많은 경우, 직원들이 의사 결정 과정에 직접 참여하지 않았더라도, 기업의 기부에 대해 깊이 공감하고 있음을 볼 수 있었다. 자신들의 노동을 통해 기업의 수익 증대에 기여한 것이므로, 직원들은 기업의 기부에 동참했다고 느끼고, 이를 그들 자신의 기부로 받아들이는 것이다. 이러한 나눔은 직원들이 자신이 하는 일에서 의미와 보람을 찾는 데에 도움을 주고,[3] 그들에게는 또 다른 '존재 이유raison d'être'가 된다. 일부 직원들, 특히 기업이 실천하는 기부의 의미를 잘 알고 있는 직원들은 이러한 기부를 기업의 목적으로 여기며 중요하게 받아들이고 있다.

또한 직원들 자신의 선물도 있다. 무엇보다 그들은 하는 일을 통해 자신을 내어준다. 직원들이 그들의 일을 더욱 잘하고자 기울이는 노력과 헌신은 어느 기업에서나 볼 수 있는데, 2015년에 출간된 나의 책『기업의 나눔 문화L'Entreprise, une affaire de don』[4] 에서 이미 말한 바 있지만, 선물은 노동에 본질적으로 내재되어 있다. 선물 없는 노동은 존재하지 않기 때문이다. 따라서 노동이 지닌 선물의 측면은 '주는 문화'에만 국한된 것은 아니다. 그럼에도 이 책에서 살펴본 기업들에서 이 선물, 곧 선물로서의 노동이 특별한 의미를 지닌 것은 분명하다. 직원들이 경영주의 기부에 의식적으로 동참하면서, 가난한 이들을 직간접적으로 돕는 활동에 최대한 효과적으로 기여하려는 노력이 특히 그러하다. 이를 위한 직원들의 노동은 단순한 업무 수행을 넘어서, 공동의 선물로 승화되며 특별한 가치를 갖는다.

이러한 조직에서는 직원 간 협력과 상호 지원에 대한 참여도가 상당히 높게 나타난다. 이는 직원들에게 우호적인 회사 분위기의 결과로, 이러한 업무 환경 속에서 일한 직원들은 저마다 나름의 기여를 해야 한다고 생각한다. 경영진 또한 관계의 질을 중시하고 이를 유지하고자 적극적인 노력을 기울이며 모든 직원이 서로 돕고 지원하는 관계를 맺도록 독려한다. 따라서 서로 도움

3 　[원주] Thévenet 2004 참조.
4 　[원주] Gomez et al. 2015.

을 주고받는 문화가 점차 동료들 사이에, 그리고 더 넓게는 고객, 협력사들, 지역 공동체나 국가 기관 등 모든 파트너와의 관계에서 소통하고 교류하는 일상의 방식으로 자리 잡게 되는 것이다. 내가 연구한 기업들에서 이러한 '선물의 역동성dynamique de don'이 직원들의 행동 규범이 되어, 신입 직원들에게도 이를 적극적으로 권장하고 있음을 분명히 확인할 수 있었다. 이러한 나눔의 방식은 좋은 협력 관계를 만들고 키우는 형태로 확대되고 있으며, 회사 조직 안에 '주는 문화'의 첫 단계를 이룬다고 볼 수 있다.

이 기업들에서 '주는 문화'가 더욱 분명하게 드러나는 또 다른 단계를 확인할 수 있는데, 바로 직원들이 자발적으로 행동에 나서는 단계로, 외부의 빈곤층을 돕기 위해 직접 움직이기 시작할 때이다. 이는 미묘한 '선물의 전염성'이라 말할 수 있다. 많은 직원들이 그때까지 전혀 해 본 적이 없던 자원봉사 활동에 참여한다. 이렇게 '주는 문화'가 확산되면서 직원들은 더 이상 회사에 직접적으로 의존하지 않는 새로운 행동 양식을 보이게 된다. 회사에서 체득한 '주는 문화'를 사적 영역이라 할 자신의 삶으로 전파하는 매개체가 된다. 나눔은 이제 그들에게 하나의 생활 방식, 몸으로 익힌 문화가 된다.

나는 연구와 분석의 타당성을 객관적으로 확인하고자 두 동료 연구자에게 이 기업들의 사례를 공유하며 의견을 구했다. 그들은 이 기업들의 사례에서 '연대의 문화'가 지닌 모든 요소를 발견했다고 평했다. 사실 나는 처음에 직원들이 점진적으로 실천하는 기부 행동에만 주목했을 뿐, 그들이 반드시 경영진의 도

 우리는 진정으로 '주는 문화'에 대해 말할 수 있을까?

덕적 가치를 공유한다고 전제하진 않았다. 그럼에도 내가 연구한 사례들을 보면, 실제로 많은 직원이 '공동선', 특히 가장 취약한 계층을 진심으로 생각하고 있다는 것을 확인할 수 있었다. 외부 사람들로부터 그들의 회사가 이익을 얻고자 기부를 한다는 비난을 받을 때, 직원들이 보이는 분노는 그들의 신념이 얼마나 굳은지를 반증하는 것이기도 하다. 그리고 자세히 살펴보면, '연대'라는 말은 결국 '선물의 역동성'이 낳은 결과, 다시 말해 사회적 유대감 그 자체를 가리키는 말이 아닐까 한다.『라루스 사전 Larousse』[5]에서 '연대solidarité'라는 단어를 찾아보면, "공동의 이익을 공유하며 서로 연결된 사람들 사이의 관계"로 정의하고 있다. 이러한 정의를 바탕으로 우리도 여기서 '연대의 문화'라는 표현을 쓸 수 있을 것이다.

따라서 이 책에 소개된 기업들을 탐방하여 가진 인터뷰 조사를 통해, 우리가 처음 설정했던 가설을 입증할 수 있었다고 결론 내릴 수 있다. 이 책의 서두("기업은 베풀 줄 아는가?")에서 우리는 이러한 질문으로 가설을 제시했다. 기업가들이 표방하는 가치가 그들의 지향이나 의도를 뛰어넘어 구체적인 실천을 통해 효과적으로 나타나고 있는가? 또한 그러한 실천들이 특수한 조직 문화로서 '주는 문화'라고 말할 수 있을 정도로 공유되고, 경영 시스템에 충분히 반영되고 있는가?

인터뷰에 응한 직원들의 말을 통해 우리는 이 기업들에 실제

---

5   프랑스의 라루스 출판사에서 간행한 프랑스의 대표적인 백과사전.

로 주는 문화가 존재하며, 베풂과 나눔을 실천하는 경영 원칙과
조직 관리를 통해 구체화 되고 있음을 명확히 알 수 있었다.

경험에서 참여로,
공동체를 구축하다

이 연구는 내가 루이지노 브루니와 함께 쓴 책『침묵의 경제 L'Écon-omie silencieuse』[6]에서 제기했던 질문에 새로운 답을 주었다. 그 책에서 우리는 '모두를 위한 경제EoC'의 특징과 과제를 분석하면서, 그것이 '기업이 주도하는 운동이라기보다 사람들이 이끄는 운동'이라는 것을 확인한 바 있다. 사실 당시 나는 많은 기업이 '모두를 위한 경제EoC' 프로젝트에 참여하고 있다는 사실은 알고 있었지만, 실제로 그러한 네트워크 안에서 운영되는 기업이 존재하는지에 대해 아는 바가 전혀 없었다. 그런데 이번 연구를 통해 이제 확신을 담아 이렇게 대답할 수 있을 것 같다. '주는 문화'를 바탕으로 한 기업들이 실제로 존재하며, 그 기업들은 직원들에게 진정한 '공동체 학교'가 되고 있다고!

'친교 또는 나눔'의 의미도 있는 '공동체communion'란 용어에 관해 몇 마디 하고자 한다. 오늘날 이 단어는 대단히 종교적 색

---

6   [원주] Bruni & Grevin 2016.

채를 띤다는 점에서[7], 비즈니스 용어로는 부적절하다고 여기는 경향이 있다. 특히 세속주의가 강한 프랑스와 같은 나라에서는 더욱 그러하다. 하지만 그 어원을 살펴보면, 'communion'라는 단어는, 오늘날 경제 분야에서 대단히 주목받고 있는 '공유commun' 또는 '공유재communs'라는 개념과 직접적으로 관련이 있다. 무언가를 공유하거나avoir en commun, '소통하다communiquer'라는 뜻이 담겨 있기 때문이다. 또한 '소통하다'는 어원적으로 '나누다', '더불어 하나가 되다, 일치를 이루다'와 뜻이 같다.

한편, '공유commun'와 '공동체communauté'라는 단어의 중심에 자리한 라틴어 'munus'[8]는 사람들이 서로 주고받거나 제공해야 해야 하는 '선물', '봉사' 또는 '의무'를 가리킨다. 내가 만나 인터뷰한 직원들은 그들이 회사에서 겪었던 경험을 통해 스스로가 무언가에 참여하고 있다는 느낌을 받았다고 말했다. 그들은 동료들과 회사 조직의 전체 구성원들, 그리고 더 나아가 회사의 활동이나 기부를 통해 만나는 외부 사람들과 하나의 공동체를 이루고 있다는 느낌을 받는다. 이렇게 직원들은 그들이 하는 일들을 통해 '친교communion'를 실제로 경험하고 있다.

이제 우리는 이러한 문화를 가진 기업에 입사했을 때, 직원들에게 어떤 일이 일어나는지 설명해 보겠다. 이러한 경험의 본질은 무엇이며, 어떻게 이처럼 '주는 문화'로 널리 퍼져 자리 잡게

---

7   가톨릭에서 'communion'은 성체성사를 통해 그리스도의 몸과 피를 받아 모시는 '영성체', 이를 통한 하느님과의 '일치'와 함께 모인 공동체와의 친교를 의미한다.
8   라틴어 'munus'는 문맥에 따라 임무, 직무, 선물, 봉사 등의 다양한 뜻으로 해석된다.

        경험에서 참여로, 공동체를 구축하다

된 것일까?

　이러한 문화는 분명 저절로 이루어지지 않는다. 특히 직원 수가 많아 모든 직원이 경영진과 직접 소통하기 어려운 기업의 경우엔 더욱 그렇다. 이 기업들의 경영진은 공유하고자 하는 가치를 명확히 알리고, 나아가 그 가치를 장기적으로 유지할 수 있는 방안을 마련하는 데 많은 노력을 기울였다. 개인적으로도 직원들과 친밀하게 지내는 데 상당한 시간을 쏟고, 직원들의 말을 경청하며, 자신이 중시하는 가치를 직원들 또한 그들의 일상에서 실천할 수 있다고 강조했다. 또한 세미나, 연수, 총회, 기념 행사 등을 마련하여, 모든 직원이 그러한 가치를 알고 이해할 수 있도록 했다. 아울러 의례를 만들고, 상징을 신중하게 다듬었으며, 창업 정신을 일깨우고, 크든 작든 의미 있는 이야기들을 공유했다. 그리고 무엇보다도 리더 자신이 그러한 가치를 직접 생활로 실천했다. 그들의 말보다 행동이 그들이 해낸 일들을 더 잘 보여주었다. 자신이 표방하는 가치와 일치하는 생활을 하는 경영진의 모습은 설득력이 있었고, 깊은 인상을 남겼다. 그들은 말에만 그치지 않았으며, 이를 의심하는 직원 또한 아무도 없었다. 몸소 실천하는 삶으로 보여주는 경영진의 태도는 직원들의 신뢰와 존경을 얻었고, 감탄을 자아냈다.

　하지만 모범적인 행동과 일관된 실천만으로 기업 문화가 형성될 수 있을까? 여기에는 또 다른 요소가 작용한다. 그들이 표방한 가치와 실천이 일관되다 보니, 직원들은 그 밑바탕을 이루는 원칙, 특히 경영진의 인간성과 사업에 대한 비전을 명확하게 인식할 수 있었다. 그들은 개개인의 능력과 성과가 어떻든지 간에 모든 사람의 가치를 믿는 사람들이다. 처음부터 직원들을 전적으로 신뢰하고, 이 신뢰를 바탕으로 모든 이가 자신의 잠재력을 최대한 발휘할 수 있다고 확신한다.

이러한 확신은 인간에 대한 순진한 낙관론이 아니다. 그들도 인간의 나약함을 알고, 또 다양한 유혹이 늘 있다는 것도 잘 알고 있다. 그러나 그들은 직원 개개인이 "더 나은 사람"이 될 수 있도록 돕고자 지원을 아끼지 않는다. 이를 실제로 경험한 많은 직원들은 그러한 신뢰로 성장할 수 있었다며 자신의 경험을 들려주었다.

이런 면에서 경영진이 제시한 가치를 직원들이 받아들이게 된 결정적인 요인은, 그들이 겪은 경험 때문이 아닐까 한다. 그들은 말로 설득된 것이 아니라, 눈에 보이고 피부로 와닿는 구체적인 결과에 설득된 것이다. 직원들은 입사 때부터 긍정적인 회사 분위기를 느낀다. 이어 경영진이 추구하는 가치를 접하고 그 일관성과 모범적인 면모를 직접 확인하는 것은 물론, 경영진의 배려, 직원 간의 소통과 상호 협력, 개개인에 대한 관심, 그리고 탄탄한 인간관계를 직접 겪으면서 유익함을 얻는 경험도 하게 된다. 이 모든 경험을 통해 직원들은 회사 조직에 더욱 쉽게 적응할 수 있는 것은 물론이고, 회사와 회사가 추구하는 가치에 애정을 갖고 자기 업무에 더욱 충실할 수 있다.

직원들은 점차 자신들의 회사가 무임승차자들을 색출하는 식의 통제에 바탕을 둔 조직이 아니라, 신뢰에 바탕을 두고 공동선을 위해 모두가 책임을 다하도록 초대하는 곳임을 알게 된다. 물론 조직 내 통제와 제재가 완전히 사라진 것은 아니지만, 주로 공동의 규범을 존중하는 것이 중요하다는 점을 확인시켜 주고, 모든 직원의 참여와 헌신을 회사가 지지하고 있음을 보여준다. 아울러 조직을 위태롭게 할 수 있는 행동이 확산되지 않도록 방지하는 역할을 한다.

이와 관련하여 일부 독자들이 의구심을 가질 수 있는 사례도 있다. 예컨대 한국의 성심당에서 시행하는 것으로, 직원들 사이의 배려와 협력 관계를 상호 평가하는 제도인데, 이는 다른 문화권에선 상상하기 어려운 관행으로 이를 의아하게 여길 수도 있다. 따라서 이러한 관행을 다시 살펴볼 필요도 있다. 이러한 인센티브 제도에서 과연 직원들의 자발적인 참여가 보장될 수 있는가? 사실 모든 평가 제도와 그에 따른 성과급 또는 인센티브는, 준수하기를 바라는 규범을 직원들에게 제시하고, 그러한 규범이 없으면 자발적으로는 따르지 않을 행동을 따르도록 유도하기 위한 것이다. 기업이 추구하는 가치가 무엇이든, 유도책 또는 인센티브제는 일종의 행동 조작이다. 그 제도에 따를지 여부는 원칙적으로 직원 개인의 자율에 맡긴다고 하더라도 말이다.

성심당과 같은 기업에서는 그러한 제도 시행을 통해 행동 규범이 명확히 제시되고, 그에 따라 보상이 이루어진다. 하지만 상당수 직원들은 그러한 제도가 인센티브로서 큰 효과를 내지 못한다고 말한다. 오히려 그들은 규범을 자발적으로 따르고 있다며, 이는 그렇게 하면서 회사 분위기와 직장 내 삶의 질이 좋아지는 것을 체감한 결과라고 말한다.

한편, 직원들은 현재 실행되고 있는 제도가 그들의 기업 문화를 잘 보여주는 강력한 지표라고 여긴다. 자발적으로 봉사활동에 참여하고, 평가 제도 안에서도 자신의 행동을 과장되게 돋보이게 하지 않으려는 직원들의 모습을 보면, 경영진이 추구하는 가치를 직원들이 받아들인다는 가설을 뒷받침해 주는 것으로 보인다.

토도 브리요가 무단결근을 통제해 직원들의 신뢰성을 유도하는 제도를 갖춘 것처럼, 성심당이나 방코 카바얀이 실행하는 제도적 장치는, 아직 상호 신뢰가 내재적 동기로 작용할 만큼 충분히 확립되지 않은 단계, 즉 회사의 가치가 문화로 정착되고 있는 단계에 초점을 맞춘 것으로 보인다. 일단 상호 신뢰가 쌓이면, 직원들은 그러한 장치가 실제로 더 이상 필요하지 않다고 느끼게 된다.

시간이 흐르고 경험이 쌓이면서, 직원들은 자신들이 대우받는 방식을 통해 그들이 단순히 이윤 창출을 위한 도구가 아니며, 오히려 회사가 직원들을 위해 존재한다는 것을 분명히 인식하게 된다. 이는 리더에 대한 확고한 신뢰로 이어지고, 높은 업무 몰입도를 유발한다. 이에 따라 회사와 회사가 추구하는 가치에 대한 애착이 커지고 공동체 의식도 더욱 굳건해진다. 그들은 이 공동체 의식을 종종 '가족'이라는 말로 표현하는데, 이를 통해 그들 사이의 유대가 얼마나 깊고 진정성이 있는지 잘 알 수 있다.[9]

직원들은 점차 베푸는 것에 재미를 느끼게 되었다고 말한다.

그들의 말에서 '선물의 역동성'이 직장에서 실효를 거두고 있음을 분명히 알 수 있었다. 직원들은 회사에서 구체적인 경제적 혜택은 물론이고 신뢰와 배려, 인정을 받았기에 그에 대한 보답으로 회사에 헌신하고자 했다. 그들은 헌신적으로 일을 하면서도 서로 간의 협력, 상호 도움과 존중, 깊이 있는 관계에서 오는 기쁨을 경험했고, 그 결실은 업무 태도와 고객 관계에서도 나타난다. 또한 이러한 노력이 고객에게 미치는 긍정적인 영향을 목격하면서, 직무 만족도와 참여 의욕이 더 높아진다.

주는 기쁨을 맛본 뒤 일부 직원들은 직장 밖에서도 그 경험을 이어갔고, 그 혜택을 받은 이들이 감사해하는 모습을 보며 느낀 기쁨을 직장 동료들에게 전했다. 또 다른 직원들은 이에 영감을 받아 직접 실천에 옮겼고, 이렇게 하여 '주는 문화'가 폭포수처럼 퍼져나갔다. '선물'은 그 본성상 전염성이 강하여 그 문화를 집단적으로 공유하는 공동체를 낳는다. 하지만 이 공동체는 자기 안에 갇힌 폐쇄적 공동체가 아니다. 리더의 의지와 태도에 따라 열려 있으며, 끊임없이 밖으로 향한다. 그들이 접촉하는 모든 이들에게 열려 있을 뿐만 아니라 더 나아가 소외된 이들, 가장 헐벗은 이들, 가장 어려운 처지에 있는 이들에게 손을 내민다. 바로 이러한 점이 이 공동체를 활기차고, 신뢰할 수 있으며 매력적으로 만드는 것이다.

---

9   [원주] 모리스 테브네(M. Thévenet)의 『일하기의 즐거움(Le Plaisir de travailler)』(Thévenet, 2004)에서 업무 참여 과정과 관련된 뜻깊은 사례들을 볼 수 있다.

상호성의 힘

사회적 책임에 대한 관심이 높아지면서, 많은 기업들이 자신들의 활동으로 영향을 받는 모든 이해관계자를 더욱 세심하게 고려하기 시작했다. 이제 '이해관계자parties prenantes'라는 용어는 해당 기업을 상대로 거래하고 협력하는 기업들뿐만 아니라 그 기업의 활동으로 영향받는 모든 이들을 포함하는 개념이 되었다.

직원과 경영진은 이러한 이해관계자들을 진심으로 공동체의 일원으로 인식하고 있었다. 디마코의 기업 생태계를 분석한 결과, 서로 알지 못하는 다양한 파트너사들도 이 공동체에 속하고 공동체 문화를 공유한다는 것을 분명히 알 수 있었다. 이는 방코 카바얀의 고객들을 대상으로 실시한 '메콩의 아이들Enfants du Mékong Entrepreneurs'의 감사를 통해서도 이미 확인한 바 있다.

여기서 주목할 만한 점은, 이 기업들이 모두 '이해관계자'(영어로는 stakeholders[10])라는 용어를 전혀 사용하지 않는다는 점이다. 이는 우연이 아닐 것이다. 실제로 이 기업들과는 뭔가 어울리지 않는 용어처럼 보이기 때문이다. 협력사들이 공동체의 일원이 되어 그 문화에 온전히 참여하고, 나아가 그 문화를 계승하는 주체가 된다면, 그들의 역할은 공동체로부터 얻을 수 있는 몫을 '취하는' 것이 아니라 기여하는 것이며, '선물의 역동성'에 참여하는 것이 될 것이다. 이러한 협력사들을 '기여자parties contribuantes', 더 나아가 '주는 이parties donnantes'라고 부를 수도 있다.

저마다 자신이 가진 바를 주고받으며 '선물의 역동성'에 참여하는 일은, 서로 아무 관계도 없는 이질적인 행위자들로 이루어진 공동체를 형성하게 해준다. 이는 사회적 책임을 표방하는 기업들에서도 아직은 보기 드문 모습이 아닐까 싶다.

게다가 이 다양한 행위자들이 세심하게 신경을 쏟는 대상이 있으니 바로 '소외된 이들parties manquantes'이다. 이 '소외된 이들'은 경제 시스템의 외부에 놓인 이들로, 원론적으로 보면 기업이 아무런 책임을 지지 않아도 되는 이들이지만, 공동체 안에 포함시키고 이들에게 자리를 내어주기 위해 기울인 노력은 놀라운 일이다. 이 다양한 구성원들은 가장 취약한 이들les plus démunis, 가장 가난한 이들이다. 단어의 어원이 잘 말해주듯 '아무것도 줄 것이 없는 이들de-munus', 곧 선물의 교환에 참여할 능력이 없는 이들을 이해관계자로 받아들인다. 이로써 기업은 지역사회를 진정한 공동체로 만드는 데 기여하고 있다. 따라서 이들을 "공

10 영어 단어 'stakeholder'의 어원을 보면, '말뚝', '기둥'을 뜻하는 'staca'에서 유래한 'stake'는 원래 도박이나 계약 상황에서 '(말뚝을 박듯이) 무언가를 거는 것', '담보', '판돈'을 의미했으나 현재는 '이해관계', '지분'을 의미한다. '이해관계자([프]parties prenantes, [영]stakeholder)'는 조직의 활동에 영향을 주거나 영향을 받는 모든 사람을 가리키는 경영 용어로, 한 기업의 경우 이해관계자는 지분을 가진 주주만이 아니라 직원, 고객, 지역사회, 정부 등을 포함한다.

동체 발전의 전문가들”이라고 불러도 좋을 것이다. 실제로 방코 카바얀 은행은 소액금융 담당 팀원들을 그렇게 부르고 있다.

디마코의 기업 생태계 사례는 조직 내에서 ‘선물’의 역할을 되짚어 볼 또 다른 흥미로운 면을 보여준다. 일반적으로 우리는 ‘선물’을 대체로 이타성 또는 무상성, 즉 대가 없는 호의와 연결 지어 생각하는 경향이 있다. 마르셀 모스가 이미 100여 년 전에 입증한 것처럼, 선물은 언제나 무상성을 띠기는 하지만, 의무와 상호의존의 경향도 띠며, 바로 이 때문에 사회적 유대를 형성한다. 따라서 상호성은 ‘선물의 역동성’이 지닌 근본 요소이고, 우리가 살펴본 기업가들은 이를 잘 이해하고 있었다. 그들은 가능한 한 자신을 드러내지 않으면서 선물의 무상성을 지키고자 노력하면서도, 특히 보편적 상호성(A가 B에게 주고, B는 C에게 주며, C는 다시 D에게 주는 식…)에 바탕을 두고 선물의 효과를 증폭시켜 상대방을 ‘선물의 역동성’에 끌어들이고 있다. 이러한 경험은 기존의 전통적인 자선활동과는 다르다. 자선활동은 대체로 기업이 담당하는 생산 과정과 비영리 단체에 위임하게 되는 기부 과정을 분리하는데, 이는 ‘포용’보다는 ‘배제’의 논리에 더 가깝다. 이에 비해 앞서 우리가 살펴본 기업들은 ‘선물(주기)’을 의도적으로 경영의 원칙이자 스타일로서 회사의 중심에 두고 있고, 바로 이러한 상호성을 통해 사회적 유대가 형성되고, 결국에는 공동체를 이루고 있다.

아마도 이것이 기업에서 ‘선물의 역동성’이 가능하다는 논리를 지지할 단초로 볼 수 있다. ‘선물’은 본래의 뜻 그대로 자유로운 행위여야 한다.[11] 따라서 의무가 되어선 안된다. 자발적인 선물은 주는 사람의 의도가 진실됨을 보여주는 것으로, 사회적 관계를 형성하는 효과[12]와 상호성을 낳는다.

내가 인터뷰했던 기업의 경영진들은 선물을 하나의 경제 모델로 삼는 것이, 성장과 성과를 가져다주는 요인으로서 매우 효과적이라는 데 깊이 공감하고 있었다. 그들은 질문을 받기도 전에 먼저 그 점을 강조하며, 프랑스인 기업가 프랑수아 느뵈 François Neveux[13]가 했던 말을 언급했다. "우리는 줄수록 많이 받게 되고, 또 많이 받을수록 더 많이 줄 수 있습니다." 어떤 이들은 '선물'로 인해 수익이 커지는 것을 바라며, 내게 선물의 수익성을 입증해 달라고 요청하는 사람도 있다. 하지만 반反 공리주의 전통에서 비롯된 '선물'의 원칙을 성과의 도구로 만들려는 것은 그 자체로 모순일 뿐만 아니라, 사례 연구를 바탕으로 하는 질적 방법론[14]을 적용한 우리의 연구로는 이를 입증할 수 없다는 것을 분명히 밝혀두고자 한다. 더욱이 우리가 이 책에서 분석한 것은 성공 사례들뿐이라는 점과, 안타깝게도 선물이 반드시 성공

11 　프랑스어로 'don[선물]'의 어원이 되는 라틴어 'donum'은 '주다'를 뜻하는 동사 'dare'에서 파생된 명사이다. 따라서 선물은 자발적으로 기꺼이 '주는 것'이다.

12 　원문에는 '수행적 효과effet performatif'로 표현되어 있으나, 이해를 돕고자 풀어 옮겼다. 수행적 효과는 행동과 실천으로 새로운 현실이나 변화를 만들어내는 효과를 말하는데, 여기서 저자는 무상성이 사람들 사이에 신뢰, 유대, 상호성 같은 사회적 관계를 형성하는 효과를 지니고 있음을 설명하고 있다.

13 　[원주] 프랑수아 느뵈는 프랑스인 발명가이자 기업가로 브라질에 이주하여 공동체 중심 경제 모델을 실천한 것으로 유명하다. 그의 생애를 다룬 저서로 『움직이는 유토피아L'Utopie en marche』(2007)가 있다.

14 　양적 방법론이 숫자, 통계, 수치 데이터를 기반으로 분석하여 객관적이고 일반화가 가능한 결과를 도출하는 방법이라고 한다면, 질적 방법론은 인터뷰, 사례 연구, 참여 관찰 등을 통해 의미와 맥락에 집중하는 연구 방법으로, 주로 사회과학, 인류학, 교육학, 심리학 등의 분야에서 사용된다.

을 보장하지는 않는다는 것을 보여주는 수많은 사례가 존재하며, 이러한 사례들 역시 충분히 주목할 가치가 있다는 점도 유념해야 한다. 이 주제에 대해서는, 페랭T. Perrin의 연구[15]와 유사한 이론적 틀을 활용하여 '긍정적인 사회적 관계'가 경쟁 우위의 원천이 될 수 있음을 보여주는 양적 연구가 필요하다. 우리가 행한 조사연구를 통해 보여줄 수 있는 한 가지는, 선물이 성과와 양립 불가능한 것이 아니며, 이는 그랜트A. Grant의 연구에서도 확인할 수 있다.[16] 하지만 이번 연구는, '선물의 역동성'이 기업의 성장에 어떠한 역할을 할 수 있는지, 또한 '무상성'과 '상호성'이 경제 모델의 중심이 될 때 어떠한 효과를 낳는지 더욱 깊이 연구할 가치가 있음을 보여주었다는 데 의미가 있다.

한편, 이번 조사연구를 통해 밝혀진 '선물의 역동성'과 인적자원 관리를 위한 주요 개념들 사이의 연관성을 계속해서 확인해 나가는 것이 앞으로의 과제일 것이다. 그 주요 개념들은 업무 만족도, 직장 내 사회적 분위기, 업무 몰입도, 경영진에 대한 신뢰, 참여도, 조직 문화, 그리고 공동체 의식 등이다. 기업 내부의 '주는 문화'에 대한 연구의 미래는 매우 유망하다!

---

15 [원주] Perrin 2021.
16 [원주] Cf. Grant 2013.

글을 마치며

이 책에 담긴 흥미진진한 여정은 코로나19 팬데믹이 발생하기 바로 1년 전에 이루어졌다. 그리고 세계적인 감염병의 대유행으로 이 여정 또한 멈춰서고 말았다. 책을 마무리하는 이 순간에도 팬데믹의 영향은 여전하지만, 세계 곳곳에서 방역을 위한 격리 조치가 조금씩 완화되고 있다. 방코 카바얀, 성심당, 토도 브리요, 디마코는 이 팬데믹을 어떻게 겪어냈을까? 그들은 어떻게 힘든 시기를 지나왔을까? 나는 이 기간 동안 취약한 상황에 직면한 직원들과 그들이 지원하고 도움을 주던 이들이 걱정되었다. 과연 그들은 이 혼란과 어려움 속에서도 그들만의 특징이던 '주는 문화'를 잘 지켜낼 수 있었을까? 나는 각 회사의 경영진에게 일일이 전화를 걸어 안부를 묻고 이야기를 들어보았다.

물론 회사마다 팬데믹으로 큰 고통을 겪었다. 토도 브리요는 큰 타격을 입었는데, 주요 고객이던 학교와 대학교의 건물이 거의 2년 동안 문을 닫거나 텅 빈 채로 유지되어 관련 업무가 전면 중단되었기 때문이다. 또한 청소 용역을 맡아오던 전국 규모의 대형 슈퍼마켓 체인과의 계약도 해지되었다. 그 슈퍼마켓 체인이 용역 비용의 30%를 절감할 것을 요구했기 때문이다. 마리아 엘레나는 불가능한 요구라며 거절했다. 직원들의 임금을 줄이는 일은 절대 있을 수 없기 때문이었다. 위기 상황일수록 오히려 직원들에게는 제대로 된 임금이 더욱 절실했다. 마리아 엘레나는 일자리를 지키기 위해 노력했지만, 일부 직원은 주변의 끔찍한 상황을 보고 지레 겁을 먹고 출근을 아예 포기했다. 그들은 대중교통으로 출근하는 위험을 무릅쓰기보다 집에서 텃밭을 가꾸며 생계를 유지하는 편을 택했다. 그리하여 팬데믹 이전에 천 명에 달했던 직원 수는 2022년 3월 기준 726명으로 줄었다. 하지만 직원들의 전염병 감염률은 놀라울 정도로 낮았다. 마리아 엘레나와 팀원들은 신입 직원들이 입사하면 다른 무엇보다 먼저 자신을 돌보는 일이 가장 중요하다고 강조해 왔다. 그리고 팬데믹 동안 그러한 조언이 실제 효과를 거두었다. 모든 직원이 방역 수칙을 철저히 지켰고, 그 결과 업무 중에 감염된 사람은 단한 명도 없었다. 그들은 최첨단 바이오 소독 기술에 대한 교육을 받았고, 팬데믹과의 싸움에서 고객사에게 없어서는 안 될 중요한 파트너가 되었다.

아르헨티나에서도 엄청난 고통을 겪었다. 이미 국가가 겪고 있던 심각한 경제 위기와 폭등하는 인플레이션에 팬데믹이 더해졌기 때문이다. 그나마 건설 분야가 성장세를 유지한 덕분에 디마코는 다른 기업들보다 상대적으로 타격을 덜 입었다. 헤르만 호르헤는 팬데믹 동안에도 그전부터 지원해 오던 다양한 사회적 프로젝트를 계속 지원했다. 특히 '화산(쓰레기 산)' 빈민촌에서 벽돌공 기술 교육을 계속했다. 이를 통해 지역 공동체 센터가 지어졌는데, 이 센터의 이름은 "우리 모두 나눌 수 있습니다"이다. 주민들은 현재 빈민촌의 어려운 가정들을 위해 위생시설을 짓기 위한 모금 활동을 벌이고 있다.

한편, 아르헨티나의 비스킷 회사 파스티치노는 주요 고객이던 카페들이 모두 문을 닫으면서 큰 타격을 입었다. 당시 손익분기점을 넘어서기 시작했던 브라질 지점을 결국 닫을 수밖에 없었다. 그러나 곤잘로 페린은 결코 포기하지 않았다. 그는 공장 문이 닫힌 4개월 동안 신제품 개발에 주력했고, 이 제품들은 현재 온라인은 물론 여러 공항과 주유소에서 판매되고 있다. 현재 파스티치노 비스킷 공장은 24시간 연중무휴로 가동되고 있고, 이에 따라 직원 수도 50% 늘었다. 그들은 팬데믹 위기를 벗어나 한층 더 성장하고 있다.

한국의 성심당도 팬데믹 동안 인력 면에서 비슷한 성장을 겪었다. 판매 방식을 디지털로 전환하여 온라인을 통해 주문하고 매장에서 찾아가는 '클릭 앤 콜렉트click and collect' 방식의 판매가 확대되면서 오히려 제과점과 레스토랑에서 모두 매출이 증가했다. 직원 수도 기존의 400명에서 현재 600명으로 늘어났다. 이러한 급격한 성장에 발맞춰 성심당은 대대적인 투자를 감행하여 대전 도심의 본점 맞은편에 5층 규모의 최첨단 생산 시설을 세웠다. 이 공장은 국제적인 식품 안전 관리 기준HACCP을 완벽히 충족하는 시설로, 이 인증을 획득한 제과업체는 매우 드물다.

성심당은 또한 회사의 지속적인 발전을 위해 인접한 또 다른 5층 건물도 추가로 매입하여 '성심당 문화원'을 설립하고, 성심당의 역사를 소개하는 한편, 직원들이 주도하는 '에코성심 프로젝트'를 통해 환경 문제를 대중에게 알리기 위한 다양한 프로그램을 선보이는 워크숍 공간을 마련할 예정이다.

이 모든 고무적인 소식 가운데, 내가 가장 놀라면서도 깊은 인상을 받은 것은 필리핀에서 날아온 소식이었다. 필리핀은 2년간의 봉쇄 조치에서 서서히 회복되고 있다. 새로운 투자자가 방코 카바얀을 인수한 후, 프랜시스와 테레사 간존 부부가 회사를 떠난 지도 3년이 지났다. 방코 카바얀의 직원들은 그 과도기를 어떻게 보냈을까? 은행 고객 대부분이 영세 상인들로 매우 작은 구멍가게를 꾸리는 소상인들이었기에, 그러한 팬데믹 환경 속에서 과연 은행이 어떻게 버텨낼 수 있었을까? 필리핀 사람들의 타고난 낙천주의를 감안하더라도 이런 상황에서 어느 누구도 방코 카바얀의 행복한 결말을 상상할 수 없었을 것이다.

하지만 마침내 '주는 문화'가 열매를 맺고 있었다. 새로 부임한 사장은 팬데믹의 봉쇄로 방코 카바얀에 직접 방문할 수 없었지만, 직원들은 평소대로 고객들에게 맞춤형 지원을 제공하고, 그들이 위기를 넘길 수 있도록 해결책을 찾으며 동행했다. 그 결과 고객들 가운데 30%는 장사를 중단해야 했음에도 전반적으로 대부분의 대출금을 상환했다. 방코 카바얀의 지점들은 이미 팬데믹 이전과 같은 놀라운 상환율을 회복했고, 직원들 가운데 단 한 명도 해고되지 않았다. 투자자들도 크게 놀랐다. 방코 카바얀이 팬데믹 동안 놀라울 정도로 안정적이었기 때문이다. 같은 시기 회사가 인수했던 세부Cebu와 일로일로Iloilo의 다른 소액 대출 은행 두 곳은 고객들 가운데 80%가 제때 대출금을 상환하지 못해 지점의 3분의 2를 폐쇄해야 했고, 결국 파산하고 말았다. 방코 카바얀의 새 경영진은 이 회사의 '주는 문화'가 그러한 차이를 만들었다는 데 조금의 의심도 하지 않았다. 방코 카바얀이 그동안 고객들과 쌓아온 탄탄한 관계가 결실을 맺은 것이다. 신뢰가 다시 한 번 방코 카바얀을 구한 셈이다.

새 투자자는 놀랍게도 프랜시스와 테레사에게 다음과 같은 두 가지 사항을 요청했다. 하나는, 계약 조항에 없었던 것으로, 방코 카바얀을 파산한 다른 두 은행과 합병하도록 허락해 달라는 것이었다. 또 다른 요청은, 그 두 은행이 방코 카바얀과 합병될 경우, 프랜시스와 테레사가 방코 카바얀의 문화를 알리는 홍보대사의 역할을 맡아 모든 지점에 그 문화를 전파해 달라는 것이었다. 물론 합병으로 인해 프랜시스와 테레사가 매각하려던 주식의 가치가 크게 떨어질 것이 분명했다. 하지만 300개의 일자리를 지키는 일을 어떻게 거부할 수 있겠는가? 마침내 은퇴하여 손주들과 평온하게 지내기를 바라던 그들은 다시 현역으로 돌아와, 필리핀 남부 전역에 흩어져서 대부분이 재택 근무 중이던 300명의 새 직원들을 대상으로 '주는 문화'를 전파하는 임무를 맡게 된 것이다.

방코 카바얀의 직원들이 이 문화를 새 경영주에게 전수할 사람은 바로 자신들이라고 확신에 차 말했던 때를 떠올리며, 나는 미소 짓지 않을 수 없었다. 그리고 깊은 감동을 느꼈다. '주는 문화'의 힘을 이보다 더 잘 보여줄 수 있는 사례가 또 있을까?

감사의 글

이 책의 마지막을 장식할 말은 마땅히 "감사"일 수밖에 없다. 테레사와 프랜시스 간존, 임영진 대표와 그의 아내 김미진 이사, 마리아 엘레나 곤살레스, 헤르만 호르헤와 그의 아내 클라우디아, 그리고 그 가족들이 보여준 환대와 열린 마음과 모범적인 태도에 감사의 말씀을 전한다. 또한 시간을 내어 인터뷰에 응해 주시고, 회사에서의 경험과 의미를 들려주신 모든 직원분들께도 감사를 드린다.

'모두를 위한 경제EoC'에 헌신한 모든 기업인, 이 책에 소개하지 않았지만 내가 방문했거나 연구한 기업들, 그리고 전 세계에서 이러한 문화를 실천하며 날마다 기업과 지역사회에서 '주는 문화'를 만들어가는 모든 이들에게도 감사의 인사를 전한다. 특히 연구 기간 동안 탁월한 역량을 발휘해 준 막심 폴티에Maxime Foltier와 파비앵 코뇨Fabien Cognaud, 그리고 디마코에 대한 흥미로운 연구를 진행해준 플로렌시아 로카시오Florencia Locascio에게 감사한다. 또한 이 연구에 귀중한 공헌을 해주고 늘 통찰력 있는 의견을 나눠준 엘레나 라시다Elena Lasida에게 감사를 전한다. 상드린 프레모Sandrine Frémeaux와 로베르타 스페라초Roberta Sferrazzo에게도 깊은 감사를 전한다. 이들은 자료 분석에 대한 피드백을 주었고, 이 연구를 국제적으로 인정받는 학술 논문이 될 수 있도록 힘써주었다.

이 책의 머리말을 기꺼이 써주시고, 오랫동안 '주는 문화'에 관한 연구를 통해 나에게도 영감과 지침을 주신 모리스 테브네 교수님께 감사드린다. 또한 LEMNA[17], GRACE[18], AGRH[19]의 동료들, 그리고 수년 동안 '선물'이라는 개념에 대해 개방적인 연구 공동체 안에서 함께 의견을 나누고 동행했던 모든 동료들에게 감사의 마음을 전한다. 특히 최근 몇 년 동안 나의 사유와 연구 여정을 풍요롭게 해 주신 루이지노 브루니 교수님과 루카 크리벨리Luca Crivelli 교수님께도 특별한 감사를 드린다. 그리고 이러한 주제에 관한 연구의 필요성을 믿고 지원해 준 '직장 내 선물 연구석좌Chaire le Don au Travail'[20]의 파트너들에게도 감사의 말씀을 전한다. 또한 이 책의 원고가 완성되기까지 나를 믿어주고 아낌없는 관심과 인내심을 보여준 누벨 시테 출판사의 뮈리엘

---

17 Laboratoire d'Économie et de Management de Nantes-Atlantique[낭트-아틀란티크 경제 경영 연구소]의 약어로, 프랑스 낭트시에 자리한 경제와 경영 연구 기관이다.

18 Groupe de Recherche Anthropologie Chrétienne et Entreprise[그리스도교 인류학 및 기업 연구소]로, 그리스도교 사회 교리를 바탕으로 경제 및 기업 활동을 재해석하는 인류학 중심 연구 단체.

19 Association Francophone de Gestion des Ressources Humaines[프랑스어권 인적 자원 관리 협회]의 약어로, 프랑스에 본부를 둔 프랑스어권 인사관리 연구 학회.

20 '직장 내 선물 연구석좌Chaire le Don au Travail'는 프랑스 낭트 대학 산하 연구소로, 2019년부터 기업 내에서 '선물의 역동성'을 선구적으로 연구해 온 단체이다. 중심 연구자가 바로 이 책의 저자인 아눅 그레뱅으로, 현장 연구, 교육, 도구 개발, 학술 출판 등을 해 오고 있다.

플뢰리Muriel Fleury편집장님과 엘렌 샤풀레Hélène Chapoulet교수님께도 감사를 전한다. 나의 조카 줄리아도 이 책의 내용에 많은 도움을 주었다. 코로나의 힘든 시기를 포함하여 여러 해 동안 이 연구에 온통 시간을 쏟은 나를 곁에서 지지하고 응원해 준 가족과 친구들 모두에게 감사를 전한다. 끝으로 내게 '주는 문화'를 알려주시고, 이 문화를 세계 곳곳에 전파해 주신 끼아라 루빅에게 깊은 감사를 표한다.

조직 문화의
연구방법론에 대하여

조직 문화의 관점에서 사례를 분석하기 위해, 나는 널리 보편화된 에드거 샤인E. Schein[1]의 방법론과 모리스 테브네M. Thévenet가 제안한 방법론을 활용했다. 두 연구자 모두 문화의 개념을 현실에 적용하는 데 필요한 작업을 했으며, 조직의 문화적 특성을 명확히 파악하는 방법론을 제시했다.

에드거 샤인이 '조직 문화' 연구에 끼친 가장 중요한 공헌은, 그가 조직 문화의 개념을 정립했을 뿐만 아니라, 조직 문화가 작용하는 다양한 수준을 규명한 점일 것이다. 샤인은 조직 문화를 '인공물', '가치', '기본 가정'이라는 세 단계로 구분했다.[2] 사실, 기업

---

1   에드거 샤인(E. Schein, 1928-2023)은 미국의 조직 심리학의 대가이자 경영학자로, 조직 문화 연구의 권위자이다. '기업 문화의 아버지'로 불리며, 조직 문화 모델을 제시하고, 조직 문화의 학습, 변화 관리에 관한 이론을 체계화했다.

2   샤인이 제안한 조직 문화의 3단계로, 1단계인 '인공물(Artifacts)'은 외부에서 보이는 것, 가시적이고 쉽게 인식할 수 있는 것이다. 2단계인 '가치(Values)'는 조직 내부에서 공식적으로 선언되거나 강조되는 가치 체계이다. 3단계 '기본 가정(Basic Assumptions)'은 오랜 시간 동안 조직 내에서 검증되 '당연한 것'으로 여겨지는 전제로, '조직의 무의식'과 같아 구성원들은 그것을 '질문할 수 없는 진리'로 여긴다. 샤인은 조직 문화를 이해하거나 변화시키려면, 겉으로 드러난 인공물과 가치를 넘어, 그 밑바닥에 자리 잡은 기본 가정을 파악하는 것이 가장 중요하다고 보았다.

문화는 흔히 경영진이 내세우는 '표방 가치'에 국한됨으로써 단순화되는 경향이 있었다. 그러나 단순한 의례와 상징을 넘어 경영 방법과 시스템을 통해 전달되는 '작동 가치'[3]를 파악하는 것은 훨씬 어렵지만, 그만큼 더 큰 가치를 지닌다. 나아가 이러한 관행과 시스템의 기반이 되는 근본 원칙을 해독하는 것은 훨씬 더 까다롭고 힘든 일이다.

에드거 샤인은 특히 패러다임이 형성되는 데 내재된 암묵적인 가정들을 식별할 것을 제안했다. 특히 그 가운데 샤인은 조직이 주변 환경과 맺는 관계유형, 현실과 진리에 대한 이해, 인간 본성과 활동에 대한 비전, 그리고 인간관계에 대한 인식을 들었다(샤인, 1984).

모리스 테브네는 교육적 방법론을 바탕으로 조직 문화를 파악하기 위한 방법론을 제안했다. 이 방법론은 식별 가능한 흔적들을 통해 '문화적 가설'을 세우고, 이를 사실로 검증하는 과정을 담고 있다(테브네, 2015). 그는 이러한 가설을 발전시키기 위해 다음과 같은 다섯 가지 범주의 정보를 수집할 것을 제안했다.

1. 창립자와 창립 배경에 대한 정보(당시 상황, 초창기 과제, 창립 원칙 등)

2. 조직의 역사에 대한 정보(특히 주요 발전 단계와 과정을 알 수 있게 해 주는 정보)

---

3   '작동 가치(operating values)'는 에드거 샤인이 조직 문화 이론에서 제시한 개념으로, '표방 가치'가 조직이 공식적으로 선언하고 강조하는 가치라면, '작동 가치'는 조직 내 구성원들이 행동과 의사 결정에서 드러내는 가치로, '운영 가치' 또는 '실질 가치'로도 표현된다.

3. 제품이나 기업 활동, 전문성, 업무 방식 등 사업의 특징을 보여주는 자료

4. 기업이 추구하는 가치에 대한 정보, 특히 표방 가치와 작동 가치에 대한 정보(예를 들어, 선택 체계와 평가 체계[4]를 통해 파악할 수 있는 가치들)

5. 기호와 상징, 의례, 언어, 담론, 행동 규범, 개인적 경험, 지위 차이를 나타내는 표식 등

그다음으로 해야 할 작업은 수집된 자료를 분석하여 반복적으로 나타나는 범주, 특히 활동 개념(조직의 존재 이유)과 개인(인류학적 전망을 바탕으로 한 정체성)의 개념, 그리고 환경과의 관계와 관련된 범주를 파악하는 일이다. 이를 거치며 오랜 역사를 통해 공유되고 구축된 문화적 가설을 세우고 검증할 수 있다(테브네, 2015).

다양한 현장에서 수집된 자료를 바탕으로 만든 이 가설들은, 그 연구가 진행된 조건에 따라 차이가 있음을 인정해야 한다. 가장 풍부한 자료는 단연코 디마코와 그 주변 생태계, 곧 연관 조직과 활동에서 수집되었는데, 2011년에서 2019년 사이에 네 차례에 걸쳐 네 명의 연구자들이 자료를 수집했기 때문이다.

나는 개인적으로 이 연구 프로젝트에 참여한 학생 세 명을 알고 있는데, 그 가운데 두 학생을 연구 과정 내내 지도해 왔기에, 비록 연구 경험이 부족한 학생이라 해도 이들이 수집한 자료의 질과 분석 능력은 노련한 연구자들에 뒤지지 않는다고 확신한

---

4   '선택 체계'는 의사 결정을 내릴 때 따르는 기준과 원칙을, '평가 체계'는 성과 판단의 기준을 의미한다.

다. 매우 치밀하게 분석 작업을 하고, 폭넓은 호기심과 뛰어난 재능을 발휘하면서, 경험 부족을 충분히 보완하고도 남았을 것이기 때문이다. 사실 이들과의 작업 덕분에 나의 연구가 풍성해졌다고 생각한다. 이들은 저마다 특정한 관점을 가지고 연구 조사를 하러 가지만, 실제 현장에서 기대와 다른 면을 발견하게 되어 놀라기도 했다. 예를 들어, 막심은 '모두를 위한 경제EoC'에 대해 전혀 몰랐고 종교적 영향과는 거리가 먼 환경에서 자란 반면에, 플로렌시아는 이미 그러한 문화('주는 문화')에 익숙하고, 그 문화적 배경 속에서 자란 연구자라 할 수 있다. 파비앵은 '기업가 정신'에 관심은 있었으나 자신이 전혀 모르는 사회적 프로젝트들을 조사했다.

플로렌시아는 2012년에 해당 기업에서 한 달 동안 머물며 연구했고, 막심은 2017년에 한 달씩 두 차례, 또 파비앵은 2018년에 다섯 달 동안 현장에 있었다. 막심과 파비앵은 매주 내게 매우 꼼꼼하게 작성된 현장 일지를 보내주었는데, 그 일지에는 두 사람이 발견한 모든 것과 그에 대한 생각이 기록되어 있었다. 나는 2017년과 2019년에 한 주씩 두 차례 현장을 방문했다.

플로렌시아는 해당 기업에서 15회의 인터뷰를 가졌다. 나는 그녀의 연구 보고서와 전체 연구 분류표를 참조했다. 막심은 12회의 인터뷰를 했고, 나는 그 녹음 파일과 녹취록, 그리고 후속 분석 작업 전체를 살펴보았다. 파비앵은 디마코의 생태계와 다양하게 연관된 사람들 가운데 32명을 인터뷰했는데, 나는 이들의 인터뷰 녹음 파일과 녹취록도 참조했다. 나는 개인적으로 디마코 회사의 구성원 9명, 외부 영업 담당자 1명, 고객 1명, 공급업체 직원 1명과 인터뷰했다. 디마코의 생태계와 관련해서는 16명의 참가자가 참석한 이틀간의 세미나에 참석하여, 그곳에서 15명을 인터뷰하거나 방문하는 기회를 가졌다. 또한 오히긴스에 자리한 파스티치노 기업을 방문할 수 있었다. 막심도 이곳에서 3주간의 관찰과 9회의 인터뷰를 가졌다.

이로써 7년 동안 디마코와 그 생태계 구성원들을 대상으로 90여 건에 달하는 인터뷰를 진행한 셈이다. 이는 진정한 의미에서 집중적이고 장기적인 연구라고 할 수 있다. 연구 참여자 수가 적기 때문에 거의 모두를 인터뷰했고, 또 대부분이 여러 차례 인터뷰에 응하면서 과거의 일들을 되돌아보는 심층적 논의가 가능했기 때문이다. 사실 연구에서, 특히 해외에서 이루어진 질적 연구에서 이처럼 풍부한 자료를 얻는 경우는 매우 드물다.

디마코가 아닌 다른 기업들의 경우, 조금 더 전통적인 방식으로 자료를 수집했다. 파라과이의 토도 브리요에서 막심은 2017년에 2주간 머물면서 11건의 인터뷰를 진행했다. 막심은 각 지역에서 펼친 연구에 대해 구두 보고를 하는 것은 물론이고, 이 기업에 관해 상세한 서면 보고서를 작성했다. 2019년에 나 또한 토도 브리요에 일주일 동안 방문하여 11회 인터뷰를 진행했고, 토도 브리요의 고객사들도 여러 차례 방문했다. 또한 방문 시 회사 대표인 마리아 엘레나와 일주일 동안 10회가 넘는 비공식 인터뷰를 진행했다.

필리핀의 방코 카바얀의 경우, 2016년에 6회의 인터뷰를 가진 것을 시작으로, 2019년에 추가로 20회의 인터뷰를 진행했고, 소액 대출 그룹 회의에 두 차례 참석했다. 또한 여러 해 동안 방코 카바얀에서 받은 수많은 자료와, EDME[5] 컨설턴트가 실행한 감사 보고서도 참조했다.

한국 성심당에서는 21명을 인터뷰했고, 김미진 이사와 8회의 비공식 인터뷰를 가졌다. 이 비공식 인터뷰는 현장 방문이나 식사 자리에서 이루어졌고, 성심당의 부서장들과 가진 한 차례의 식사를 통해 추가 자료를 확보했다.

토도 브리요, 방코 카바얀, 성심당처럼 직원들의 수가 수백 명인 기업들의 경우, 인터뷰의 횟수와 체류시간에는 한계가 있을 수밖에 없다. 이는 이 연구의 명백한 한계 중 하나지만, 나는 그들과의 인터뷰를 통해 해당 기업의 조직에 깊이 몰입할 수 있었고, 그곳에서 수집된 자료들도 초기 분석을 수행하기에 충분했다. 물론, 보다 심층적인 분석을 위해서는 추가적인 조사가 필요할 것이다.

이 연구를 진행하면서 겪은 언어 장벽에 관해서도 한마디 덧붙여야겠다. 아르헨티나와 파라과이에서는 초보 수준이지만 알고 있는 스페인어를 되살릴 수 있는 언어 환경 덕분에 나와 인턴 연구원들 모두 비교적 수월하게 조사할 수 있었다. 필리핀에서는 대화 상대자들이 영어보다 그들에게 더 익숙한 타갈로그어 용어를 사용할 때는 언어 장벽을 느꼈으나, 큰 어려움은 없었다.

---

5   '메콩의 아이들(EDME:Enfants du Mékong Entrepreneurs)'을 말한다.

하지만 한국에서는 상황이 완전히 달랐다. 드문 예외를 제외하고는 전적으로 통역사에게 의존해야 했는데, 그는 매우 헌신적이었으나 기업 용어에 익숙치 않아 수집된 데이터의 해석에 어려움이 있었다. 그곳에서 친절하게 제공한 수많은 한글 자료를 다 분석할 수 없었기 때문이다.

나는 이 책에 인용된 인터뷰 발췌문 가운데 영어, 스페인어는 직접 번역했고, 한국어는 이탈리아어 번역본을 바탕으로 번역했으며, 이 과정에서 디플DeepL 자동 번역기를 활용하기도 했다.[6]

이번 조사연구는 여러 국가에 소재한 기업들, 특히 유럽(프랑스, 벨기에, 이탈리아 등)의 여러 기업을 대상으로 한 더 큰 규모의 연구 프로그램의 일환이었다. 2015년부터 7개국의 7개 기업에서 총 196건의 인터뷰를 진행하고, 5개의 심층 집단을 연구했으며, 10개의 결과 보고서 등을 작성했으며, 이 기업들에서 수집하고 분석한 문서도 약 50건이다. 7명의 연구원이 현장 조사에 참여했고, 또 다른 3명의 연구원은 데이터 분석에 참여했다. 또한 나는 '모두를 위한 경제EoC' 네트워크에 속한 10개국의 40개 기업을 직접 방문했고, 학회에서도 수백 명의 경영진을 만났다.

---

6   [원주] www.deepl.com/Translator (무료 버전)

참고 문헌

Alter N., 2009, Donner et prendre. La coopération en entreprise, Éditions La Découverte/M.A.U.S.S., 231p.

Bourgenot Dutru I., 2007, L'Utopie en marche. François Neveux, entrepreneur et inventeur politiquement incorrect, Nouvelle Cité, 256p.

Bruni L., Grevin A., 2016, L'Économie silencieuse, Nouvelle Cité, 261p.

Caillé A., 2007, Anthropologie du don. Le tiers paradigme, La Découverte, coll Poche, 276p.

Detchessahar M. (coord.), 2019, L'Entreprise délibérée. Refonder le management par le dialogue, Nouvelle Cité, coll. GRACE, 238p.

Detchessahar M., Journé B., 2007, «Une approche narrative des outils de gestion», Revue française de gestion, no 174, mai, p.72-92.

Detchessahar M., Devigne M., Grevin A., Stimec A., 2012, «Santé et souffrance au travail, le management en question», in Bardelli P. et Allouche J., La Souffrance au travail. Quelle responsabilité de l'entreprise ?, Armand Colin/Recherches, p.293-318

ClotY., 2010, Le Travail à cœur. Pour en finir avec les risques psychosociaux, La Découverte, 190p.

Getz I., Carney B., 2013, Liberté & Cie. Quand la liberté des salariés fait le succès des entreprises, Flammarion, coll. Champs Essais, 422p.

Godbout J., 2000, Le Don, la dette et l'identité. Homo donator vs homo œconomicus, La Découverte/Mauss, coll. Recherches, 190p.

Gomez P.-Y., Grevin A., Masclef O. (coord.), 2015, L'Entreprise, une affaire de don. Ce que révèlent les sciences de gestion, Nouvelle Cité, coll. GRACE, 222 p.

Grant A., 2013, Give and Take. Why Helping Others Drives Our Success, Weidenfeld & Nicolson, 366p.

Grevin A., 2011, Les Transformations du management dans les établissements de santé et leur impact sur la santé au travail : l'enjeu de la reconnaissance des dynamiques de don, thèse de doctorat de l'Université de Nantes, 518p.

Grevin A., 2019a, «Le don comme culture organisationnelle. Étude d'entreprises engagées pour une "économie de communion"», Revue française de gestion, no 281, p.123-147.

Grevin A., 2019b, Le Soutien des dynamiques de don dans les organisations, mémoire d'habilitation à diriger des recherches, Université de Nantes, 146p.

Henaff M., 2012, Le Don des philosophes. Repenser la réciprocité, Éditions du Seuil, 347p.

Ide P., de Peyrelongue B., Grevin A., Moneyron J.-D., 2021, Recevoir pour donner. Relancer la dynamique du don au travail, Nouvelle Cité, coll. GRACE, 160p.

Mauss M., 2021, Essai sur le don. Forme et raison de l'échange dans les sociétés archaïques, Petite Biblio Payot Classiques, 281p.

Perrin T., 2021, Employee-Management Social Exchange Trust Relationship: a Heterogeneous Relational Capital Source of Competitive Advantage, thèse de doctorat d'Aix-Marseille Université, 316p.

Schein E., 1984, «Coming to a New Awareness of Organizational Culture», Sloan Management Review, vol.25, no2, p.3-16.

Thévenet M., 2004, Le Plaisir de travailler. Favoriser l'implication des personnes, Éditions d'Organisation, coll. Institut Manpower, 270p.

Thévenet M., 2015, La Culture d'entreprise, PUF, coll. Que sais-je ?, 124p.

Ughetto P., 2018, Organiser l'autonomie au travail. Travail collaboratif, entreprise libérée, mode agile… L'activité à l'ère de l'auto-organisation, Éditions FYP/ Nouvelle Économie, coll. Entreprendre, 167p.

사랑과 나눔의 문화로

경계를 허무는 기업들

아눅 그레뱅 지음
연숙진 옮김

초판 1쇄 발행 2026년 4월 30일

펴낸이 이민·유정미
편집 이수빈
디자인 사이에서

펴낸곳 이유출판
주소 34630 대전시 동구 대전천동로 514
전화 070-4200-1118
팩스 070-4170-4107
전자우편 iu14@iubooks.com
홈페이지 www.iubooks.com
페이스북 @iubooks11
인스타그램 @iubooks_14

정가 21,000원
ISBN 979-11-89534-85-1 (03320)